쉽게 해설한 **종합적인 이론과 실전**

3쿠션
Billiards 마스터

유 효 식 편저

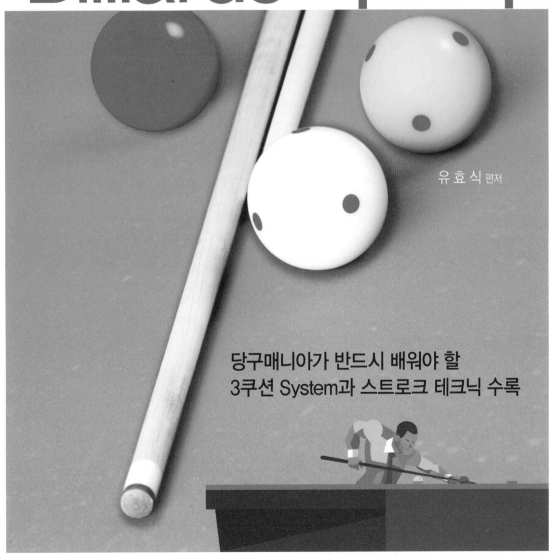

당구매니아가 반드시 배워야 할
3쿠션 System과 스트로크 테크닉 수록

일신 미디어

이번에 저의 저서 3권인 "3쿠션 Billiards 마스터"를 통해 동호인님들을 다시 만나 뵙게 된 것을 진심으로 기쁘게 생각합니다.

최근 당구는 일부 남성들만 즐겨왔던 오락에서 남녀 노소 모두가 모두 참여하여 즐길 수 있는 생활 Sports로 서서히 탈바꿈 해나가고 있습니다.

그러한 과정이 있기 까지는 1.000만 명이 넘는 동호인님들의 당구에 대한 뜨거운 사랑과 열정이 있었기에 가능했으며 특히 프로선수님들의 눈부신 국제무대 활약과 당구 연맹 관계자 님들의 끊임없는 관심과 뒷바침이 있었기 때문에 가능했다고 생각됩니다.

아울러 세계 최초로 Billiard Tv가 방영되면서 국제식 당구대의 흥미진진한 볼거리들이 제공되고, 당구가 한층 더 재미있어 지면서 업계의 미래 또한 한층 더 밝아지고 있습니다.

또한 수년 전부터 우리나라에서 세계 대회가 자주 열리면서 이제 우리나라는 세계 속의 당구 중심 국가로 부상하고 있는 느낌마저 감지되고 있습니다.

수년 전부터 System이 다양한 루트를 통해 활발하게 제공되면서 아마추어 동호인님들의 당구 수준이 놀랄 만큼 향상되고 있습니다. 그만큼 3쿠션은 다른 종목과는 달리 체계적인 이론을 갖추어야 하며, 그렇지 않은 경우 언제가는 한계에 봉착하게 되는 특수한 종목이므로 System이라는 것이 더욱 절실해 지는 이유입니다.

세계적인 Top 선수들의 경기 모습을 지켜보면서 그들이 머리 속에 담고 있는 System을 순간 순간 동원해 게임을 풀어 가는 것을 보면 3쿠션이야말로 System 스포츠라는 것이 새삼 느껴지게 됩니다.

이번에 출간된 "3쿠션 Billiards 마스터"는 당구의 핵심은 물론 그 동안 동호인 님들 께서 궁금해 하셨던 전문적인 System들을 아주 쉽게 배울 수 있도록 정리 하였습니다.

System이란 처음에는 복잡해 보이지만 알고 나면 누구나 쉽게 배울 수 있는 것이 System 입니다. 복잡하게 생각하지 마시고 한가지씩 이해하면서 정독해 보시기를 바랍니다.

이번에 제작된 "3쿠션 Billiards 마스터"가 보다 정확하고 검증된 System이 되도록 오랜 기간 동안 함께 수고해 주신 서울 당구연맹 소속 박찬수 프로님께 감사 드립니다.

"3쿠션 Billiards 마스터"를 통해 동호인님들께서 많은 성장이 있으시기를 응원 드립니다.

감사합니다 !

3쿠션 Billiards 마스터

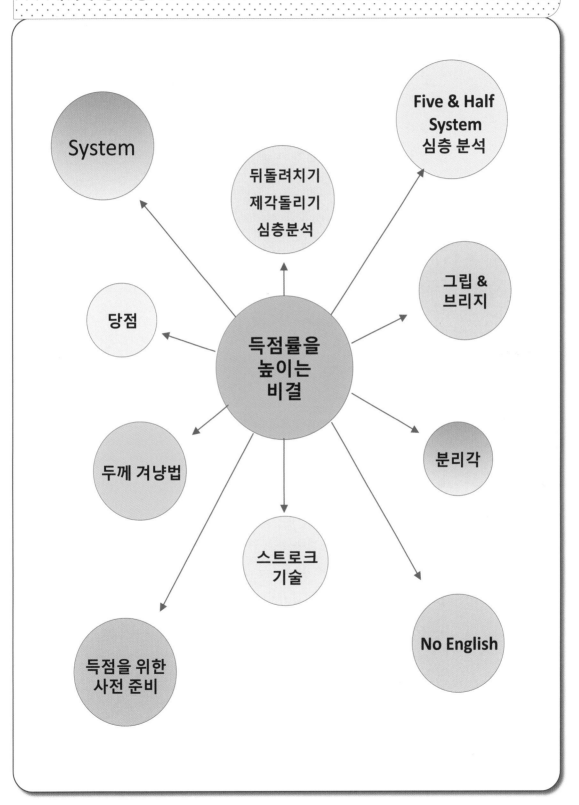

목차

- 머리글 2
- 책의 구성 내용 3
- 목차 .... 4 ~ 11
- 책을 읽기 전에 알아두어야 할 용어 .... 12 ~ 13

당점

- 당점의 분류 16
- 당점의 이해와 겨냥법 17
- 3Tip 당점과 4Tip 당점의 차이점 18
- 스퀴트 Squirt 현상 19
- 커브 Curve 현상 20
- 큐팁의 선택 방법 21

두께 겨냥법 과 분리각

- 무회전 두께 겨냥법 24
- 정회전과 역회전 시 두께 겨냥법 25
- 얇게치기 겨냥법 26
- 공을 얇고 길게 치는 기술 27
- 공의 두께와 분리각 도표 28
- 수구와 1적구의 분리각 29
- 당점과 스피드에 의한 분리각 변화 30
- 주안시와 공의 두께 관계 31

목차

**당구의
기본 자세**

- 올바른 자세와 정렬 ……………………………………… 34
- 브리지의 중요성 ………………………………………… 35
- 브리지의 종류와 특징 …………………………………… 36
- 루즈 그립과 펌 그립 비교표 …………………………… 37
- 당구의 기본 요소 ………………………………………… 38
- 당구대와 큐의 구조 ……………………………………… 39

타법

- 타법의 분류 ……………………………………………… 42
- 타법 ……………………………………………………… 43 ~ 44
- 1적구를 다룰 때 스트로크의 선택 …………………… 45
- 예비 스트록의 중요성 …………………………………… 46
- 타격 없는 스트록 연습 방법 …………………………… 47
- 그립의 중요성 …………………………………………… 48
- 득점을 위한 사전 준비 과정 …………………………… 49

**득점 확률을
높이는 비결**

- 제각돌리기 ………………………………………………… 52
- 뒤돌려치기 ………………………………………………… 53
- 앞돌려치기 ………………………………………………… 54
- 수구의 진로를 짧게 만드는 기술 ……………………… 55
- 당점의 세분화 …………………………………………… 56
- 두께 겨냥법을 꾸준히 연습하라 ……………………… 57
- 고수들의 조언 …………………………………………… 58 ~ 59

목차

Five & Half
System

- Five & Half System의 기본 이론 ················ 62
- 2.5레일이란 ? ································· 63
- Point 별 기울기 ······························ 64
- 테이블 파악 방법 ······························ 65
- Five & Half System의 기본 도형 ·············· 66
- Five & Half System의 연장 Line ·············· 67
- 수구 수를 알아내는 방법과 계산 방법 ·············· 68 ~ 69
- 구역별 당점 위치 ······························ 70
- 수구 위치에 따라 코너로 진행하는 3쿠션 지점 ······ 71
- 수구 위치에서 3쿠션 30에 보냈을 때 4쿠션 지점 ··· 72
- 30각 체크하기 ······························· 73
- 50각 기본 도형과 4쿠션 50으로 보내기 ············ 74 ~ 75
- 코너 20각과 원 포인트 30각 ···················· 76 ~ 77
- 각 포지션별 기본 도형 ························· 78 ~ 84
- 짧은 각에서의 당점 변화 ······················ 85 ~ 86
- 1쿠션 3Point의 비밀 ·························· 87
- 당점을 이용해 득점하는 방법 ···················· 88 ~ 90
- 35& ½ System과 7.5 법칙 ····················· 91 ~ 98
- 보정 이론과 보정 수 ·························· 99 ~ 106
- Five & Half System ¾법칙 ···················· 107 ~ 109
- 15 & 10 System ···························· 110 ~ 111
- 20 & 40 System ···························· 112 ~ 113
- 특수 타법으로 득점하기 ························ 114
- Half Line 안에서 코너 보내기 ·················· 115
- Five & Half System 응용 방법 ·················· 116 ~ 121

목차

Plus System

- Plus System 기본 도형 ····························· 124 ~ 125
- Plus 2 System 기본 도형 ···························· 126 ~ 127
- Plus 4 System ···································· 128
- Plus System 제자리 치기 ···························· 129
- Plus 멕시멈 System ································· 130
- Plus System 반사각과 응용 방법 ···················· 131 ~ 133
- 다이아몬드 ½ Line System ·························· 136
- 베르니 System ···································· 137
- 7 System ·· 138
- 터키 System과 ⅔ System ··························· 139 ~ 140

No English System

- No English Five & Half System ················ 141 ~ 143
- No English 대회전 System ························· 144 ~ 145
- 5 Plus System ··································· 146
- 플로리다 백업 System ······························ 147
- No English 코너, 원, 투 포인트 공략하기 ·········· 148 ~ 153
- No English System ······························ 154 ~ 163

앞돌려치기 System

- 앞돌려치기 기본도 ································· 166 ~ 167
- 8과 10 System ···································· 168
- Five & Half System을 이용한 앞돌려치기 ········· 169
- 4 System을 이용한 앞돌려치기 ····················· 170
- 45°를 이용한 앞돌려치기 ··························· 171
- Plus System을 이용한 앞돌려치기 ·················· 172
- 베르니 System을 이용한 앞돌려치기 ················ 173
- 5 System과 회전 Tip수를 이용한 앞돌려치기 ······· 174 ~ 175
- 길게 앞돌려치기와 3&4 System ····················· 176 ~ 178
- 평행 이동법을 이용한 앞돌려치기와 대회전 ·········· 179 ~ 181

목차

뒤돌려치기
System

- 뒤돌려치기 핵심 Point ································ 184 ~ 185
- 초구의 배치와 득점 요령 ···························· 186
- 뒤돌려치기 Ball System ··························· 187
- 두께와 당점 선택 ··································· 188
- 두께와 당점 보정 기준 ······························ 189
- 뒤돌려치기 Tip 선택이 득점을 좌우한다 ············· 190
- 뒤돌려치기 짧은 각 System ······················· 191
- Five & Half System을 이용한 뒤돌려치기 ········ 192 ~ 193
- 50각 기준선 활용 방법 ······························ 194
- 얇게치기 겨냥법 ···································· 195
- 뒤돌려치기 30각, 40각 2쿠션 기준점 ·············· 196
- 18 System ·· 197
- 멕시멈 스핀샷 ······································ 198
- 1적구와 2목적구가 한쪽에 치우쳐 있을 때 ·········· 199
- 밀어치기와 당겨치기의 차이점 ······················ 200
- 브리지와 그립의 선택 방법 ·························· 201
- Shot Cut과 Long Follow의 선택 ················ 202
- Kiss 빼는 기준점 ································· 203 ~ 204
- 대회전 Kiss 빼기 ································· 205

목차

제각돌리기 System

- 제각돌리기 Ball System .... 208 ~ 209
- 제각돌리기 Tip수에 따른 3쿠션의 변화 210
- 로드리게스 System 211
- 제각돌리기 4쿠션 Line 212
- 제각돌리기 쇼트 앵글 기본도 213
- 제각돌리기 두께 설정 요령 214
- Five & Half System을 이용한 제각돌리기 215
- 제각돌리기 대회전 .... 216 ~ 217
- 제각돌리기 스트로크 길이의 중요성 218
- 제각돌리기 얇게치기 요령 219
- 3쿠션 20으로 보내기 위한 2쿠션 지점 220
- 45° 분리각 221
- 제각돌리기 ½ System 222
- 제각돌리기 기울기 계산 방법 223
- 40 System 224
- 제각돌리기 평행 이동법 225

비껴치기 System

- 비껴치기 기본도 .... 228 ~ 229
- 비껴치기 System 빠른 계산법 .... 230 ~ 231
- 비껴치기 단, 장, 단 기본도 232
- 비껴치기 Tip수 계산 방법 .... 233 ~ 234
- 수구 수와 1쿠션 수가 같은 비껴치기 System 235
- 기울기로 계산하는 비껴치기 System .... 236 ~ 237
- 비껴치기 45°에서의 득점 방법 238
- 비껴치기 무회전 System 239

목차

넣어치기 & 걸어치기

- 안으로 넣어치기 간단한 겨냥법 242
- 안으로 넣어치기 3쿠션 지점 계산법 243
- 안으로 넣어치기 기본도 .... 244 ~ 245
- 안으로 넣어치기 길게 치는 요령과 짧게 치는 요령 .. 246
- 안으로 넣어치기 특수 타법 247
- Plate System(되돌려치기) 기본도 248
- 미러(거울)법칙을 이용한 앞으로 걸어치기 249
- 앞으로 걸어치기 회전 System 250
- 앞으로 걸어치기(단, 장, 단) 겨냥점과 당점 251

2뱅크 System

- 삼각법을 이용해 1쿠션 찾는 법 254
- 2뱅크 무회전 System .... 255 ~ 257
- 2뱅크 회전 System .... 258 ~ 259
- 1적구가 1Point 앞에 있을 때 치는 방법 260
- 시드 System(실전형) 261
- 2쿠션 걸어치기 System 262
- 평행 이동법 263

더블레일 System

- 더블레일 단, 장, 단 System .... 266 ~ 267
- 더블레일 Ball First 단, 장, 단 System 268
- 더블레일 장, 단, 장 System 269
- 더블레일 Ball First 장, 단, 장 System .... 270 ~ 271
- 더블레일 투 바운딩 System .... 272 ~ 273

목차

**횡단 샷 &
더블쿠션**

- 횡단 샷 기본 System ································· 276 ~ 279
- 더블쿠션 대칭 원리 ································· 280 ~ 281
- No English 더블 System ························· 282 ~ 283
- ½ Ball System ·· 284
- 더블 System 계산 방법 ···························· 285 ~ 286
- 단, 단, 장 더블 System ··························· 287

**리버스 &
System**

- 리버스 & 최대 코너각 ······························· 290
- 리버스 & 기본 System ······························ 291 ~ 292
- 리버스 & System 계산 방법 ······················ 293 ~ 295
- 리버스 & 연장 Line ································· 296
- 역회전 System ··· 297

난구 풀이

- 난구 풀이 ·· 300~ 303

**당구의 규칙과
용어**

- 당구대 밖으로 벗어난 공의 조치 ················ 306
- Frozen된 공에 대한 조치(붙은 공) ·············· 307
- 파울의 범위 ··· 308
- 중대와 대대의 차이점 ································· 309
- 올바른 당구 용어 ······································ 310
- 책을 마치면서 ·· 311

수구 : 내가 치는 공을 뜻하며 수구와 큐 볼의 의미는 같다.

수구 수 : 수구 수라 함은 내가 칠 공의 출발점에 해당하는 프레임 포인트 수를 의미한다.

레일 : 쿠션을 표현할 때 사용하는 용어로, 예를 들어 2.5레일 이라 하면 반대편 단쿠션을 향해 친 공이 돌아와 단쿠션을 맞고 장쿠션의 반 정도 지나 멈추는 스피드를 말한다. (장쿠션 한번의 거리를 1레일로 계산한다)

스트로크 : 당구의 스트로크 종류는 수없이 많지만, 크게 분류하는 방법은 공 반개만큼 통과 하는 스트록, 공 한 개만큼 통과하는 스트록, 공 두 개만큼 통과하는 스트록, 공 세 개만큼 통과하는 스트록으로 표현하면 가장 이해하기 쉽다.

포인트 계산법 : System을 계산하기 위해 표시해 놓은 흰 점으로, 대부분 포인트 계산은 레일 포인트가 아닌 프레임 포인트를 말한다 (레일 포인트를 사용할 때는 레일 포인트 라 별도로 표시한다)

당점 : 회전을 주기 위한 수구의 정확한 지점을 말하며, 1Tip~4Tip 또는 시계바늘로 표현하기도 한다. 예를 들어 한시 반이라 하면 2Tip에 해당되며, 2시 ~ 3시 (10시 ~9시)는 3Tip에 해당된다. 8시 또는 4시에 하단 당점을 주면 4Tip으로 분류된다.

1적구 : 수구가 첫 번째 맞히는 공을 말한다 (오브젝트 볼 object ball)

2목적구 : 1적구를 맞고 두 번째 맞히는 공을 의미한다.

뱅크 샷 : 수구가 1적구를 맞히기 전에 레일(쿠션)을 먼저 맞히는 샷을 말한다.

뱅킹 : 선구를 결정하기 위해 맞은편 레일을 쳐서 헤드 레일에 가까운 사람이 선구를 한다.

순 비틀기 : 정회전을 준 상태에서 비껴치지 않고 회전은 다 살려주는 스트록.

종 비틀기 : 빠른 스피드로 큐를 위로 치솟아 공이 앞으로 전진하는 힘을 더해주는 샷.

횡 비틀기 : 큐를 옆으로 비틀어 회전력을 더해주는 샷.

잽 샷 : 잽을 툭 던지듯이 스트록하면서 부드럽게 큐를 살짝 잡아주는 샷.

팔로우 샷 : 1적구를 타격한 이후 수구의 전진력을 더해주기 위해 큐를 길게 뻗어주는 것을 말한다. 팔로우 1단, 팔로우 2단, 팔로우 3단 등으로 구분한다.

관통 샷 : 큐가 수구를 뚫고 나가듯이 비틀림 없이 일직선으로 큐를 곧게 뻗어주는 샷.

큐 브레이크 : 공의 전진력을 약화시키면서 회전력으로 공이 진행을 해야 할 경우 임펙트 전후에 큐를 살짝 제어해 주는 것. 쇼트처럼 한번에 정지시키는 것과는 다르다.

구름 관성 : 스트록 또는 수구가 구르면서 자연적으로 진행하는 구름 현상.

브리지 bridge : 큐를 고정하기 위해 취하는 손과 손가락의 형태.

훅 hook : 브리지에서 엄지와 검지를 이용해 큐 스틱의 상대를 고정시키기 위해 만드는 모양.

초크 chalk : 탄산칼슘 분말이나 석고를 압축해 큐 미스 방지와 큐팁의 마찰을 도와주도록 만든 것.

큐 팁 cue tip : 큐 끝에 부착한 가죽 조각으로 공과 접촉하는 부분.

에러마진 error margin : 진로가 다소 어긋나도 득점할 수 있는 범위(오차 허용치)

보정 이론 : 당구대의 특성, 또는 습도, 시간 경과 등에 따라 System의 수치를 조정해서 계산하는 것을 말한다.

소실점 : 일부 시스템의 운영에서 경기 면적 밖에서 정렬의 기준점을 찾아내는 것.

입사각 : 공이 레일을 향해 진행할 때 공의 진로와 레일이 이루는 각도.

반사각 : 쿠션에 맞고 튀어 나오는 공이 레일과 이루는 각도.

분리각 : 수구가 1적구와 부딪쳤을 때 수구와 1적구의 분리각 합은 대략 90° 이다. 따라서 분리각을 근거로 Kiss의 여부를 판단할 수 있다.

선각 : 수지 소재를 사용해 큐 상대의 파손을 막기 위해 상대의 끝에 부착하는 부품.

입사점 : 프레임이나 레일에 수구를 보내야 하는 지점.

상박 : 어깨부터 팔꿈치.

하박 : 팔꿈치부터 손까지.

상대 : 큐 팁이 있는 큐의 가벼운 쪽.

하대 : 큐 스틱의 무거운 쪽 부분.

케롬 carom : 수구와 적구의 접촉으로 점수를 가산하는 종목.

스핀샷 (꼬미) : 공을 회전력으로만 치는 것 .

데드 볼 dead ball : 회전을 죽여 치는 공.

결대로 치기 : 끌어치기나 밀어치기를 배제하고 수구의 분리각과 회전력만으로 부드럽게 굴려 수구의 방향을 설정하는 것.

임계 기울기 : 액체와 기체의 두 상태를 서로 분간할 수 없는 상태의 기준점처럼, 당구에서의 임계 기울기 지점은 약 54° 정도 된다. 그 각도보다 클 경우 무회전으로 치면 길어 지고, 54° 보다 작은 각도에서 무회전으로 치면 회전을 줄 때보다 오히려 짧아진다.

등속 샷 : 백스윙 정점부터 임펙트 이후까지 일정한 속도로 큐를 내밀어 수구와 1적구의 마찰을 최대한 줄여 수구의 진로를 길게 만들거나 수구를 부드럽게 다루는 것.

예각과 둔각 : 수구를 1쿠션에 부딪칠 때 입사각과 반사각이 90°이상이면 둔각, 90°이하면 예각.

정확한 당점의 위치는
큐의 좌측 또는 우측 끝을
공의 중심에 맞추면
팁 반개 만큼 좌측 또는 우측으로
이동되는데 그 지점이
정확한 1Tip 지점이 된다.

그것을 기준으로
6mm 씩 더 옮길 때마다
1Tip씩 더 증가된다.

당 점

- 당점의 분류
- 당점의 이해와 겨냥법
- 3Tip 당점과 4Tip 당점의 차이점
- 스퀴트 Squirt 현상
- 커브 Curve 현상
- 큐팁의 선택 방법

System에서 요구하는 정확한 회전력을 구사하기 위해서는 1Tip ~ 4Tip 을 정확히 구분해야 한다.

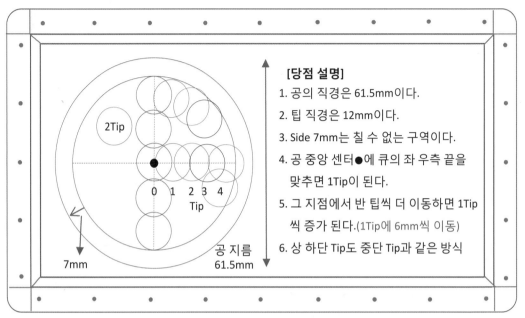

[당점 설명]

1. 공의 직경은 61.5mm이다.

2. 팁 직경은 12mm이다.

3. Side 7mm는 칠 수 없는 구역이다.

4. 공 중앙 센터●에 큐의 좌 우측 끝을 맞추면 1Tip이 된다.

5. 그 지점에서 반 팁씩 더 이동하면 1Tip 씩 증가 된다.(1Tip에 6mm씩 이동)

6. 상 하단 Tip도 중단 Tip과 같은 방식

상단 당점은 전진력을 더해주는 종 회전 역할을 하며, 좌 우측 당점은 횡 회전 역할을 더 많이 한다.
따라서 공의 형태에 따라 종 회전과 횡 회전 역할을 조화할 수 있는 당점을 잘 선택해야 한다.

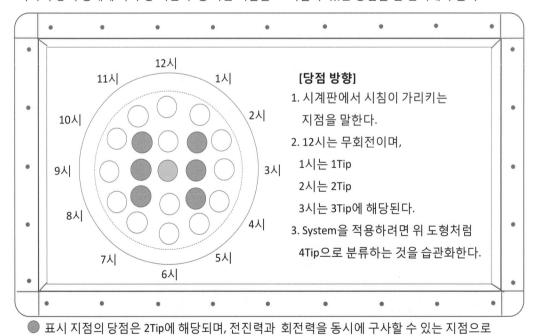

[당점 방향]

1. 시계판에서 시침이 가리키는 지점을 말한다.

2. 12시는 무회전이며,

   1시는 1Tip

   2시는 2Tip

   3시는 3Tip에 해당된다.

3. System을 적용하려면 위 도형처럼 4Tip으로 분류하는 것을 습관화한다.

⬤ 표시 지점의 당점은 2Tip에 해당되며, 전진력과 회전력을 동시에 구사할 수 있는 지점으로 특별한 경우가 아니라면 가장 많이 사용해야 하는 당점 구역이다.

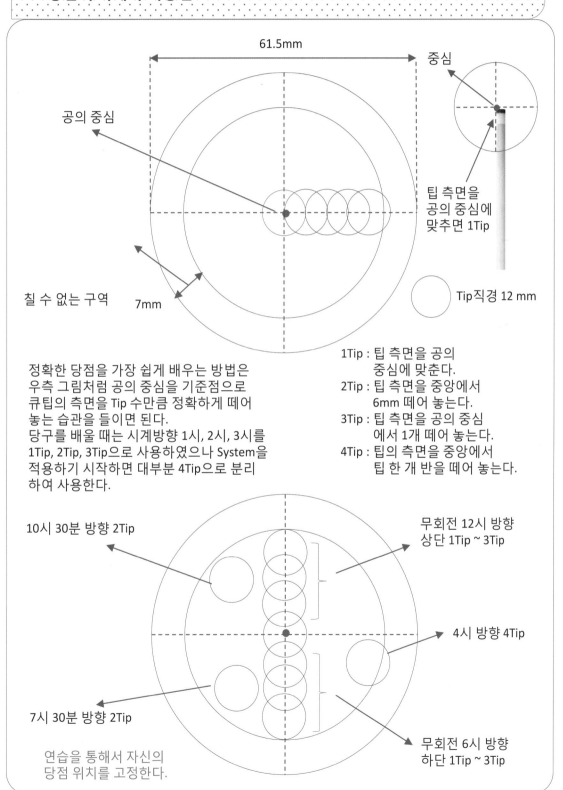

61.5mm

중심

공의 중심

팁 측면을
공의 중심에
맞추면 1Tip

칠 수 없는 구역

7mm

Tip직경 12 mm

정확한 당점을 가장 쉽게 배우는 방법은
우측 그림처럼 공의 중심을 기준점으로
큐팁의 측면을 Tip 수만큼 정확하게 떼어
놓는 습관을 들이면 된다.
당구를 배울 때는 시계방향 1시, 2시, 3시를
1Tip, 2Tip, 3Tip으로 사용하였으나 System을
적용하기 시작하면 대부분 4Tip으로 분리
하여 사용한다.

1Tip : 팁 측면을 공의
　　　중심에 맞춘다.
2Tip : 팁 측면을 중앙에서
　　　6mm 떼어 놓는다.
3Tip : 팁 측면을 공의 중심
　　　에서 1개 떼어 놓는다.
4Tip : 팁의 측면을 중앙에서
　　　팁 한 개 반을 떼어 놓는다.

10시 30분 방향 2Tip

무회전 12시 방향
상단 1Tip ~ 3Tip

4시 방향 4Tip

7시 30분 방향 2Tip

무회전 6시 방향
하단 1Tip ~ 3Tip

연습을 통해서 자신의
당점 위치를 고정한다.

당점을 3Tip으로 분류할 경우에는 1시~3시를 가리키는 시침 지점을 기준으로 3등분 한 것이다.

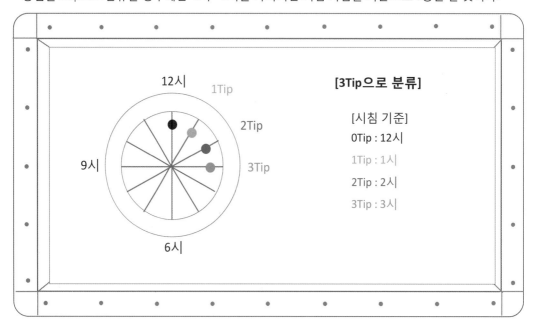

System에서는 정확도를 구하기 위해 대부분 4Tip으로 분류하여 사용한다.
특히 쿠션부터 치는 레일 퍼스트 System의 경우에는 보다 정밀한 당점이 요구된다.

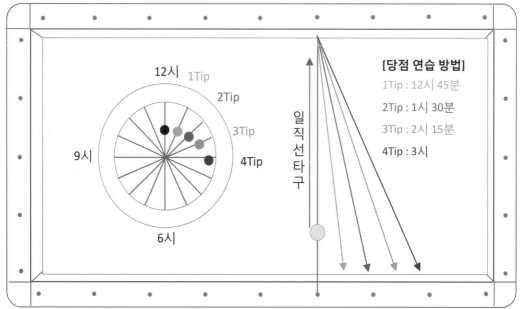

장쿠션을 향해 일직선으로 타구하면 1Tip 증가에 기울기 반 포인트씩 이동하며,
단쿠션을 향해 일직선으로 타구하면 1Tip에 기울기 1포인트 씩 이동하도록 연습해야 한다.

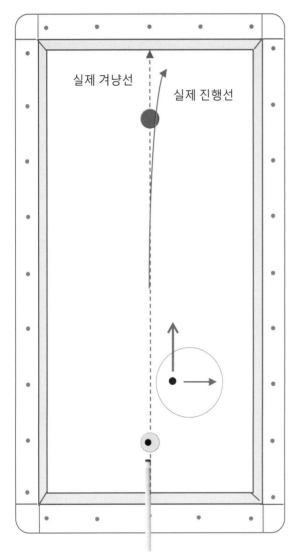

실제 겨냥선

실제 진행선

그림처럼 좌측 당점을 큐로 치면 앞으로 나가려는 전진력과 우측으로 밀리는 힘이 동시에 발생한다.

다만 앞으로 전진하려는 힘이 강하기 때문에 우측으로 나가려는 힘이 일부 상쇄되면서 조금만 우측으로 이동하는 것이다.

특히 스쿼트 현상은 수구의 극 상단 또는 극 하단을 칠 때 더 많이 발생 되는 것을 감안하여 평소 자신의 스쿼트 정도를 필히 익혀 두어야 한다.

이러한 문제점을 최소화 시키기 위해 서는 필요 이상의 회전을 주는 습관부터 고쳐나가야 한다.

스쿼트 현상은 공이 큐의 연장 일직선으로 굴러가다 회전을 준 반대 방향으로 휘어지는 것을 말하는데, 이 현상은 회전을 많이 주고 강하게 칠 경우, 또는 큐의 하대를 들거나, 강하게 스트록 할 때 더 많이 발생하기도 한다.

평소 뒤돌려치기가 생각보다 얇게 맞는 경우가 많다면 강한 스트록에 의해 밀림 현상이 심하게 발생하기 때문이다. 심한 경우 2m 거리에서 팁 1개(12mm) 정도까지도 발생한다. 따라서 평소에 거리 별로 자신의 스쿼트 현상을 체크해 보고 오조준 정도를 알아 두어야 한다.

◆ 커브 Curve 현상

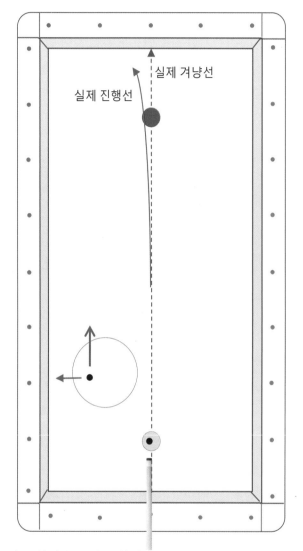

실제 겨냥선

실제 진행선

득점률이 높은 프로 선수나 고점자들은 극단적인 당점 사용이나 강한 샷을 자제하는 것을 볼 수 있다.

특별한 경우를 제외하고, 커브 현상을 억제하려면 당점을 1Tip ~ 2Tip 정도로 유지하는 것이 바람직하다.

하지만 제각돌리기 등에서 각을 짧게 만들어야 할 경우에는 커브 현상을 적절히 활용하면 쉽게 해결하는 경우도 있다.

커브 현상은 스쿼트 현상과는 반대로 수구의 움직임이 처음에는 당점을 준 반대 방향으로 아주 미세하게 밀렸다가 차츰 회전방향으로 휘어지는 것을 말한다.

커브 현상이 생기는 이유는 회전을 많이 주고 살살 칠 경우 또는 수구의 회전력을 살린다는 느낌으로 큐의 뒤쪽을 살짝 들어주고 부드러우면서 가볍게 찍어 친다는 기분으로 치면 수구의 회전력이 당구대 바닥과 마찰하면서 더 많이 생기게 되는 것이다,

제각돌리기가 생각보다 두께가 얇게 맞는 현상이 있었다면 커브 현상을 점검해 보아야 한다.

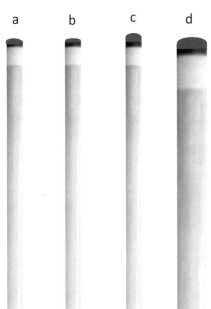

a : 가장 좋은 형태의 팁으로 cue miss가
   가장 적은 형태이다.

B : 팁이 너무 얇아 타격감도 부족하고
   심리적으로도 불안하다.

c : 팁이 너무 둥글면 미스 샷이 많이 생긴다.

d : a의 형태를 확대한 모양이다.
   큐를 고를 때는 d의 모양을 사용하는 것이
   cue miss를 방지할 수 있다.

[큐의 선택 방법]

큐는 게임의 승패를 좌우하는 중요한 도구이다.

큐가 휘어져 있지는 않은지 당구대 위에 굴려서 확인해 보아야 한다.

큐의 이음새 부분이 잘 조여져 있는지 힘을 주어 돌려본다.

평소 자신의 스트록 성향에 맞는 편안한 무게의 큐를 선택하는 것이 가장 좋은 방법이다.

[큐팁의 특성]

큐의 팁은 보통 11.5mm ~12mm를 사용하는데 12mm는 3쿠션용으로 적합하며,

11.5mm는 큐 스핀을 최대한 컨트롤할 수 있어 4구용으로 사용하면 적합하다.

이러한 부분을 고려하여 큐팁을 선택하는 것이 가장 좋은 방법이다.

회전이란 공의 측면을 친다고 해서 많이 생기는 것이 아니다.

공의 중앙과 끝부분의 중간 정도 부분만 당점을 주더라도 3Tip 이상 충분히 회전을

살릴 수 있다는 것을 기억하자.

정확한 두께 겨냥 방법은

큐의 좌. 우측 끝 부분

또는 중심 부분을 이용해

1적구의 맞히고 싶은 두께만큼

겨냥하는 것으로

두께를 조절해 나갈 수 있다

두께 겨냥법과 분리각

- 무회전 두께 겨냥법
- 정회전과 역회전 시 두께 겨냥법
- 얇게치기 겨냥법
- 공을 얇고 길게 치는 기술
- 공의 두께와 분리각 도표
- 수구와 1적구의 분리각
- 당점과 스피드에 의한 분리각 변화
- 주안시와 공의 두께 관계

무회전 두께 겨냥법

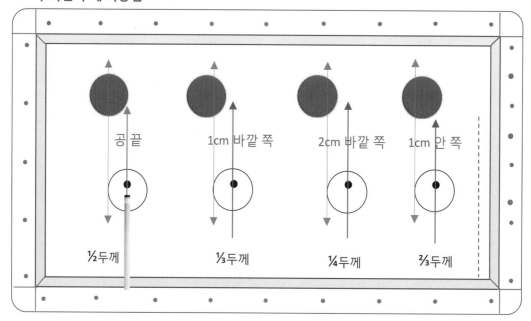

두께 겨냥법은 큐 중심을 좌측 그림처럼 1적구의 끝에 맞추면 정확히 ½두께로 맞는 것을
기준으로 ⅛두께를 옮길 때마다 7.7mm 씩 큐를 이동하면 된다.

무회전 두께 겨냥법

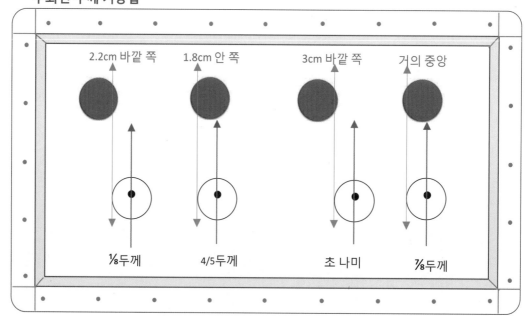

정회전 두께 겨냥법 (1시 30분 방향 2Tip 줄 경우)

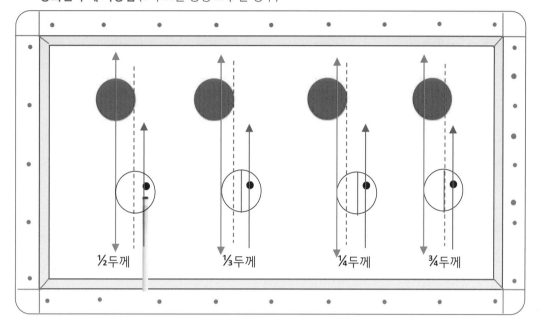

수구와 1적구의 비거리에 따라 발생하는 커브와 스쿼트는 계산하지 않은 기초 이론이다.

역회전 두께 겨냥법 (10시 30분 방향 2Tip 줄 경우)

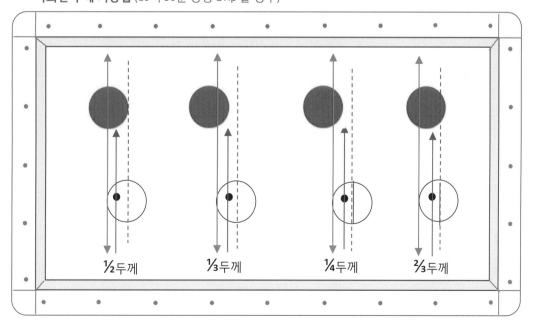

공을 잘 치기 위해서는 철저하게 두께 겨냥법에 따라 1적구를 겨냥하는 습관을 들여야 하며, ½두께와 ⅓두께를 정확하게 다룰 수 있으면 나머지는 조금 두껍게, 조금 얇게 치면 된다.

◆ 얇게치기 겨냥법

얇게 치는 기술에서 가장 중요한 것은 자세를 45°로 측면으로 서서 치는 것이다.
그래야 얇게치기가 쉬워진다.

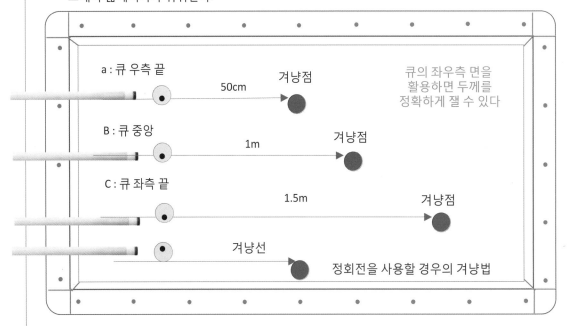

[해설]

위 도형은 얇게치기(초 나미)를 위한 특수한 방법을 나타내는 도형이다.

많은 동호인들께서는 얇게치기 기술을 습득하기 위해 평소 많은 고민을 할 것이다.

위 도형은 우측에 당점을 주었을 경우 수구와의 거리에 따라 큐를 이용해 아주 얇게 칠 수 있는
방법을 제시한 것이다.

a : 1적구가 50cm 정도 가까이 있을 때는 큐의 우측 끝을 1적구의 왼쪽 끝에 겨냥한다.

b : 1적구가 1m 정도 떨어져 있을 경우는 큐의 중앙을 1적구의 왼쪽 끝에 겨냥한다.

C : 1적구가 1.5m 정도 떨어져 있을 경우에는 큐의 좌측 끝을 1적구의 왼쪽 끝에 겨냥한다.

정회전으로 1적구를 얇게 칠 경우는 도형처럼 1적구와 2적구의 끝부분에 겨냥선을 맞춘다.

스트록을 할 때는 그립을 부드럽게 감싸고 1적구를 바라보는 것이 아니라 큐 끝이 가리키는
지점을 향해 천천히 큐를 곧게 뻗는다.

큐의 좌측 끝과 우측 끝을 다르게 겨냥하는 이유는 거리에 따른 스쿼트를 감안해야 하기 때문
이다.

◆ 공을 얇고 길게 치는 기술

1. 두께 겨냥법에 따른 조준법을 지속적으로 연마해 나간다.

2. 1적구 뒤에 이미지 볼을 만들고 그 이미지 볼을 향해 허공을 치는 습관을 들인다.

3. 상체의 힘을 모두 내려놓고 타구한다.

4. 맞을 만큼 약하게 친다.

5. 임펙트 이후에 그립을 잡지 않고 계속 열어 놓는다.

6. 장. 단. 장으로 얇게 치는 경우에는 예비 동작을 아주 작게 하고 백스윙을 최대한 억제한다.

   (정말 얇게 쳐야만 할 경우에는 겨냥한 상태에서 백스윙 없이 바로 스트록을 하면 된다)

7. 본 스트록을 예비 동작의 리듬감으로 타격 없이 등속(임펙트 전 후가 같은 속도)으로 친다.

8. 큐를 부드럽고 길게 밀어준다 (Long Follow)

9. 경우에 따라서는 공의 중심 부분에 당점을 둔다.

   (공의 중심이 가장 무겁기 때문에 얇게 칠 경우 관통력이 좋다.

10. 체중의 80% ~ 90%를 오른 발에 두고 몸을 평소보다 뒤로 빼고 친다.

11. 큐를 수평으로 유지시킨다.

12. 가장 중요한 것은 정면으로 바라보며 두께을 겨냥하지 말고 측면으로 서서 두께를 겨냥한다.

당구에서 얇게 치는 기술은 고점자로 가기 위한 필수 과제이다.

공을 얇게 다룰 수 있다는 것은 그만큼 선택의 폭이 넓어지기 때문이다.

특히 뒤돌려치기와 제각돌리기를 훨씬 유리하게 운영할 수 있다.

또한 포지션플레이도 그만큼 유리하게 이끌어갈 수 있다.

위에 열거한 여러 가지 내용 중에서 자신에게 맞는 부분을 선택하여 꾸준히 연마해 간다면

누구나 공을 얇고 길게 다룰 수 있게 된다.

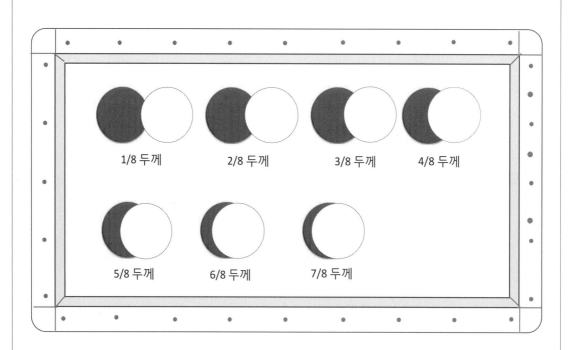

1/8 두께   2/8 두께   3/8 두께   4/8 두께

5/8 두께   6/8 두께   7/8 두께

[수구와 1적구의 분리각]

두께	1/8	1/5	1/4	1/3	1/2	2/3	3/4	4/5
수구	29°	37°	42°	48°	60°	70°	75°	78°
1적구	61°	53°	48°	42°	30°	20°	15°	12°

위 도표의 분리각은 공의 중심을 보통의 세기로 직진성 없이 부딪쳤을 때의 이론이다.

공은 당점에 따라 분리각이 달라지며, 스트로크의 강약에 따라 분리각은 달라진다.

예를 들어 ½두께로 공을 쳤을 때 수구의 분리각은 60°이나 부드럽게 굴리면 45°로 분리되고

밀어 치면 33°로 분리되기도 하며, 하단 당점에 강하게 치면 90°로 분리될 수 있다

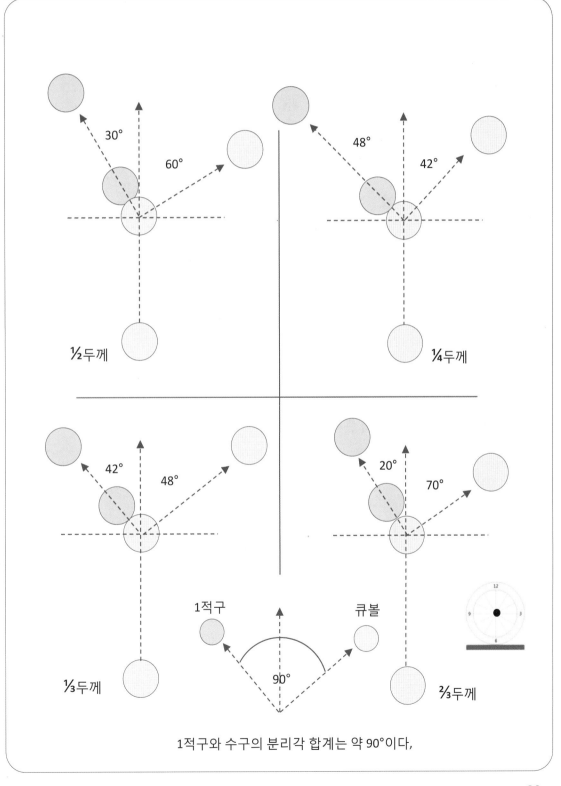

½두께

¼두께

⅓두께

⅔두께

1적구   큐볼

90°

1적구와 수구의 분리각 합계는 약 90°이다.

◆ 당점에 의한 수구의 분리각 변화

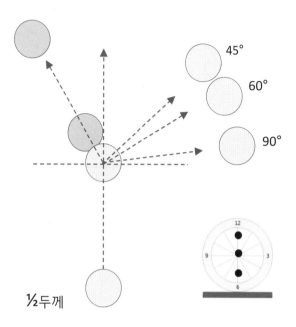

½두께

45°

60°

90°

◆ 수구로 1적구를 ½ 두께로
   부딪쳤을 경우
◆ 상단 당점 주고 부드럽게
   치면 45°로 분리되고,
◆ 중앙에 당점 주고 평범하게
   부딪치면 60°로 분리된다.
◆ 하단 당점 주고 강하게 부딪
   치면 90° 까지 분리된다.

◆ 스피드에 의한 수구의 분리각 변화

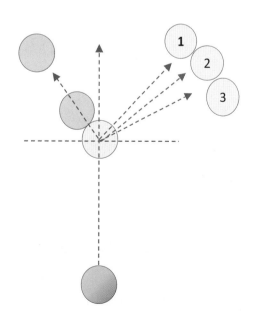

1
2
3

◆ 수구로 1적구를 부딪쳤을 경우
◆ 약하게 치면 분리각 합계가 90°
   보다 작아지고,
◆ 강하게 치면 분리각 합계가 90°
   보다 커진다.
◆ 보통으로 치면 수구와 1적구의
   분리각 합은 약 90°이다
◆ Kiss를 빼기 위해 분리각을 크게
   만들어야 할 경우에는 하단 당점을
   사용하면 된다

◆ 주안시와 공의 두께 관계

■ **Master eye (주안시)란?**

사람의 두 눈은 각기 다른 역할을 맡아서 한다.
방향을 측정하는 눈을 주안시 또는 Master eye라고 하며,
또 다른 눈은 거리를 측정하는 역할을 한다.

생활 속에서는 특별히 주안시에 대한 인식이 필요 없지만 골프나 당구처럼 방향과 두께
가 중요시 되는 경기에서는 주안시에 대한 인식이 반드시 필요하다.

예를 들어 골프를 처음 배울 때 초보자의 경우 대부분 홀컵의 오른쪽을 향해 겨냥하는
모습을 많이 볼 수 있는 것은 홀컵을 마주 바라보고 겨냥하는 것이 아니라, 비스듬히
서서 홀컵을 겨냥하기 때문에 홀컵이 실제보다 더 오른쪽에 있는 것으로 보이기 때문이다.
또한 프로들이 공을 오른쪽으로 많이 빼는 이유도 홀컵이 실제보다 약간 오른쪽으로 보
이기 때문인데, 이 또한 Master eye에 대한 인식이 부족하기 때문이라 할 수 있다.

따라서 두께가 중요시 되는 당구에서는 이 주안시에 대한 이해가 반드시 필요하다.
예를 들어 앞돌려치기에서 오른쪽으로 돌릴 때는 두께가 잘 맞는데 왼쪽으로 돌릴 때
두껍게 맞는 경향이 있다면 이는 바로 주안시의 문제이다.
오른쪽 눈이 주안시인 사람의 경우 1적구가 실제 위치보다 오른쪽으로 보이기 때문이다.
또한 1적구의 오른쪽 면을 비껴칠 때는 두께가 맞는데 1적구의 왼쪽을 빗겨칠 때는 두껍
게 맞는다면 이 것 또한 주안시 문제를 체크해 보아야 된다.

특히 노잉글리시에서 왼쪽으로 칠 경우와 오른쪽으로 칠 경우 입사각 반사각이 정확하지
않은 이유 또한 주안시 문제로 당점을 중앙에 정확히 주지 못하기 때문이다.

따라서 주안시를 먼저 이해하고 그에 따른 대처를 해야 된다.
(오른손잡이의 경우 70%~80%가 오른 눈이 주안시이다)

---○---

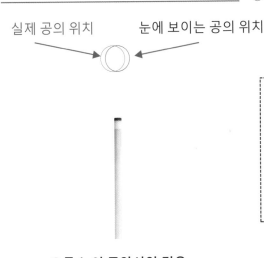

실제 공의 위치　　　눈에 보이는 공의 위치

◆ 프로선수 또는 고점자들의 자세와
얼굴 위치가 조금씩 다른 가장 큰
이유는 주안시를 큐선과 일치 시키
기 위한 것이라 할 수 있다.

◆ 오른쪽 눈이 주안시인 경우
오른 눈을 왼 눈보다 약간 뒤쪽에
두는 것이 보다 정확한 두께를 겨냥
할 수 있다.

오른 눈이 주안시인 경우

당구의 기본 자세란 ?
스텐스, 브리지, 그립을 말한다.

스텐스를 정확히 취했을 때
다른 자세를 정확히 취할 수 있고,

브리지가 견고해야 공을 정확하게
변화 없이 보낼 수 있으며,

부드러운 그립이 완성되었을 때
내가 원하는 구질의 공을
치기가 쉬워진다.

당구의 기본자세

- 올바른 자세와 정렬
- 브리지의 중요성
- 브리지의 종류와 특징
- 루즈 그립과 펌 그립 비교표
- 당구의 기본 요소
- 당구대와 큐의 구조

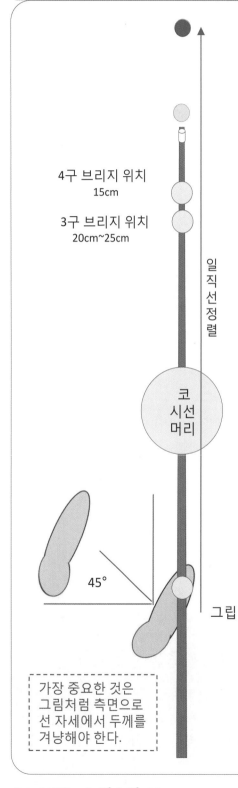

4구 브리지 위치
15cm

3구 브리지 위치
20cm~25cm

일직선정렬

코
시선
머리

45°

그립

가장 중요한 것은
그림처럼 측면으로
선 자세에서 두께를
겨냥해야 한다.

[올바른 자세를 취하기 위한 순서]

1. 목적구와 수구와 오른발 등을 일렬로 정렬한다.

2. 어깨에 힘을 빼고 팔을 한번 더 늘어뜨려 힘을
   뺀다.

3. 큐를 가슴으로 감싸고 배꼽 밑을 신체의 중심
   으로 잡는다.

4. 자세를 낮춰 왼팔을 쭉 뻗어 브리지를 고정하고
   하박과 상박은 90°를 유지한다.

5. 수구와 시선(코)을 일렬로 맞춘다.
   (체중은 양발에 분산하되 오른쪽에 55% 정도를
   둔다)

6. 1적구의 두께를 다시 한번 조절하고 예비
   스트록을 2차례하고 3번째 샷을 한다.

7. 임팩트는 상박과 하박이 90°가 될 때 타구한다.

◆ Shot angle의 공을 다룰 때는 브리지를
   짧게 하고, 큐도 비례해서 짧게 잡는다.

◆ 강한 파워가 요구되는 공을 칠 때는 브리지의
   엄지, 검지, 중지, 약지 손가락을 견고하게
   모으고 왼발도 약간 open 시킨다.

◆ 큐 무게로 공을 치는 것을 느낄 수 있어야 한다.

당구의 기본 자세란 ? 스텐스, 그립, 브리지를 합친 것을 말한다.

이 세가지 요건이 잘 갖추어 졌을 때 기본 자세가 좋다고 할 수 있다.

그렇다면 스텐스, 그립, 브리지 중에 가장 중요한 것을 말하라면 무엇이라고 대답할 수 있을까 ?

어느 유명 프로는 브리지와 그립 중에서 브리지의 역할이 훨씬 더 중요하다고 말한다.

대대 25점 이상 치는 동호인이라면 무슨 뜻인지 선뜻 이해되리라 생각한다.

중, 하급자의 경우 임펙트 이후 수구가 2쿠션도 맞기 전에 브리지를 당구대에서 떼는 경우를

흔히 볼 수 있다. 아마도 스트록이 끝났으니 브리지의 역할도 끝났다고 생각하는 모양이다.

하지만 바로 그 점이 문제인 것이다. 공이 끝까지 결대로 굴러다니느냐 그렇지 않느냐는

임펙트 이후 브리지를 얼마만큼 견고하게 유지해 주느냐에 달려있다.

다시 말해 공의 구름은 브리지의 영향에 의해 가볍게 날라 다니기도 하고 힘있게 안정적으로

변화 없이 결대로 구르기도 하는 것이다.

또 다른 예로 90° 이상의 끌어 치는 듯한 공 모양에서 브리지를 15cm 정도 짧게하고 스트록 하는

것과 25cm 정도로 길게 잡고 끌어 치는 것 중, 어느 쪽이 수월하고 공의 구름을 자연스럽게 만들

수 있을까 ? 당연히 15cm미만으로 짧게 잡아주는 것이 공도 잘 끌리고 공의 구름도 편안하게

만들 수 있다. 그 이유는 브리지를 길게 잡았을 경우 큐가 길게 뻗어져 길어질 수 있는 현상을

짧은 브리지로 사전에 방지했기 때문이다.

반대로 대회전을 돌릴 때 공과 브리지 거리가 너무 가까우면 Long Follow Shot에 제약을 받게

되며, 네 손가락을 강하게 모아주는 브리지 형태를 취하면 힘있게 스트록을 구사할 수 있다.

그뿐만이 아니다, 예를 들어 1적구의 분리각을 크게 만들어야 Kiss를 피할 수 있는 경우에는

하단 당점을 주고 브리지의 네 손가락을 펼쳐주면 분리각이 훨씬 더 커진다.

반대로 세 손가락을 모아주는 그립의 형태는 1적구를 무겁게 천천히 다룰 때 사용하면 좋다.

브리지를 할 때는 새끼 손가락과 손바닥 아래 부분이 당구대 바닥에 견고하게 밀착되어 있어야

한다.

또 큐를 고정하는 두 번째 손가락의 후크 모양도 ⊃자 모양으로 견고해야 된다.

파워풀한 공을 칠 때는 중지와 약지를 모으로 두 번째 손가락을 평소보다 더 견고하게 해야 한다.

또, 엄지와 검지, 중지 손가락이 견고하게 밀착되어 있으면 정확한 당점 겨냥에 흔들림을

방지할 수 있으며, 오른손 그립의 힘이 저절로 빠지는 장점도 있다.

일반적으로 당구를 처음 배우면서 가장 많이 사용하는 브리지 형태이다.
세 손가락을 펼쳐주면 수구가 가볍게 다루어 지는 특징이 있다.
따라서 1적구가 가볍고 빠르게 다녀야 할 때 사용하면 적합하며,
손가락을 펼쳐주면 1적구의 분리각이 커지므로 Kiss 뺄 때도 사용한다.

소지를 제외한 세 손가락에 힘을 주고 모으는 브리지는 강력한 대회전,
끌어치기, 밀어치기, 바운딩 등 파워있는 스트로크를 할 때 사용한다.
네 손가락을 힘있게 모아주면 오른손 그립에 힘을 빼는 데에도 많은
도움이 된다.

네 손가락을 모두 모아주는 브리지는 수구를 무겁게 다룰 때 사용한다.
예를 들어 1적구를 눌러 치거나, 수구를 1쿠션에 정확하게 보내면서
정교함으로 수구를 다루어야 할 때 사용하면 좋은 그립이다.
따라서 제각돌리기 등 각으로 정확히 치는 형태에서 주로 사용한다.

브리지에서 후크는 디귿자(ㄷ)형태로 확실하게 만들어 주어야 한다.
엄지 손가락의 첫 번째 마디를 중지의 두 번째 마디에 붙이고,
엄지 손가락으로 검지 손가락 끝을 눌러 고정한다.
브리지가 견고해야 공이 변화 없이 곧대로 굴러다닌다.

브리지에서 손바닥을 바닥에 단단하게 붙이는 것은 견고한 브리지
를 만드는데 가장 핵심이 된다. 손목이 꺾여 있는 형태는 좋은
형태가 아니며, 사진처럼 약간 활 모양으로 구부리는 것이 큐를
일직선으로 진행 시키는데 도움이 된다.

임펙트가 끝났다고 스트록이 끝난 것이 절대 아니며, 수구가 2쿠션을 맞고 돌 때까지
절대 바닥에서 브리지를 떼지 말아야 수구가 변화 없이 곧대로 구르게 된다.

그립을 크게 분류하면 루즈 그립과 펌 그립으로 분류된다.

루즈 그립은 그립을 전체적으로 부드럽게 잡는 중립적인 그립을 뜻하며,

펌 그립은 엄지와 검지를 중심으로 큐 전체를 부드럽게 감싸는 그립을 말한다.

어느 그립이 좋은 그립이라고 할 수는 없으며, 당구의 고수가 되기 위해서는 두 가지

그립의 특성을 모두 이해하고 활용할 수 있어야 한다.

아래 비교표를 보면서 평소 그립에 대한 재정립을 해볼 필요가 있다.

루즈 그립 Loose grip	비교	펌 그립 firm grip
전반적으로 부드러우면서 루즈하게 큐를 잡는다	그립 잡는 법	부드럽게 큐를 빈틈없이 잡는다
손목의 움직임이 자유롭다	특징	손목의 움직임이 적고 정교하다
스트록에 따라 변화한다	분리각	대체적으로 일정한 편이다
많음	스쿼트와 커브의 오차	적음
불규칙	정확성	좋음
상황에 따라 이동	그립 위치	평균 또는 조금 짧게 잡음
대체적으로 불규칙하다	공의 구름 현상	2,3쿠션 이후 공의 구름 현상이 일정하다.
화려하고 기교적이다	스트록	정직하고 일정하다
던져치기, 끌어치기, 밀어치기, 스냅샷, 스피드샷, 등 다양한 상황에 활용	활용도	정확도가 요구되는 공을 다룰 때 적합하며 붙어 있는 공의 곡 구 방지 제각돌리기, 쇼트앵글 등

◆ 당구를 빨리 배우는 비결 중의 하나는 프로선수들의 경기나 고점자들의 경기에서 그들이 취하고 있는 그립 형태와 큐를 뻗는 손동작을 유심히 관찰하고 이해하는 것이다.
3쿠션의 경우에는 스트록이 70%를 차지할 정도로 아주 중요하기 때문이다.

◆ 당구를 처음 배울 때는 루즈 그립을 먼저 배우는 것이 긴장감 없이 공을 다룰 수 있으나, 어느 정도 숙련되어지면 펌 그립을 익혀나가는 것이 좋다.
왜냐하면 3쿠션에서 득점하기 위해서는 정확도가 가장 우선이기 때문이다.

◆ 당구의 기본 요소

당구는 처음부터 기본기를 충실히 해야 한다.

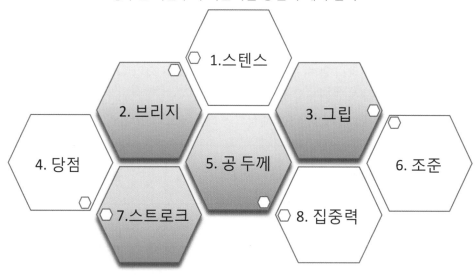

1. 스텐스 : 45°로 다리를 벌려 정확히 스텐스를 취해야 다음 자세들도 정확하게 연결될 수 있다.
정면으로 서는 자세는 공을 얇게 다루기가 어려우며, 45° 측면으로 서야 공을 얇고
길게 칠 수 있으며 큐가 자연스럽게 뻗어지게 된다.

2. 브리지 : 스트로크의 완성은 견고한 브리지에서 나온다.
수구가 2쿠션을 돌아갈 때까지 브리지를 절대 바닥에서 떼면 안 된다.

3. 그립 : 큐 무게 중심에서 자신의 신장의 10% 정도 뒤를 달걀을 가볍게 감싸듯이 잡는다.

4. 당점 : 상단. 중단. 하단 당점과 1Tip, 2Tip, 3Tip, 4Tip을 정확히 구별한다.

5. 공 두께 : 공의 두께는 ½ 두께를 정확히 재는 것을 기준으로 ⅓ ⅔ ¼ 두께 정도를 익히고
나머지는 조금 얇게 또는 조금 두껍게 조절하면 된다.

6. 조준 :. 큐의 좌 우측 면을 이용해 1적구의 두께를 겨냥하는 습관을 꾸준히 실행하다 보면
두께에 대한 정확도를 완성해 나갈 수 있게 된다.

7. 스트로크 : 1~6까지의 기본기를 토대로 어떠한 스트로크를 구사할 것인지 결정되기 전에
절대 엎드리지 않는다.

8 : 집중력 : 일생의 마지막 샷이라는 각오로 한 샷, 한 샷 최선을 다하는 습관을 들인다.

본 스트로크를 하기 전에 반드시 예비 스트록을 2~3차례 하는 습관을 들여야 하며,
위의 기본기를 반복적으로 습관 들이는 것만이 고점자가 될 수 있는 유일한 길이다.

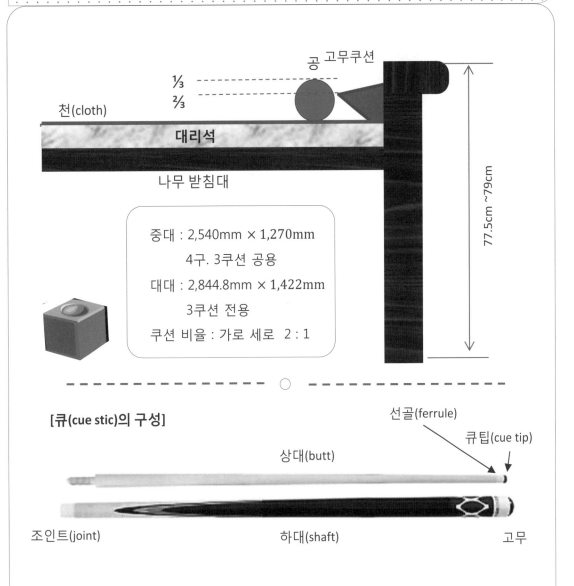

공 고무쿠션

천(cloth)

⅓
⅔

대리석

나무 받침대

77.5cm ~79cm

중대 : 2,540mm × 1,270mm
4구. 3쿠션 공용
대대 : 2,844.8mm × 1,422mm
3쿠션 전용
쿠션 비율 : 가로 세로 2 : 1

[큐(cue stic)의 구성]

선골(ferrule)

큐팁(cue tip)

상대(butt)

조인트(joint)   하대(shaft)   고무

상대 : 하대에서 가해진 에너지를 공에 전달하면서 타구의 감각을 손으로 느낄 수 있도록
역할을 한다.

하대 : 공에 에너지를 전달하는 가장 중요한 기능과 큐의 전체적인 균형을 유지하는 가장
중요한 역할을 한다.

선골 : 상대의 파손을 방지하며, 큐팁을 쉽게 부착하도록 하는 역할을 한다.

큐팁 : 당구장에서 가장 많이 사용하는 큐팁은 대부분 엘크(순록)의 가죽을 많이 사용한다.

조인트 : 큐의 분리를 위해 상대와 하대를 나사 방식(나무 또는 스틸)으로 연결하는 기능을 한다.

고점자가 되기 위해서는
다양한 타법에 대한
정확한 이해와
구사 능력이 필요하다.

타법

- 타법의 분류
- 타법
- 1적구를 다룰 때 스트로크의 선택
- 예비 스트록의 중요성
- 타격 없는 스트로크 연습방법
- 그립의 중요성
- 득점을 위한 사전 준비과정

◆ 타법의 분류

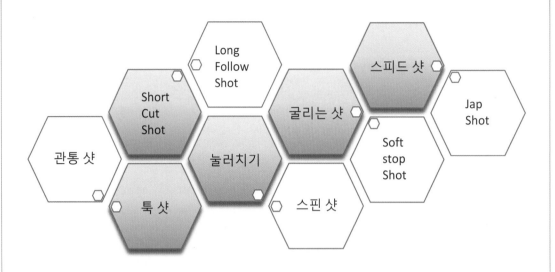

타법이란 크게 분류하면 Long Follow Shot, Short Follow Shot, Jap Shot 정도로 분류할 수 있다. 하지만 배우는 과정인 만큼 최소한 타법에는 어떤 종류가 있고 또 어떤 특성을 갖고 있는지 알아 보기로 한다.

위에 명시된 10가지의 타법은 공의 형태에 따라 선택해야 하는 타법이므로 반드시 이해하고 익혀 두어야 한다.

프로선수나 고점자들이 치는 공을 유심히 보면 너무 쉽게 굴러가 득점을 하는가 하면 상상하지 못하는 궤도를 그리며 득점하는 것들을 보게 된다.
이는 공의 형태에 맞는 가장 적합한 타법을 선택했기 때문이다.

타법이란 그립 안에서 순간 손동작으로 만들어지는 것이기 때문에 관찰하는 입장에서는 쉽게 눈에 들어 오지 않는다.

기회가 될 때마다 고점자들에게 물어보는 노력이 필요하다.

당구란 내가 노력해서 할 수 있는 부분이 있고 배우지 않으면 오랜 세월이 흘러도 영원히 알 수 없는 기술이 있기 때문이다.

◆ Long Follow shot

당구에서 가장 기본이 되는 타법으로 모든 샷의 근원이 된다.
잡아 주는 타법과는 달리 수구를 임펙트 한 후 수구의 전진력을 위해 밀어 치는 타법을 말한다.
밀어 치는 타법은 키스를 빼기 위해 1적구를 두껍게 다루어야 할 경우에 주로 사용하며,
대회전과 같이 수구의 비거리가 먼 경우에도 사용된다.
Long Follow shot은 스트록에서 가장 기본이 된다.

◆ Short cut shot

Short 타법은 공 한 개 정도 통과하는 느낌의 짧고 빠른 스피드 샷으로, 스트록과 동시에 급격히
큐를 잡아주면 수구의 각도가 급격히 짧아지는 타법이다, 1적구가 수구와 가까이 있는 예각의
뒤돌려치기에서 끌어치지 않고 쇼트 샷을 구사하면 1적구를 얇게 맞춰 키스를 방지할 수
있으며, 쿠션에 붙어 있는 공을 끌어치기로 돌려야 할 때 쇼트 타법으로 최대한 빠르게 끌어
치기 하면 얇게 쳐도 쉽게 끌어치기가 된다.

◆ Jap shot

잽 샷은 마치 권투 선수가 상대 선수에게 잽을 넣듯이 가볍게 끊어 치는 샷을 말하며,
수구의 회전을 억제 시킬 경우 또는 뒤돌려치기 등에서 각을 짧게 만들고자 할 때 잽 샷을
사용한다.
잽샷의 또 다른 특성은 얇게 친 공은 더 길게 두껍게 친 공은 더 짧게 만든다.

◆ Soft stop shot

큐를 길게 밀어 치면 수구는 3쿠션 이후에도 지속적으로 회전력이 살아 공이 계속 길어진다.
Soft stop shot은 큐를 길게 밀어 치지 않고 임펙트와 동시에 큐를 부드럽게 멈춰 주는 샷이다.
공은 1쿠션 2쿠션이 지나면서 회전력이 점점 소멸되면서 짧은 각을 형성하게 된다.

◆ 관통 샷

관통 샷은 3쿠션에서 고수들이 가장 많이 활용하는 대표적인 샷이다.
수구에 겨냥한 당점 지점을 일직선으로 뚫고 나가듯이 관통하는 샷이다.
회전력을 극대화 시켜야 할 때도 많이 사용하며, 수구의 흐름에 부작용을 최소화 시킬 때 큐를
곧게 뻗어 주는 부드러운 관통 샷을 많이 사용한다.
대부분의 모든 샷을 비틀림없이 당점을 일직선으로 관통하는 관통 샷으로 습관들여야 한다.

◆ 툭 샷

툭 치고 마는 샷으로 게임중에 다양하게 활용되는 샷이다.
특히 제각돌리기에서 짧게 각을 형성 시켜야 할 경우 바로 이 툭 샷을 사용하면 된다.
달리 얘기하면 끊어치기라고도 할 수 있으나, 툭 샷은 약하게 사용할 때만 사용하므로
끊어치기 와는 약간 다르다 할 수 있다.
말 그대로 팔로우 없이 툭 쳐놓고 큐를 빼면 수구는 계속 짧아지게 된다.

◆ 던져치기

던져치기 샷은 수구를 빠르게 진행 시켜야 할 경우 많이 사용된다.
또한 대회전을 한바퀴 더 크게 돌릴 때 (삼주) 던져치기를 사용하며,
Kiss를 빼기 위해 수구를 빨리 진행시켜야 할 경우에도 사용된다.
던져치기 샷을 할 때는 그립을 부드럽게 잡고 손목의 스냅을 활용하면 스피드를 높일 수 있다.

◆ 굴려치기

굴리는 샷은 의외로 활용도가 많은 샷이다.
특히 1적구와 2적구가 단쿠션 쪽에 치우쳐 있는 뒤돌려치기의 경우는 거의 굴려서 쳐야 하는
경우가 많다. 다시 말해 공의 구름관성을 이용해 Tip을 조절하면서 자연스럽게 각도를 형성
하면서 득점하면 된다. 또한 부드럽고 약하게 쳐야 할 경우, 또는 플레이트(접시) 샷 같은 경우
에도 수구의 변화를 적게 하려면 공을 굴려서 쳐야 한다.

◆ 스피드 샷

프로들의 샷을 보면 정말 시원하다. 아마추어가 볼 때 분명히 끌어쳐야 할 공의 배치임에도
불구하고 그들은 모두 스피드로 분리각을 짧게 만들어 해결한다.
스피드 샷은 수구와 1적구의 반사각을 짧게 만들어주기 때문에 아주 짧은 뒤돌려치기에서
활용하기도 한다.
고수들이 수시로 스피드 샷을 하는 또 다른 이유는 긴장에서 벗어나고 스트록의 감각을 유지
하기 위해서 스피드 샷을 가끔 활용하기도한다.

◆ 스핀 샷

일명 꼬미라고 불리는 샷으로 회전을 극대화 시켜 에러마진을 크게 만들어야 할 경우 사용
하는 샷이다. (스핀 샷은 ¾이상의 두꺼운 두께로 쳤을 때 회전이 극대화 된다)
대부분 하단 당점을 많이 사용하나 경우에 따라서는 상단 당점을 사용할 때도 있다.
스핀 샷은 1적구를 아주 두껍게 부딪치면서 자동적으로 회전이 극대화 되는 것을 이용하는
것이며, 스트로크 방법은 끌어치기 하는 것이 아니라 밀어 쳐야 한다.

◆ 눌러치기

1적구를 눌러 주면서 치는 샷으로 뒤돌려치기, 제각돌리기등 다양한 형태에서 활용되며 Kiss를
빼거나 분리각을 어느 정도 크게 형성시켜야 할 때 끌어치기 하지 않고 눌러치기를 사용한다.

◆ 기타

타격감없이 부드럽게 천천히 임펙트 전 후를 같은 속도로 치는 등속 샷.
임펙트 이후 큐를 밑으로 내리는 다운 샷.
임펙트 이후에 큐를 위로 올리는 Up shot.
수구의 변화를 최소화 시키면서 대회전을 돌리기 위한 부드러운 롱 샷 등이 있다.

스트록을 팔로 치지 않고 큐의 무게로 치고 있는 것을 느끼고 있다면 그 동호인님 이라면
상당히 높은 스트록 수준에 올라와 있다고 할 수 있다.

스트로크의 종류는 많지만 또 다른 관점에서 스트로크를 분류한다면 다음과 같은 방법으로 분류할 수 있으며, 수구와 1적구의 타구 각도에 따라 스트로크를 달리 선택해야 한다.

[굴려 치는 스트로크]
1적구와 수구를 30° 전 후로 얇게 다루어야 하는 형태라면 대부분 부드럽게 굴려 치는 스트로크를 선택해야 분리각을 작게 만들 수가 있다.

[부딪쳐서 분리각으로 치는 스트로크]
수구와 1적구를 40° ~ 50° 정도로 분리시켜야 할 경우에는 1적구를 분리각으로 부딪쳐 진행시키면 수구의 구름이 변화 없이 안정적으로 구르게 수 있다.

[눌러 치는 스트로크]
수구와 1적구의 각도를 60° 이상으로 크게 만들어야 할 경우에는 1적구를 눌러 쳐야 분리각을 크게 만들 수 있으며 수구의 구름도 변화 없이 안정적으로 진행시킬 수 있다.
Kiss를 빼거나 포지션 플레이를 위해서 눌러 치는 스크로크를 사용하기도 한다.

따라서 스트로크를 결정하기 전에 굴려 칠 것인지, 부딪쳐 칠 것인지, 눌러 칠 것인지를 반드시 결정한 후에 엎드려야 한다.

[1적구를 비껴치는 스트로크]
1적구를 비껴치는 스트로크는 수구의 진로를 길게 만들어야 할 때 주로 사용하는 스트로크로, Kiss를 빼야 할 경우 사용하기도 한다.

[1적구와 분리시켜 치는 스트로크]
1적구와 분리시킨다는 의미는 1적구를 부드럽게 타격 없이 비껴치는 것이 아니라 스트로크에 어떤 행위를 별도로 가하지 않고 수구를 1적구에 자연스럽게 부딪쳐 순수 분리각으로 공의 진로를 만드는 스트로크를 뜻한다.

1적구와 수구의 각도에 따라 스트로크 방법을 정확하게 선택하는 것은 득점률을 높이는 데에 가장 핵심이 된다.

공을 의지대로 치기 위해서는 반드시 예비 스트록이 필요하다.
예비 스트록은 본 스트록을 하는데 탄력을 더해주는 것은 물론 정렬과 자세를 최종적으로 점검하는 과정이기 때문이다.

예비 스트록을 하는 것은 절대 Slow Play가 아니므로 항상 일정한 예비 스트록을 꾸준히 습관 들여야 한다.

상대 경기자와 만났을 때 기본 자세와 예비 스트록을 보게 되면 상대의 실력을 어느 정도 가늠 할 수 있게 된다.

[예비 스트록 전에 점검해야 할 사항]

1. 오른발 앞부분이 1적구와 수구와 일직선이 되도록 위치한 다음 왼발을 45°로 벌린다.

2. 1적구와 수구와 큐 스틱을 일직선으로 정렬한다.

   (큐 스틱이 오른발 등위에 수직 으로 일치되어야 함)

3. 브리지, 팔, 머리(코) 그립이 큐 스틱과 일렬로 되도록 정렬한다.

   (주안시를 큐 선 위에 일직선으로 맞춘다)

4. 왼팔은 뻗고 상체를 낮춘다.

5. 브리지는 견고하게 취한다.

6. 양발에 균형을 유지하고 체중의 55% 정도를 뒤쪽에 둔다.

7. 하박을 축 늘어뜨린 상태에서 큐를 꼬임 없이 가볍게 잡는다.

8. 어깨와 상박을 고정한 상태에서 하박이 상박과 90° 가 될 때 임펙트를 가해야 한다.

9. 만일 전체적인 자세에 어색함이 있다면 자세를 풀고 다시 세팅해야 된다.

10. 두 차례의 예비 스트록은 당점에 집중하고 세 번째 백스윙은 아주 천천히 한다.

[위의 동작들은 동시에 이루어져야 하는 동작이므로, 평소 자세를 잡는 꾸준한 훈련이 필요하다]

대부분의 아마추어 동호인들이 너무나 타격을 주는 샷에 길들여져 있는 것 같다.
어쩌면 타격감 없는 샷 이란 용어 자체가 생소하게 들릴지도 모른다.

타격감 없는 샷이란?
Long Follow shot처럼 임펙트 이후에 수구의 전진력을 위해 강하게 밀어치는 샷이 아니라,
임펙트에 전혀 힘을 가하지 않고 분리각을 최소화 시키면서 일정한 속도로 큐의 길이로
전진력을 만드는 샷을 말한다.
(임펙트에 50% 미만의 힘을 가하면서 큐의 길이로 전진력을 만든다)

타격 없는 스트록을 위해서는 큐를 부드럽게 감싸고 1적구의 두께에 상관없이 임펙트 순간을
느끼지 못하도록 오직 큐의 길이로만 수구에 힘을 가해 당점을 부드럽게 관통시켜야 한다.

타격 없는 스트록을 하기 위해서는 임펙트 이후에도 그립을 잡지 말고 계속 열어 놓아야 한다.

[연습 방법]
1) 가상의 수구 당점 부분을 겨냥하고 천천히 백스윙 한다.
2) 가상의 수구 당점을 일직선으로 관통하며 느리게 샷을 한다.
3) 마지막 백스윙은 더 느리게 한다.
4) 공 세개를 관통하듯이 부드러우면서 긴 스트록을 한다.
5) 임펙트 이후 그립 잡는 것을 최대한 억제한다.

(위 다섯 가지 동작은 연결된 동작이다)
백스윙과 릴리즈가 부드럽게 물 흐르듯이 그리고 아주 천천히 구사되지 않으면 절대 타격감
없는 샷을 구사할 수 없다.

[Tip]
많은 초. 중급자들의 그립 잡는 모습을 보면 대체적으로 강하게 잡거나 헐렁하게 잡는 경향이
있다.
계란을 부드럽게 손으로 감싸듯이 그립과 큐가 일체가 되는 느낌으로 부드럽게 잡으면 된다.
3쿠션은 스트록이 70%이고 스트록은 그립이 좌우하는 것을 잊지 말자.

좋은 스트록이란 큐의 비틀림 없이 일직선으로 당점을 뚫고 나가듯이 당점을 찌르는 스트록을 말한다. (좋은 스트록이란 한마디로 표현하면 "찌르는" 것이다)

하지만 그립이 잘못되어 있는 상태에서 흔들림 없이 일직선으로 큐를 뻗어 준다는 것은 거의 불가능하다고 할 수 있다

따라서 그립을 가볍게 감싸고 일직선으로 큐를 뻗어주는 빈 스트록 연습을 꾸준히 해야 한다.

많은 사람들의 나쁜 그립 형태를 대표적으로 분류해 보면 다음과 같다.

[나쁜 그립의 형태]

1. 큐와 손바닥이 틈이 많이 벌어져 있는 그립.

2. 큐를 잡았을 때 손 등이 활처럼 굽어 있는 그립.

3. 너무 멀리 잡아 임펙트가 90°에서 이루어지지 않는 그립 등이 있다.

그립을 고치는 방법은 ~

1. 당구대 프레임 위에서 일직선으로 큐의 왕복 운동을 했을 때 큐가 좌우로 흔들린다면 손목의 각도를 조절하며 큐가 일직선으로 자연스럽게 왕복할 때까지 꾸준히 연습을 한다 .

2. 그립을 잡았을 때 생기는 엄지와 검지의 둥근 부분을 눈이라고 하는데 그 눈이 정면으로 1적구를 마주 보면서 진행시키면 손목의 각도를 바로 잡는데 도움이 된다.

3. 페트병을 앞에 놓고 페트병 입구 안에 큐를 넣는 연습을 천천히 반복한다.

4. 전. 후방에서 그립의 움직임을 동영상으로 찍어 직접 확인하며 느껴본다.

그립은 가볍게 감싸 쥐어야 큐의 무게를 느낄 수 있으며 보다 정교하고 파워 있는 스트록을 구사할 수 있게 된다.

또한, 그립은 잡는 방법에 따라 수구의 진로를 길게 만들 수도 있고, 짧게 만들 수도 있다.

예를 들어 수구의 진로를 짧게 진행시키려면 엄지와 검지 손가락 위주로 그립을 잡으면 공을 쉽게 짧게 만들 수 있으며,

반대로 약지와 소지 위주로 그립을 잡으면 수구의 진행을 길게 만들 수 있다. 그 이유는 엄지와 검지를 단단히 잡으면 큐가 밀려 나가지 않아 짧게 끊어 치는 효과가 있으며,

약지와 소지 위주로 그립을 쥐면 큐가 길게 밀려나가 공이 자연스럽게 길어지는 효과를 보게 된다.

[프로들의 경기나 고점자들이 그립을 잡은 손목의 각도를 유심히 관찰해 보고 따라 한다]

1. 초크를 바르면서 1적구와 수구의 궤도, Kiss의 유무, 포지션 Play 가능성, 내 공이 멈추어야
   할 지점 등을 머리 속에 그리고 어떤 타법을 구사할지를 결정한다.

2. 1적구와 수구와 오른발을 일렬로 맞추고 왼발을 45°로 벌린 후 큐가 오른발 앞부분 위에
   위치하도록 정렬한다.

3. 어깨의 힘을 빼고 큐가 당구대 바닥과 최대한 수평이 되도록 유지하고 그립이 편안한지
   최종 점검을 한다.

4. 호흡을 가다듬은 후 큐를 움직이지 말고 당점을 겨냥한다.

5. 당점을 겨냥하고 2회의 예비 스트록을 한 뒤 세 번째 본 스트록을 하는 습관을 갖는다.

6. 스트록 할 때는 타법과 스트록의 강약에만 집중한다.

7. 스트록 요령은 상박은 고정하고 하박의 전후 운동으로 타구하되 상박과 하박이 90°일
   때 임펙트를 가한다.

 (공의 형태에 따라서 상박을 함께 사용해야 하는 경우도 있다)

8. 스트록 이후에도 수구가 2쿠션을 지날 때까지 절대 브리지를 당구대에서 떼지 않는다.

[Tip]
경기를 하다 보면 마음은 물론 어깨에도 힘이 들어가 있기 마련이다.
따라서 경기중에 앉아 있을 때도 어깨를 축 늘어뜨리고 앉아 있으면 도움이 된다.
득점을 위한 사전 준비 과정에서도 어깨를 늘어뜨리고 큐를 가볍게 들고 있으면 도움이 된다.

타석에 엎드리기 전에는 큐를 당구대에 살짝 걸쳐 놓고 겨냥 직전에 큐를 든다.
다시 말해 힘이 들어갈 수 있는 행위는 모두 사전에 방지하는 것이 좋다.

대부분의 동호인들은 순서를 기다리며 큐를 잡고 서있으면서 어깨에 힘이 잔뜩 모아지고
있다는 사실을 미처 생각지 않고 있는 것이다.

고수와 하수의 차이는 이런 사소한 것에서부터 차이가 나는 것이다.

당구에서 득점 확률을
높이기 위해서는
득점에 필요한
핵심적인 요소들을
정확히 알고 있어야 한다.

System 북

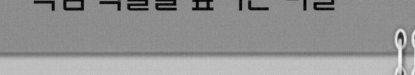

득점 확률을 높이는 비결

- 제각돌리기
- 뒤돌려치기
- 앞돌려치기
- 수구의 진로를 짧게 만드는 기술
- 당점의 세분화
- 두께 겨냥법을 꾸준히 연습하라
- 고수들의 조언

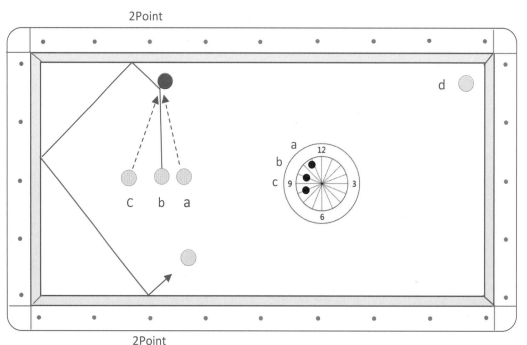

◆ 득점 확률을 높이는 비결 (제각돌리기)

[해설]

제각돌리기에서 첫 번째로 중요한 것은 두께의 결정이다.

1적구를 부딪쳤을 때 변화가 가장 적은 약 40° ~ 50° 각도의 두께를 먼저 선택하고

나머지는 회전으로 결정하는 것이 좋다.

두 번째는 기본 포지션을 익혀두는 것이다. 예를 들어 수구와 1적구가 2Point 일직선 선상에

있고, 2목적구도 2Point 선상에 있을 경우 Ball System을 적용하면 ½두께에 2Tip 이다.

(제각돌리기 쇼트 앵글에서는 Ball System을 적극 활용하는 것도 좋은 방법이다)

다음은 스트록의 강약이 달라야 한다. 도형처럼 쇼트 앵글일 경우에는 1적구를 분리만 시켜

놓고 기다리는 형태로 쳐야 하며, 우측 상단 d의 공을 맞추려면 스트록을 아끼지 말아야 한다.

끝으로 제각돌리기에서 중요한 것은 스트록의 방법이다.

제각돌리기의 스트록은 크게 3가지로 구분 되는데 ~

도형 a는 굴려치기, b는 부딪쳐서 분리각으로 치기, C는 눌러치기로~

1적구와 수구의 입사각도에 따라 타법을 정확히 선택해야 한다.

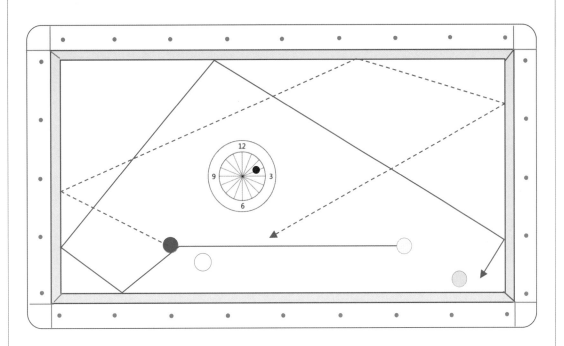

[해설]

3쿠션에서 가장 득점 기회가 많은 것은 두말할 나위 없이 뒤돌려치기이다.

득점의 기회도 가장 많고 포지션플레이의 기회도 가장 많다.

반대로 Kiss가 가장 많이 발생하는 것도 뒤돌려치기이다.

또 경기를 하다 보면 가장 껄끄러운 상대도 뒤돌려치기를 잘 치는 상대이다.

그렇다면 뒤돌려치기를 어떻게 하면 잘할 수 있을까 ?

1. Kiss를 빼는 몇 가지 기본 공식을 먼저 배워야 한다.

2. 회전 선택을 잘해야 한다. (1Tip, 2Tip, 3Tip으로 철저하게 구분)

3. 공 배치에 맞는 타법 선택을 잘해야 한다.

4. 먼 거리에서 발생되는 스쿼트 현상에 대한 두께를 고려해야 한다.

5. 얇게 치는 기술을 기본적으로 마스터해야 한다.

6. 기본적으로 Five & Half System을 잘 활용할 줄 알아야 한다.

고점자의 경우 뒤돌려치기 공이 한번 오면 3 ~ 4점은 보통 득점하는데 그 이유는

뒤돌려치기는 또 다시 뒤돌려치기로 연결될 수 있기 때문이다.

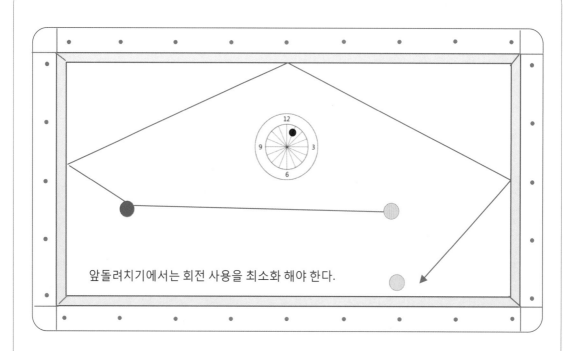

앞돌려치기에서는 회전 사용을 최소화 해야 한다.

[해설]

게임중에 앞돌려치기를 잘하는 상대를 만나게 되면 왠지 고수처럼 보여진다.

사실 3쿠션에서 앞돌려치기 스트록이 가장 어려운 스트록이기 때문이다.

먼 거리에 있는 공을 변화 없이 길게 친다는 것은 시력과 타법과 자세 모든 것이 완벽했을 때 가능하기 때문이다.

[앞돌려치기를 잘 할 수 있는 방법]

1. 가장 편한 ⅓두께를 기본적으로 마스터하고 공의 배치에 따라 조금 두껍게 조금 얇게 조절한다.(두께 겨냥법을 통해 익힌다)
2. 하체와 브리지를 제외한 상체의 모든 부분의 힘을 빼고 천천히 느리게 샷을 한다 (타격감 없이 큐를 일정한 속도로 뻗어주는 등속 샷)
3. 큐가 비틀리지 않도록 수평 샷을 한다.
4. 예비 스트록 동작처럼 스트록 자체에 임펙트를 가하지 않는다.
5. 스트록 이후에 절대 그립을 잡지 않는다.
6. 1적구를 눌러 치지 않고 가볍게 분리만 시켜 수구가 구르게 하는 타법을 연습한다.

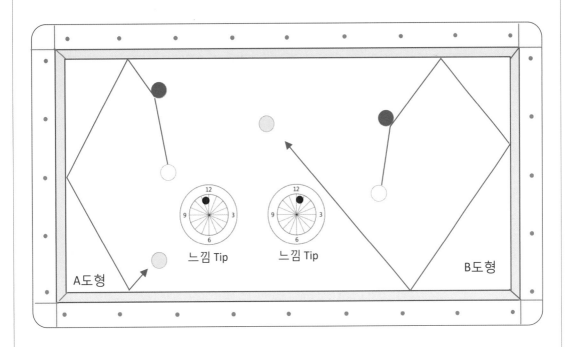

[해설]

위 도형은 시각적으로 보면 각도상 득점이 쉽지 않은 배치이다.

A도형의 경우 득점 방법은 얇게 겨냥한 상태에서 백스윙 없이 부드럽게 큐가 나가면
타격이 없어 분리각이 거의 생기지 않아 얇고 짧게 칠 수 있다.
(예비 스트록을 2cm ~ 3cm 정도로 아주 작게 하거나, 백스윙을 전혀 하지 않은 상태로
스트록을 하게 되면 분리각이 작아져서 공을 아주 얇게 치는 효과를 얻을 수 있음)
몇 차례 연습해 보면 정말 신기함을 느낄 수 있다.

B도형의 경우에 득점하기 위해서는 3가지 요건을 갖추어야 한다.
1. 얇게 겨냥한다.
2. 느낌 Tip 정도로 회전을 통제한다.
3. 일명 툭 샷을 한다. 샷을 길게 뻗지 말고 툭 치고 말란 의미이다.
   툭 끊어 치는 스트록은 짧게 쳐야 하는 제각돌리기에서 자주 사용하는 스트록이다.

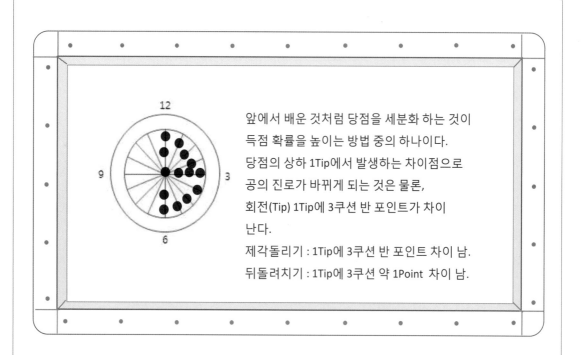

앞에서 배운 것처럼 당점을 세분화 하는 것이 득점 확률을 높이는 방법 중의 하나이다.
당점의 상하 1Tip에서 발생하는 차이점으로 공의 진로가 바뀌게 되는 것은 물론,
회전(Tip) 1Tip에 3쿠션 반 포인트가 차이 난다.
제각돌리기 : 1Tip에 3쿠션 반 포인트 차이 남.
뒤돌려치기 : 1Tip에 3쿠션 약 1Point 차이 남.

[해설]

앞에서 설명한 바 있지만 당점을 쉽게 이해하는 방법은 몇 가지 이론만 알고 있으면 된다.

1. 공의 지름은 61.5mm이다.
2. 공의 측면 7mm 까지는 큐 미스로 칠 수 없는 구역이다.
3. System에서 사용되는 당점은 3시간을 4등분한 것이다 (45분 간격)
4. 당구 큐팁의 지름은 약 12mm이다.
5. 큐의 좌측이나 우측 끝을 당구공의 중심에 맞추면 1Tip이다.
6. 큐의 좌측이나 우측 끝을 당구공 중심에서 6mm 옮기면 2Tip이다.
7. 큐의 좌측이나 우측 끝을 당구공의 중심에서 12mm(큐팁 한 개) 옮기면 3Tip이다.
8. 큐의 좌측이나 우측 끝을 당구공의 중심에서 18mm 옮기면 4Tip이다.

실제로 중. 하급자의 경우 위에서 제시한 것보다는 회전을 더 많이 주고 있을 것이다.
위 도형을 참고 삼아 자신의 당점을 세분화 시켜나가는 습관을 들여야 향후 System에
쉽게 적응할 수 있게 된다.

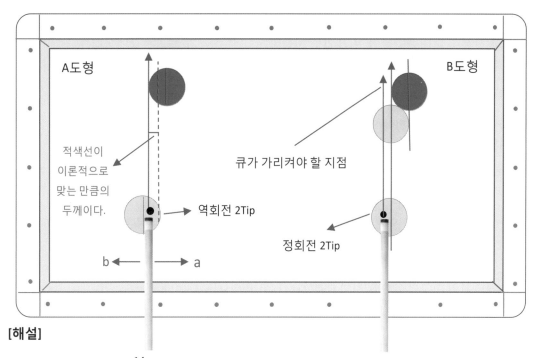

[해설]

A도형의 경우 1적구를 ¼두께로 맞추기 위한 두께 겨냥 방법이다.

정확한 겨냥 방법은 큐의 우측 면(a)을 1적구의 화살표 방향에 맞추고 겨냥해야 하나 실제로 발생되는 스쿼트 현상을 고려하여 큐팁 1개만큼인 좌측 면(b)을 겨냥하는 것이 더 정확도를 높일 수 있다. (¼두께는 2Tip을 주고 1적구 끝을 겨냥하면 ¼ 두께이다)

B도형은 정회전 2Tip을 주고 1적구의 ½을 맞추기 위해 겨냥하는 방법이다

정확한 겨냥점은 1적구의 좌측 끝에서 15mm 떨어진 지점 (2Tip만큼의 거리)에 큐의 중심 부분을 조준하여야 한다.

하지만 정회전을 주고 Slow로 칠 경우 회전 준 방향으로 커브가 생기는 것을 감안해야 한다.

일반적으로 길게 앞돌려치기가 어려운 것도 겨냥법, 커브 현상, 스트로크 등을 복합적으로 계산해야 하기 때문이다.

따라서 정회전으로 공을 칠 경우에는 가급적 회전을 억제하는 것이 안전하며 스트로크 또한 맞을 만큼의 약한 스트로크를 사용해야 한다.

두께 겨냥법과 오조준 량을 계산하는 것은 오직 본인의 노력에 달려있다.

- **타석에 천천히 들어서라**
  타석에 들어서는 속도가 게임의 리듬을 좌우하는 영향은 아주 크다.
  그렇다고 일부러 늦장을 부리라는 의미가 아니고 마음의 여유를 가지라는 뜻이다.
  타석에 천천히 들어선다는 것은 게임을 신중하게 이끌고 나가겠다는 결의이다.
  또한 타석에 들어서면 전체적인 점검을 해야 한다. 예를 들어 Kiss의 유무, 수구의 궤도,
  다음 공의 배치, 타법과 스트록의 강약 등을 먼저 결정하는 습관을 들여야 한다.
  단, 이러한 점검을 하는 시간이 길어서는 안 된다.

- **모든 것이 결정되기 전에 엎드리면 안 된다.**
  타석에 엎드린 다음에는 오직 타법과 샷의 강약에만 집중해야 한다.

- **집중력이 승부다.**
  골프에서 3대 요소를 말하라면 집중력, 기술력, 체력이라고 한다.
  당구에서도 장시간 게임을 하는 경우에 가장 중요한 것은 집중력이다.
  어차피 당구 수야 평소 정해진 것이고 수많은 멘트와 디펜스, 신경전이 오가는 기류 속에
  서 자신이 흔들리지 않으려면 초고도의 집중력뿐이다.

- **자신감**
  모든 게임처럼 당구에서도 마찬가지로 자신감을 잃으면 끝장이다.
  정확하게 수치를 계산해야 하는 두뇌와, 미세한 신경세포를 동원해 스트록을 해야 하는
  당구 게임에서는 한번 자신감을 잃게 되면 다시 돌이키기가 쉽지 않다.
  항상 자신이 이겨있는 게임이라고 생각하고 자신의 스트록이 제대로 되고 있는지를
  지속적으로 체크하고 관리해야 된다. 득점을 몇 차례 놓치더라도 자신있게 스트록을
  해 나가다 보면 게임은 저절로 풀리게 된다.

- **수비**
  당구 게임에서 수비는 최후의 수단이다. 하지만 수비가 꼭 필요할 때도 있다.
  예를 들어 상대가 운이 없게 몇 차례 득점을 놓쳐 흔들릴 때 나에게 득점 확률이 낮은
  공이 배치되었다면 수비 쪽을 선택하는 것이 게임을 유리하게 이끌고 나갈 수도 있다.
  상대방의 집중력을 분산시킬 수 있기 때문이다.
  하지만 당구를 재미있게 치고 발전하려면 수비 위주의 Play 보다는 창의력을 발휘한 공격
  위주의 경기를 하는 것이 더 바람직하다.

- **예비 스트록을 습관화 한다.**
  공을 의지대로 치기 위해서는 반드시 예비 스트록이 필요하다.
  예비 스트록은 본 스트록을 하는데 탄력을 더해주는 것은 물론 정렬과 자세를 최종적
  으로 점검하는 과정이기 때문이다.

- **타격 없는 스트록 연습을 꾸준히 한다.**
  고점자와 하점자의 큰 차이점은 타격 없는 스트록을 할 수 있느냐 없느냐에 달려있다.
  타격 없는 샷이란 1적구에 무리한 타격을 가하지 않는 것인데, 타격 없는 샷을 위해서는
  상체의 힘을 빼고 일정한 속도로 큐를 길이로만 스트록 하는 것이 중요하며, 임펙트
  이후에도 그립을 잡지 말고 계속 열어 놓는 것이 요령이다.

- **두께 겨냥법을 지속적으로 활용하라.**
  공을 잘 치는 요소 중의 하나는 1적구의 두께를 정확히 맞추는 것이다.
  따라서 두께 겨냥법을 먼저 익히고 그 원칙에 입각해서 겨냥하는 습관을 들여야 한다.

- **스트로크가 당구의 70%이다.**
  스트로크를 크게 세가지로 나누면 밀어치는 Follow stroke와 임펙트와 동시에 부드럽게 큐를
  잡아주는 Jab stroke, 그리고 그 중간 형태로 아주 가볍게 큐를 잡아주는 Soft stop stroke가
  있다. 그 외에도 공을 쉽게 다루려면 다양한 스트로크 기술을 평소에 익혀 두어야 한다.
  타석에 들어서면 엎드리기 전에 어떤 스트로크를 구사할지를 먼저 결정해야 한다.

- **펌 그립과 루즈 그립의 특성을 알아야 한다.**
  공의 배치에 따라 그립의 선택은 아주 중요하다.
  그립을 크게 둘로 나누면 큐 전체를 부드럽게 감싸주는 펌 그립(firm grip)과, 느슨하게
  중립적으로 큐을 잡아주는 루즈 그립(Loose grip)이 있다.
  펌 그립은 입사각과 분리각을 이용해 공을 정교하게 각대로 칠 때 유리할 수 있으며,
  루즈 그립은 (밀어치기, 끌어치기, 횡단 샷, 스핀 샷)등 공의 변화와 기교가 요구될 때
  다양하게 활용할 수 있다.
  어느 그립이 좋고 나쁜 것은 아니며 최소한 그립이 구질에 미치는 영향을 알고 공을 쳐야
  한다.

- **브리지의 역할과 중요성**
  약간 짧은 형태로 뒤돌려치기 해야 할 경우 또는 약간 끌어 치는 형태로 제각돌리기를 할
  경우에는 브리지를 짧게 잡아주는 것이 좋다.
  브리지를 짧게 잡으면 큐가 앞으로 밀려나는 것을 사전에 어느 정도 방지할 수 있으며,
  약간의 끌림 현상이 쉽게 만들어 진다.
  반대로 공을 얇고 길게 치기 위해서는 얇게 겨냥하는 것도 중요하지만 큐를 길게 내밀면서
  끝까지 큐를 잡지 말아야 한다. 만일 더 길게 쳐야 할 상황이라면 자세를 취한 후 몸을 최대한
  뒤로 빼주고 스트록을 하면 정말 얇고 긴 각을 칠 수 있다
  브리지의 모양은 공의 형태에 따라 바뀌어야 한다. 가볍게 치는 공은 손가락을 모두 펼치고,
  대회전이나 분리각을 크게 만들어야 할 경우에는 엄지, 검지, 중지, 약지를 모아야 파워 있는
  공을 칠 수 있다.

- 한 가지를 배우면 자신 있을 때까지 반복해서 연습한다.
  알고 있는 공이라고 해서 반드시 득점과 연결되는 것이 아니다.
  10번 쳐서 10번 성공할 때까지 반복해서 연습해야 비로소 자신의 것이 된다.

- 타법, 당점, 두께, 샷의 완급 조절에 대해 더 정밀해지도록 많은 노력을 기울인다.
  중급자 대부분이 타법, 당점, 두께, 샷의 스피드가 정밀하지 못하다.
  고점자가 되려면 이 네 가지 사항들에 대한 개념이 확실히 정립되어야 한다.

- 평소 System을 토대로 연습해나가다 보면 당구의 길이 서서히 눈에 들어오게 된다.

가장 오래되고 가장 많이 사용하는
System으로 3쿠션의 기본이면서
활용도가 가장 높은 System이다.

하지만 계산이 복잡하고 당구대에 따라
수치의 오차가 많이 발생하므로
폭 넓은 보정 이론과 경험이 필요하다.

Five & Half System의 고수가 되려면
타법, 당점, 포인트계산법, 스피드,
보정 이론 등에 대하여
확실하게 알아야 한다.

Five & Half System

- Five & Half System의 기본 이론
- 2.5레일이란 ?
- Point 별 기울기
- 테이블 파악 방법
- Five & Half System의 기본 도형
- Five & Half System의 연장 Line
- 수구 수를 알아내는 방법과 계산 방법
- 구역별 당점 위치
- 수구 위치에 따라 코너로 진행하는 3쿠션 지점
- 각각의 수구 위치에서 3쿠션 30에 보냈을 때 4쿠션 지점
- Five & Half System 30각 체크하기
- 50각 기본 도형과 4쿠션 50으로 보내기
- 각 포지션별 기본 도형 (코너 20각과 원 포인트 30각)
- 짧은 각에서의 당점 변화
- 1쿠션 3Point의 비밀
- 당점을 이용해 득점하는 방법
- 35& ½ System
- 35& ½ System 7.5법칙
- 보정 이론과 보정 수
- Five & Half System ¾법칙
- 15 & 10 System
- 20 & 40 System
- 특수 타법으로 득점하기
- Half Line 안에서 코너 보내기
- Five & Half System 응용 방법

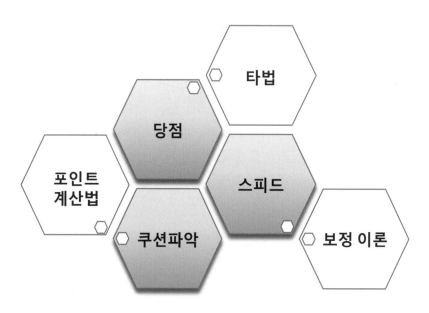

타법 : 공 한 개 통과하는 부드러운 관통 샷으로 곧게 1쿠션에 부드럽게 밀어쳐 굴려준다.
(큐팁으로 1쿠션 겨냥점을 향해 부드럽게 찌르면 큐가 비틀리는 것이 방지된다)

스피드 : 2.5 레일 ~ 3 레일 스피드를 일관되게 지킨다.

당점 : 3쿠션 수가 10 ~ 29까지는 2시(10시) 방향 2Tip 주고,

3쿠션 수가 30 ~ 40일 때는 2시30분(9시30분) 방향 3Tip을 주는 것이 좋다.

수구 수 60~100처럼 단쿠션에서 공을 칠 때는 회전력에 따라 포인트 차이가 크게

나므로 회전력을 최대한 살려준다.

포인트 : 수구 수와 1쿠션은 프레임 포인트로 계산하고 3쿠션은 레일 포인트로 계산한다.
계산법 (레일포인트 사용 시는 레일포인트라 별도로 칭한다)

쿠션파악 : 게임 전에 반드시 쿠션 상태를 파악하고 그에 따른 보정을 해야 한다.
코너에서 50에서 1쿠션 30을 쳤을 때 3쿠션 20을 거쳐 코너로 떨어지면 정상
적인 쿠션 상태로 보면 된다.
(게임 후 시간이 경과되면 20분에 1포인트씩 짧아지며 최대 4포인트까지 짧아
질 수 있다)

보정 이론 : 당구대는 제조메이커, 중대, 대대, 온도, 습도, 시간 경과 등 수많은 환경에 따
라 반사각이 달라지므로 보정 이론을 반드시 알고 있어야 한다.

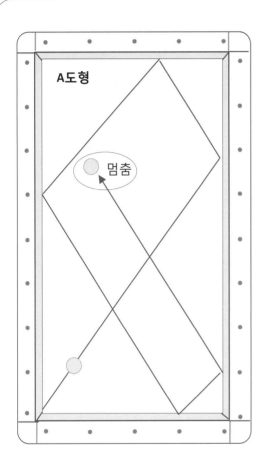

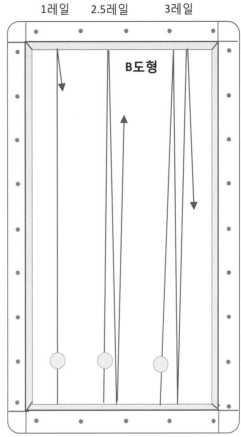

4레일~5레일은 좀 더 강하게

[2.5레일이란 ?]

Five & Half System에서 말하는 2.5레일이란 ?

도형 A : 공이 한 바퀴 돈 다음 6번째 쿠션에 닿지 않고 멈추는 정도의 스피드를 말한다.

도형 B : 공이 맞은편 쿠션을 맞고 굴러와 다시 올라간 공이 3번째 쿠션에 다시 맞지 않는
정도의 스피드를 말한다.

빈쿠션 돌리기는 대부분 2.5레일 ~ 3레일 스피드에 계산법이 맞추어져 있으므로 빈쿠션
돌리기를 잘하려면 2.5레일 ~ 3레일 스피드를 먼저 익혀야 한다.

중대의 경우 멕시멈 회전을 주면 3레일 ~ 3.5레일 스피드로 쳐도 큰 변화가 안 생기지만
대대의 경우에는 쿠션의 반발이 커서 반드시 스피드를 지켜야 정확도를 보장받을 수 있다.

◆ Point 별 기울기

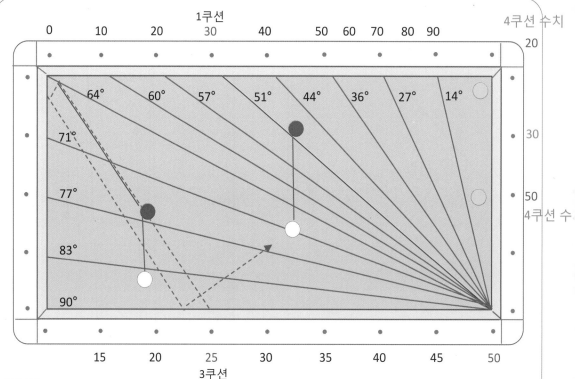

[해설]

위 도형은 우측 하단 코너를 기준으로 각 Point 별 기울기를 나타낸 것이다.

장쿠션에 적혀있는 숫자는 Five & Half System 의 수치이다.

예를 들어 4쿠션 20에 있는 공을 맞히기 위해서는 수구 50에서 1쿠션 30을 쳐야 하는데

만일 1적구를 맞히고 돌린다면 어느 정도의 두께를 사용해야 되는지 분리각 도표와 위 도형

기울기로 판단하면 된다.

또 4쿠션 50에 있는 2목적구를 수구 수 50에서 친다면 1쿠션 0까지 63°로 수구를 보내야

하는데 그러기 위해서는 과연 어느 정도의 두께를 사용하는 것이 좋을까 ?

물론 각자의 스트록의 차이에 따라 다를 수는 있다.

또한 이 도형을 통해 짧은 각에서 코너로 수구를 보내려면 30° ~ 40° 정도가 된다는 것을

알 수 있다. 그렇다면 30° ~ 40°로 수구를 보내려면 어느 정도의 두께를 사용해야 되는지

이제부터 각자의 노력 여하에 달려있다.

한 가지 분명한 것은 이론을 갖고 공을 치는 사람과 감각에만 의존하는 사람의 성장 속도는

시간이 지나면서 점점 더 커지게 될 것이다.

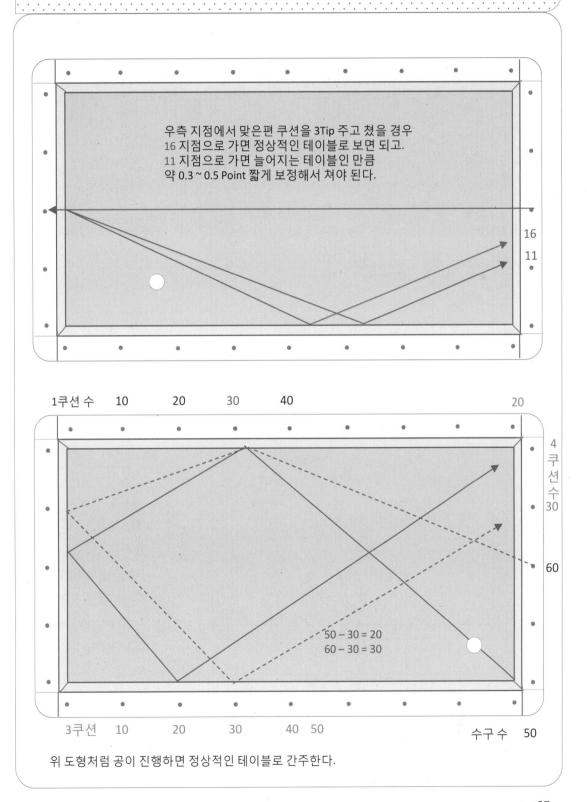

우측 지점에서 맞은편 쿠션을 3Tip 주고 쳤을 경우
16 지점으로 가면 정상적인 테이블로 보면 되고.
11 지점으로 가면 늘어지는 테이블인 만큼
약 0.3 ~ 0.5 Point 짧게 보정해서 쳐야 된다.

16
11

1쿠션 수   10   20   30   40   20

4
쿠
션
수
30

60

50 − 30 = 20
60 − 30 = 30

3쿠션   10   20   30   40 50   수구 수   50

위 도형처럼 공이 진행하면 정상적인 테이블로 간주한다.

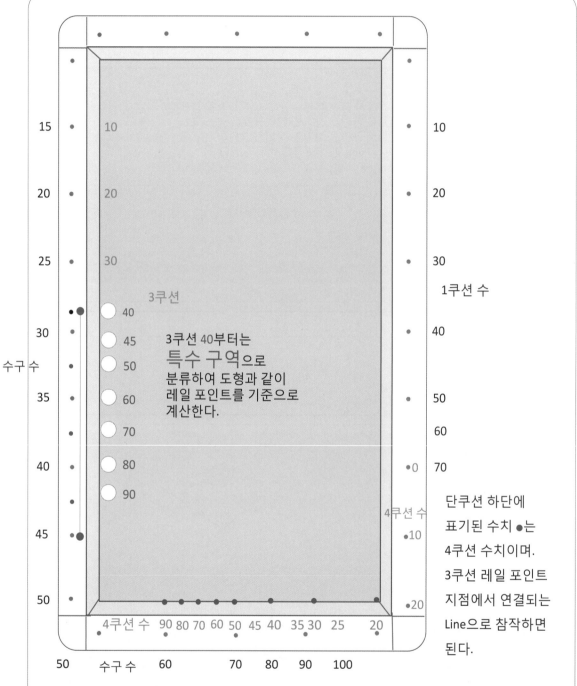

Five & Half System에서 3쿠션 40부터는 레일 포인트로 외워두는 것이 편리하다

프레임 포인트 37지점을 3쿠션 40으로 계산하는 것을 시작으로 도형과 같이 참조한다.

System을 시작하는 동호인이 가장 많이 혼동하는 부분이 3쿠션 40부터 90까지 이다.

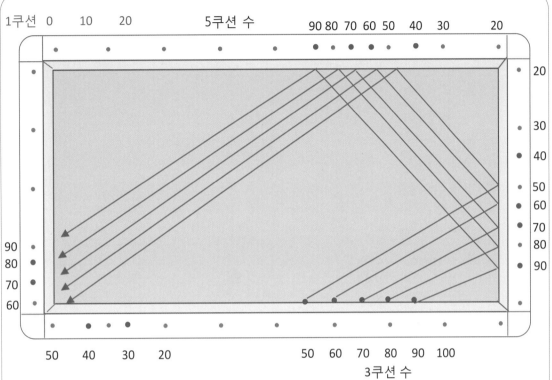

[연장된 Five & Half System]

Five & Half System에서의 연장시스템은 4번째 쿠션 이후의 진로를 말한다.

4쿠션, 5쿠션, 6쿠션 수치를 외워두면 활용가치가 아주 높은 시스템이다.

위 연장 System에서의 수치는 수구 수가 60 이상의 긴 각에서 출발할 경우의 수치이며,

만일 수구 수가 50에서 출발한다면 4쿠션 원 포인트 수치는 30이 아닌 33정도로 계산

되어야 한다

이 Point 숫자를 외워두면 같은 수치 Line 선상에 있는 공은 쉽게 득점할 수 있다.

3쿠션과 4쿠션 수치는 레일 포인트를 사용하고 5, 6쿠션은 프레임 포인트를 사용한다.

4쿠션 50 ~ 90까지는 ¼포인트 씩, 5쿠션은 ⅓포인트 씩, 6쿠션 60~ 90까지는 ⅓포인트 씩,

6쿠션 (장쿠션) 수치 50 ~ 20 까지는 별도 적색점으로 표시된 것처럼 ⅔포인트 씩 차이가 나는

것을 기억하면 된다.

대회전을 칠 때는 강하게 치는 것이 아니라 부드러운 롱 스트록으로 밀어쳐야 변화가 적다.

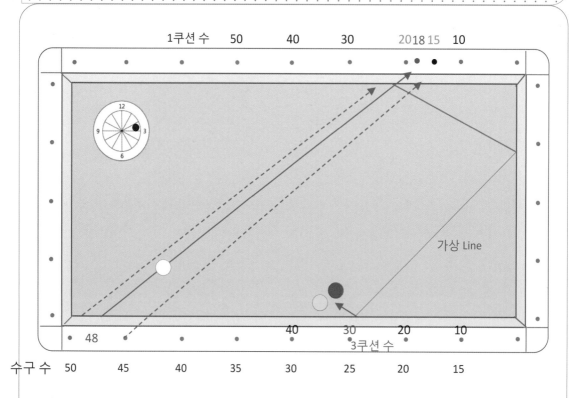

[수구 수를 정확히 계산하는 법]

1. 3쿠션 수 30을 먼저 확인한다.

2. 수구가 45와 50 사이에 있음을 확인한다.

3. 45에서 30을 뺀 15에 큐 스틱으로 재본다.

3. 50에서 30을 뺀 20에 큐 스틱으로 재본다.

4. 1쿠션 15와 1쿠션 20 사이 18과 수구가 48에 연결되는 것을 알 수 있다.

◆ 수구 수를 계산할 때는 프레임 포인트를 당연히 사용하지만,

　　3쿠션 수치가 35가 넘을 때는 레일 포인트를 사용하는 것이 득점률을 높일 수 있다.

　　3쿠션 수치가 30 미만의 경우 짧아지는 경향의 당구대라면 레일 포인트로,

　　길어지는 경향의 당구대라면 프레임 포인트를 적용하는 것도 요령이다.

◆ 또한 계산법 보다 길어지거나 짧아지는 이유는 스트록의 영향을 받기 때문이다.

　　강한 스트록에 의해 스쿼트 현상으로 공이 밀리면서 겨냥점보다 오차가 발생하거나

　　또는 끊어 치거나 비틀어 치는 영향 때문이기도 하다.

　　이 점을 염두에 두고 부드러운 롱 스트록으로 밀어치는 연습을 꾸준히 해야 한다.

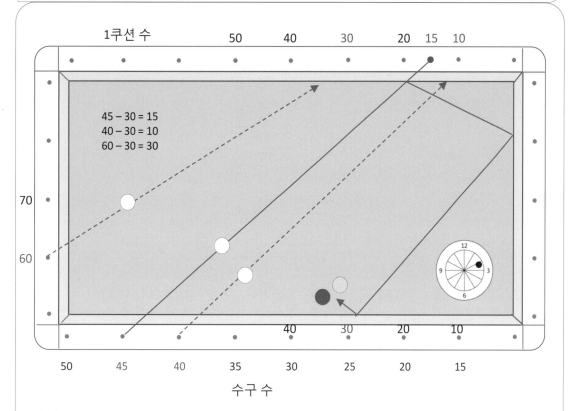

[해설]

위 도형은 Five & Half System을 계산하는 방법이다.

1. 3쿠션 수치를 먼저 확인한다.(30)

2. 앞 페이지에서 배운 수구 수를 알아내는 법을 활용해 수구 수를 알아낸다.

3. 3쿠션 위치에 맞는 당점을 선택한다.

4. 수구 수에서 3쿠션 수를 뺀 1쿠션을 친다.

[Tip]

위와 같이 수구 위치를 변경해 가면서 수구 수를 계산하는 방법을 반복해서 연습해야 한다.

조금만 숙달되면 5초 안에 수구 수를 정확히 알아낼 수 있으며,

이는 빈쿠션 돌리기에서 자신감으로 이어지게 된다.

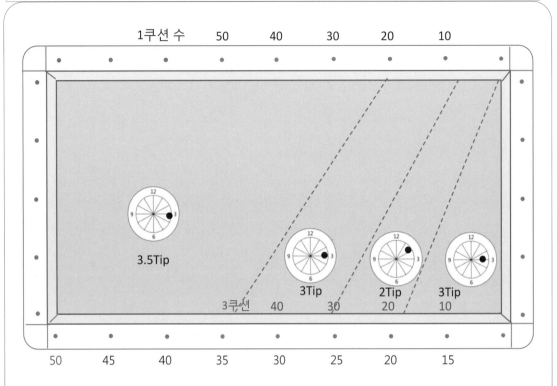

[Five & Half System 당점 위치]

Five & Half System은 3쿠션 수에 따라 당점을 달리하는 것이 득점 확률을 높일 수 있다.

3쿠션 수가 코너에서 10 미만인 경우 4Tip ~ 3Tip,

3쿠션 수가 20 ~ 29일 경우 2Tip,

3쿠션 수가 30 ~ 40인 경우 3Tip,

3쿠션 수가 50이상인 경우 3.5Tip을 각각 주는 것이 효과적이다.

다시 살펴보면 코너에 가까울수록 3Tip을 주어야 하며,

입사각이 45° 전 후인 중간지점 (20 ~ 30) 이면 2Tip ~ 2.5Tip으로 쳐야 한다.

또 3쿠션 40을 기점으로 3쿠션 수치가 커질수록 3Tip ~ 3.5Tip으로 늘어나는 것이 특징이다.

Tip : 다이아 궤도가 정사각형에 가까울수록 Tip의 차이가 많이 나지 않는다.

예를 들어 수구 수 50에서 20을 0Tip, 1Tip, 2Tip, 3Tip을 주고 각각 쳐보면 30에 거의 비슷하게 간다. 단, 4쿠션 수는 조금씩 달라진다 (회전량이 많을수록 길어진다)

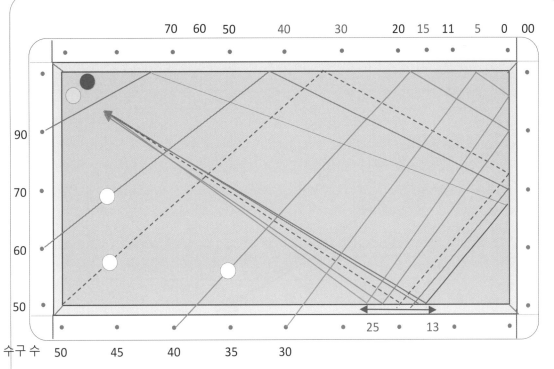

[해설]

위 도형은 각각의 수구 위치에서 좌측 상단 코너로 보낼 경우 3쿠션 지점을 나타낸 도형이다.

수구 수 50에서 출발 시 1쿠션 30을 쳐서 3쿠션 20을 경유하는 것을 기본으로 ~

수구 수 90에서 치면 3쿠션 13을

수구 수 80에서 치면 3쿠션 15을

수구 수 70에서 치면 3쿠션 17을

수구 수 60에서 치면 3쿠션 18을

수구 수 50에서 치면 3쿠션 20을

수구 수 45에서 치면 3쿠션 21를

수구 수 40에서 치면 3쿠션 22를

수구 수 35에서 치면 3쿠션 24를

수구 수 30에서 치면 3쿠션 25를 대략 거쳐 좌측 상단 코너로 진행한다.

수구 위치에 따른 3쿠션 경유 지점을 알고 있어야 목적구가 당구대 중간 지점에 있을 때 계산 방법이 쉬워진다.

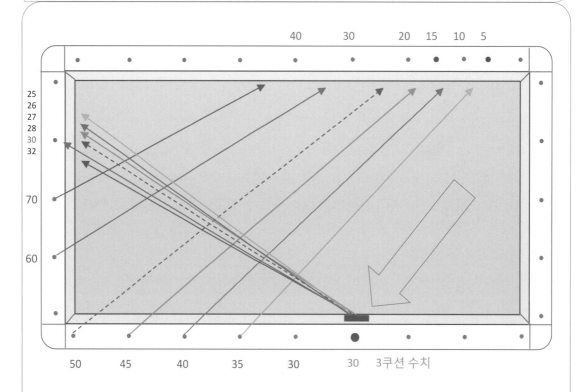

[해설]

위 도형을 자세히 살펴보면 좌측 단쿠션 30은 수구 수 60에서 1쿠션 30을 쳤을 경우 30이고
수구 수 50에서 20을 치면 4쿠션 원 포인트 지점보다 점선처럼 짧아지는 것을 알 수 있다.
수구가 같은 3쿠션 30을 통과해도 4쿠션 지점은 수구의 출발 지점에 따라 달라진다.
따라서 Five & Half System에서는 긴 각과 짧은 각에 대한 이해가 반드시 필요하다.

System에서 4쿠션 Point수치를 고정하지 못하는 이유는 바로 수구 출발점에 따라 4쿠션
수치가 수시로 변하기 때문이다.
다시 설명하면 수구가 60에서 출발해 30을 지나는 것보다 35에서 출발해 30을 지났을 때
그려지는 다이아몬드 형태가 그만큼 짧게 그려진다는 의미이다.
그 동안 많은 서적 등에서 좌측 원 포인트 지점을 30으로 표기하는 것은 수구 수에 따라
달라지는 원 포인트 수치를 수시로 바꿔가며 표기해야 하는 번거로움이 있기 때문일 것이다.

예를 들어 수구 수 50에서 4쿠션 원 포인트 지점으로 보내려면 50 – 30 = 20을 쳐야 하는
것이 아니라 원 포인트 지점을 33정도로 보고 1쿠션 17 정도를 치는 것이 득점률이 더 높다.

◆ Five & Half System 1Point(30)각 체크하기

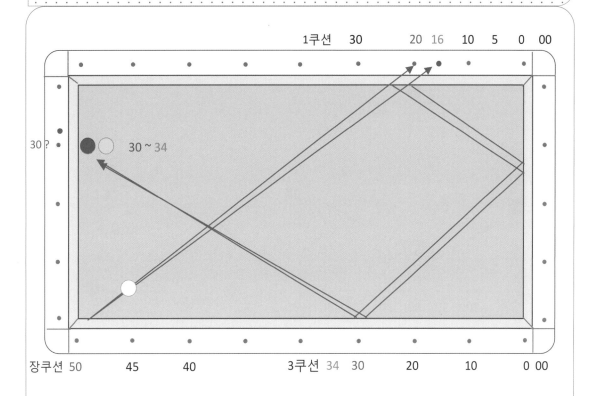

1쿠션 30   20 16   10   5   0   00

30 ?   30 ~ 34

장쿠션 50   45   40   3쿠션 34 30   20   10   0 00

[해설]

위 도형은 게임 전에 가장 먼저 체크해야 하는 Five & Half System 기본 형태이다.

처음 System을 배울 때 원 포인트 지점을 대충 30으로 배우는 경우가 많을 것이다.

하지만 문제는 수구 수 50에서 20을 치면 정확하게 원 포인트 지점으로 오는 것이 아니라

원 포인트 옆 ● 지점으로 가는 것을 많이 경험하게 된다.

많은 동호인들이 50에서 1쿠션 20을 쳐서 원 포인트에 도착하지 않으면 스트록을 비틀어

치거나 System이 안 맞는다고 결론 내리기도 한다.

수구 수 50에서 20을 쳐서 원 포인트 지점에 정확히 도착하려면 최대 회전으로 쳐야 하는데

당구대 안에 있는 모든 형태의 공들을 최대 회전으로 치는 방법은 다소 무리가 따를 수 있다.

System수치가 가장 정확하게 맞는 당구대는 장쿠션 50에서 1쿠션 16 ~ 17을 쳐서 원 포인트

지점에 정확히 간다면 정상적인 당구대 상태로 보고 게임을 운영하면 된다.

따라서 게임을 시작하기 전에 반드시 30각을 몇 차례 굴려 확인해 보고 당구대 상태가 길어

지는지 짧아지는지를 파악해야 하며,

그 결과를 제각돌리기와 뒤돌려치기 등에 반영해야 된다.

특히 요즘은 50에서 1쿠션 16 ~ 17을 쳐서 원 포인트로 가게 하는 당구대 추세이다.

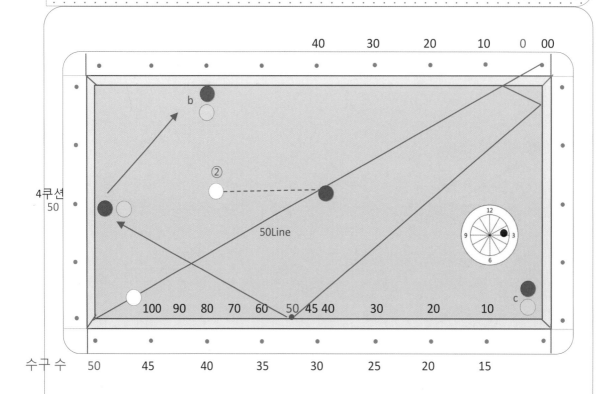

[해설]

위 도형은 Five & Half System에서 가장 중요한 50 Line을 나타낸 도형이다.

수구 수 50에서 코너를 쳐서 3쿠션 50 ●지점을 거쳐 좌측 단쿠션 중앙인 50지점으로 진행
된다면 정상인 쿠션 상태로 볼 수 있다.

경기 전에 반드시 이 각에 공을 굴려보고 짧아지는 만큼, 길어지는 만큼 보정해야 한다.

②처럼 뒤돌려치기의 경우 1적구의 위치와 50 Line을 확인하고 선구가 가능한지도 반드시
살펴보아야 된다.

그 밖에도 50 Line은 빈쿠션 대회전, 제각돌리기 대회전, 뒤돌려치기 대회전 등 모든 당구의
중심선이 되는 만큼 폭넓게 활용할 줄 알아야 한다.

4쿠션 50에 진행된 수구의 5쿠션 연장선은 b가 되고, 6쿠션 연장선은 c가 된다.

타법 : 공을 대회전 시킬 때는 강하게 치는 것이 아니라 부드러운 롱 스트록을 사용해야 한다.

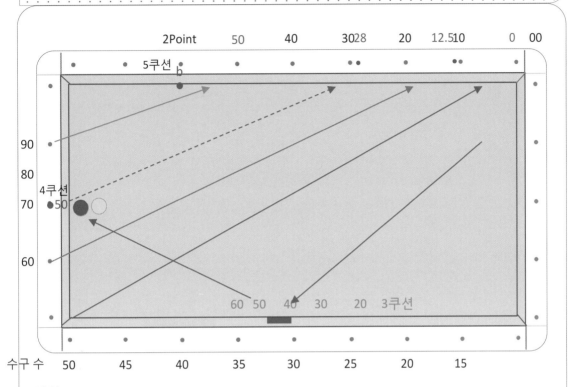

[해설]

위 도형은 각각의 수구 위치에서 좌측 단쿠션 중앙 4쿠션●50지점으로 보내는 도형이다.

당구에서 가장 중요하면서 중심이 되는 포지션이므로 반드시 숙지해야 된다.

좌측 단쿠션(4쿠션) 2Point 지점을 지난 연장선은 상단 장쿠션(5쿠션)2Point ●b로 연결된다.

각각의 수구 위치에서 중앙 2Point 지점으로 보내는 1쿠션 수는 다음과 같다.

90에서는 50

70에서는 1쿠션 30 ~ 28

50에서는 1쿠션 0

60에서는 12.5

45에서는 무회전으로 치면 편안하게 4쿠션 50지점으로 각각 보낼 수 있다.

45에서 비틀어 치면 4쿠션 50지점으로 보낼 수도 있지만 이것은 System 외적인 부분이다.

[Tip]

게임에서 50각 Line은 가장 중요한 Line이다.

특히 뒤돌려치기에서는 50각 Line을 기준으로 공의 두께와 Line을 구상하면 된다.

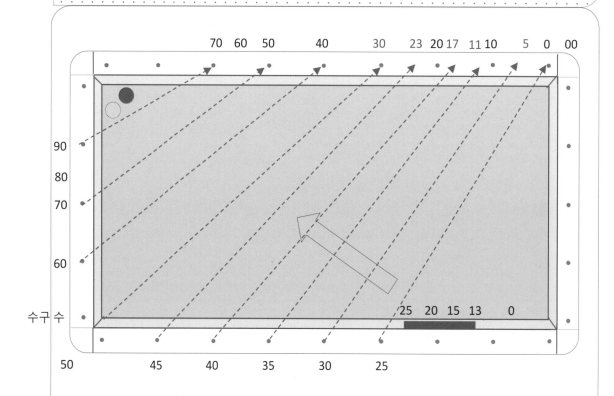

[해설]

위 도형은 각각의 수구 위치에서 좌측 상단 코너로 보내는 Line을 나타낸 것이다.,

도형을 자세히 살펴보면 수구 수 50 ~ 90까지는 수구 위치에서 1쿠션 1Point를 더 치면

3쿠션 ▬▬지점을 각각 거쳐 좌측 상단 코너로 진행되는 것을 알 수 있다.

예를 들어 수구 수 90 (1Point 지점)에서 1쿠션 70 (2Point 지점)

　　　　　수구 수 60 (3Point 지점)에서 1쿠션 40 (4Point 지점)

이러한 방식으로 수구 수 50 ~ 90까지는 1Point를 더 치면 코너로 대략 진행된다.

(약간 늘어지는 대대는 수구 수 70 ~ 90까지는 0.25Point 정도 짧게 쳐야 하는 경우도 있음)

수구 수가 장쿠션 45 ~ 25 까지인 경우에는 다른 방식을 적용해 기억하는 것이 좋다.

수구 수 45와 40에서는 ¾법칙을 적용해 수구 수가 1Point 짧아질 때마다 1Point의 ¾인

0.75Point씩 이동해서 치는 것이 가장 정확도가 높으며,

수구 수 30 ~ 20의 경우에는 더 짧은 각으로 변환되면서 코너웍 현상이 좀 더 심해지므로

당점 조정(약한 3Tip)을 통한 System 관리가 필요하다.

예를 들어 수구 수 90 ~ 45까지 3시(9시) 방향 3Tip주고 쳤다면 짧은 각에서는 2시 정도

약한 3Tip을 주고 치는 것이 정확도를 높일 수 있다.

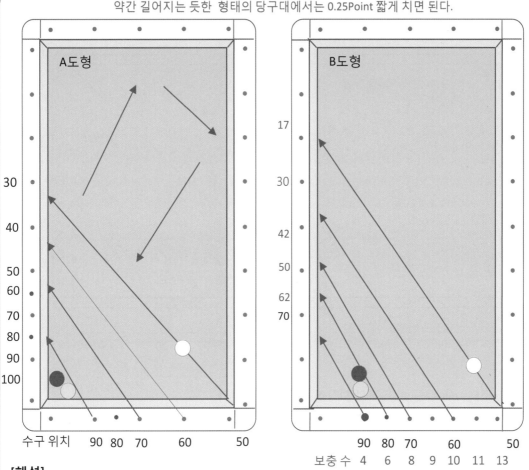

약간 길어지는 듯한 형태의 당구대에서는 0.25Point 짧게 치면 된다.

[해설]

A도형은 각각의 수구 위치에서 좌측 하단 코너로 보내는 Line이고,

B도형은 각각의 수구 위치에서 좌측 하단 원 포인트 지점 ●으로 수구를 보내는 도형이다.

A도형의 경우 하단 수구 출발 지점에서 1Point를 + 시켜 1쿠션을 치면 수구가 좌측 하단

코너로 대략 진행되는 것을 알 수 있다.

수구 수 90 (1포인트 지점)에서 1쿠션 70 (2포인트 지점)을

수구 수 70 (2포인트 지점)에서 1쿠션 50 (3포인트 지점)을 치는 방식으로 수구 위치 포인트

보다 1포인트를 더 치면 된다. 수구가 1포인트와 2포인트 중간에 있으면 1쿠션 2포인트와

3포인트 중간을 치면 된다.

B도형처럼 목적구가 하단 원 포인트 지점(90)에 있을 경우에는 일단 코너 각 보다 도형에

표시된 보충 수만큼 길게 치면 된다.

경기 중에 빈번하게 나타나는 형태이므로 반드시 외워 두어야 하는 System이다.

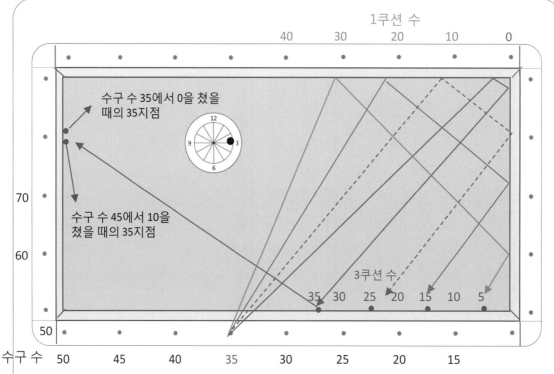

[해설]

Five & Half System 수구 수 35에서 시작하는 기본 도형이다.

수구 수 35에서 ~

1쿠션 0을 치면 3쿠션 35로 진행된다.

1쿠션 10을 치면 3쿠션 25로 진행된다.

1쿠션 20을 치면 3쿠션 15로 진행된다.

1쿠션 30을 치면 3쿠션 5로 진행된다.

1쿠션 35를 치면 3쿠션 0으로 진행된다.

이 도형에서 기억할 점은 입사각 반사각이 더 짧아진 형태로 변한 것을 알 수 있다.

따라서 회전량에 따라 입사각과 반사각에 오차가 커지므로 정확한 당점을 찾아야 한다.

또 다른 한가지는 4쿠션 지점이 더 짧아진다는 것을 잊지 말아야 한다.

스피드 : 2.5레일

당점 : 2시 ~ 2시 30분 Tip

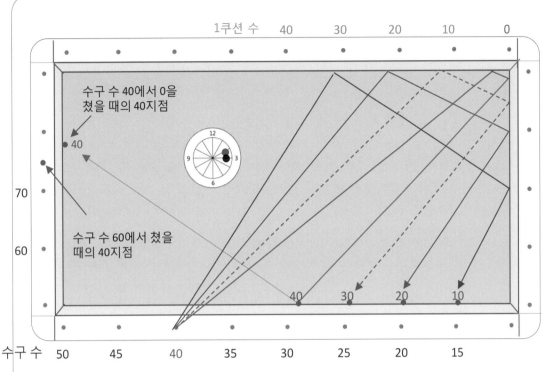

[해설]

Five & Half System 수구 수 40에서 시작하는 기본 도형이다.

수구 수 40에서 ~

1쿠션 0을 치면 3쿠션 40으로 진행된다.

1쿠션 10을 치면 3쿠션 30으로 진행된다.

1쿠션 20을 치면 3쿠션 20으로 진행된다.

1쿠션 30을 치면 3쿠션 10으로 진행된다.

1쿠션 40을 치면 3쿠션 0으로 진행된다.

이 도형에서 기억할 점은 입사각 반사각이 평범한 형태로 변하는 것을 알 수 있다.

따라서 3쿠션이 20 ~ 30 인 경우에는 회전량을 ●표시처럼 2Tip ~ 2.5Tip 정도로 줄여주고,

또 다른 한가지는 3쿠션 40 지점 위치와 4쿠션 40 ●지점을 기억해 두어야 한다.

스피드 : 2.5레일

당점 : 3시 Tip

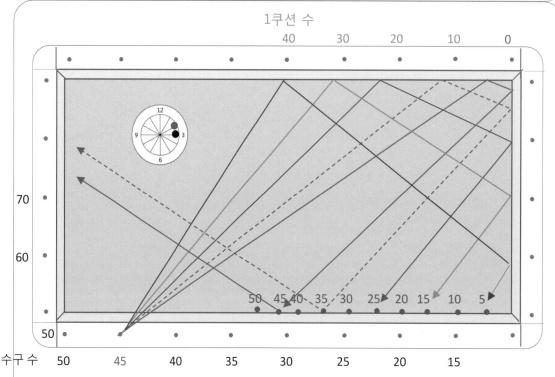

[해설]

Five & Half System 수구 수 45에서 시작하는 기본 도형이다.

수구 수 45에서 ~

1쿠션 0을 치면 3쿠션 45로 진행된다.

1쿠션 10을 치면 3쿠션 35로 진행된다.

1쿠션 20을 치면 3쿠션 25로 진행된다.

1쿠션 30을 치면 3쿠션 15로 진행된다.

1쿠션 40을 치면 3쿠션 5로 진행된다.

1쿠션 45를 치면 3쿠션 0으로 진행된다.

> 3쿠션 35 ~ 50 지점은
> 특수 구역이므로
> 위치의 간격을 정확히
> 살펴 보아야 한다.

이 도형에서 기억할 점은 45 원 포인트에서 1쿠션 원 포인트 10을 치면 4쿠션 원 포인트로 진행되는 것을 기억한다. 이 궤도로 공이 구르면 정상적인 쿠션 상태로 본다. (원. 원. 원) 마찬가지로 3쿠션이 20 ~ 30 인 경우에는 회전량을 ●표시처럼 2.5Tip 정도로 줄여준다.

스피드 : 2.5레일

당점 : 3시 Tip

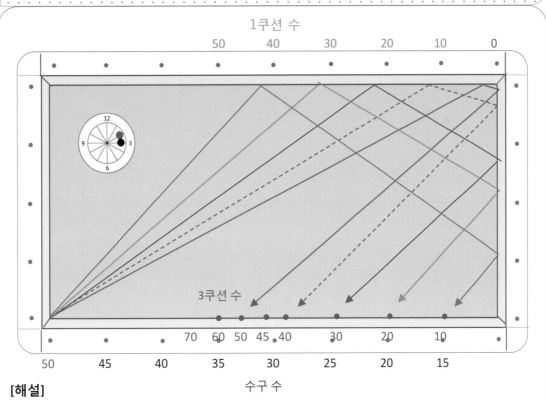

[해설]

Five & Half System 수구 수 50에서 시작하는 기본 도형이다.

일반적으로 코너를 50으로 계산하고 ~

1쿠션 0을 치면 3쿠션 50으로 진행된다.

1쿠션 10을 치면 3쿠션 40으로 진행된다.

1쿠션 20을 치면 3쿠션 30으로 진행된다.

1쿠션 30을 치면 3쿠션 20으로 진행된다.

1쿠션 40을 치면 3쿠션 10으로 진행된다.

이 도형에서 기억할 점은 두 가지가 있다.

1. 3쿠션 30부터 표시된 ● 지점을 알아두어야 한다.

   30지점은 레일 포인트로 29, 40지점은 레일 포인트로 37, 50지점은 레일 포인트로 45
   지점임을 기억한다.

2. 3쿠션이 10처럼 아주 짧거나, 40~50처럼 긴 경우에는 3시 3Tip으로 치고,

   3쿠션이 20~30처럼 중간 지점에 있을 경우에는 2Tip 반 정도 주는 것이 좋다.

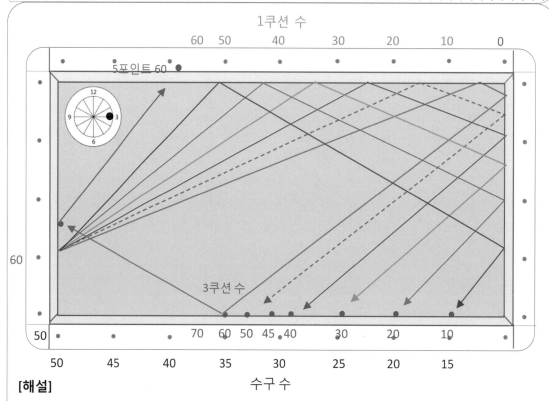

[해설]

Five & Half System 수구 수 60에서 시작하는 기본 도형이다.

단쿠션 원 포인트 지점 60에서 ~

1쿠션 0을 치면 3쿠션 60으로 진행된다.

1쿠션 10을 치면 3쿠션 50으로 진행된다.

1쿠션 20을 치면 3쿠션 40으로 진행된다.

1쿠션 30을 치면 3쿠션 30으로 진행된다.

1쿠션 40을 치면 3쿠션 20으로 진행된다.

1쿠션 50을 치면 3쿠션 10으로 진행된다.

이 도형에서 기억할 점은 60에서 코너 0을 치면 5Point 지점 60으로 진행되는 것을 기억한다.

수구 수 60부터는 긴 각 돌리기에 해당되므로 회전력을 최대한 살려주어야 한다.

스피드 : 2.5레일

당점 : 3시 3.5 Tip

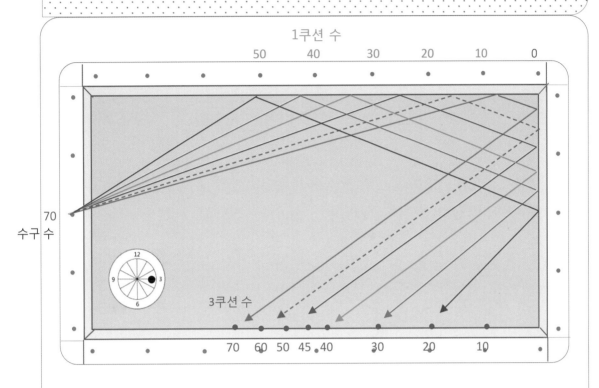

[해설]

Five & Half System 수구 수 70에서 시작하는 기본 도형이다.

단쿠션 투 포인트 지점 70에서 멕시멈 회전으로 ~

1쿠션 0을 치면 3쿠션 70으로 진행된다.

1쿠션 10을 치면 3쿠션 60으로 진행된다.

1쿠션 20을 치면 3쿠션 50으로 진행된다.

1쿠션 30을 치면 3쿠션 40으로 진행된다.

1쿠션 40을 치면 3쿠션 30으로 진행된다.

1쿠션 50을 치면 3쿠션 20으로 진행된다.

이 도형에서 기억할 점은 70에서 30을 치면 3쿠션 40을 거쳐 수구 출발 지점인 70 제자리로 되돌아 오는 것을 기억한다.

수구 수 70은 긴 각 돌리기에 해당되므로 회전력을 최대한 살려주어야 하며,

평범한 스트로크로 치려면 0.5Point 정도 짧게 보정해서 쳐야 한다

스피드 : 2.5레일　당점 : 3시 3.5Tip

수구 수70

4쿠션 70

70

70

6쿠션
70

수구 수 90에서 시작하는 기본 도형

10   0

5쿠션

수구 수 90

4쿠션 90

90 6쿠션

[계산 방법]
(3쿠션 – 수구 수) + 보정 수(10) = 1쿠션 수
(90 – 90) + 10 = 10

90

긴 각 대회전 돌리기는 3.5 Tip 다 주고 부드러운 롱 스트록으로 비거리를 내야 한다.

비거리가 멀다고 강한 스트록을 하게 되면 쿠션의 반발로 각이 많이 짧아진다.

◆ 짧은 각에서의 당점 변화

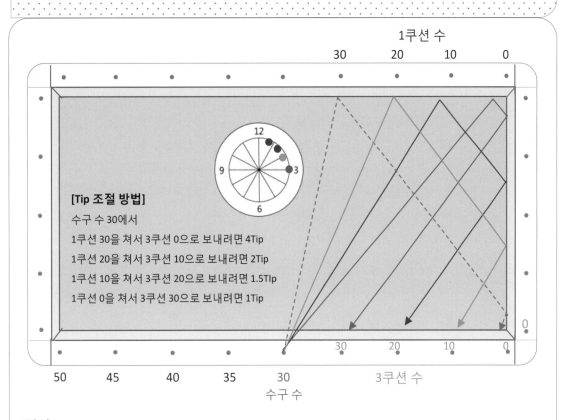

[해설]

위 도형은 수구 수 30을 기준으로 3쿠션 지점에 따라 각각 회전을 달리하여 득점하는 방법을 나타낸 것이다.

짧은 각에서 공을 칠 경우 코너를 돌면서 길어지는 현상이 생기는데 이 것을 "트랙의 변화" 라고 한다.

이러한 문제점을 해결하기 위해 System 상의 수치를 보정하여 해결하는 방법도 있으나 위 도형처럼 포인트별로 회전 수를 달리하여 해결하는 방법이 더 쉽고 정확하다.

도형처럼 수구 수 30에서 1쿠션 30을 쳐서 코너 (단쿠션)0으로 보내려면 최대한의 맥시멈 회전을 주어야 하며,
반대로 수구 수 30에서 3쿠션 30으로 보내려면 코너웍 현상을 감안해 1Tip으로 회전을 억제해야 된다.
당구대마다 차이가 있으므로 평소 연습을 통해 문제점을 해결해 두어야 한다.

◆ Five & Half System 짧은 각

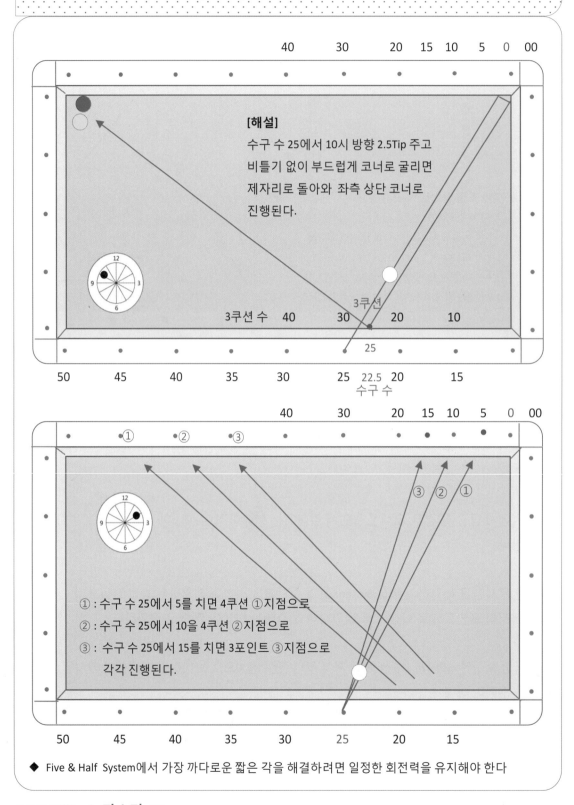

[해설]

수구 수 25에서 10시 방향 2.5Tip 주고
비틀기 없이 부드럽게 코너로 굴리면
제자리로 돌아와 좌측 상단 코너로
진행된다.

① : 수구 수 25에서 5를 치면 4쿠션 ①지점으로
② : 수구 수 25에서 10을 4쿠션 ②지점으로
③ : 수구 수 25에서 15를 치면 3포인트 ③지점으로
각각 진행된다.

◆ Five & Half System에서 가장 까다로운 짧은 각을 해결하려면 일정한 회전력을 유지해야 한다

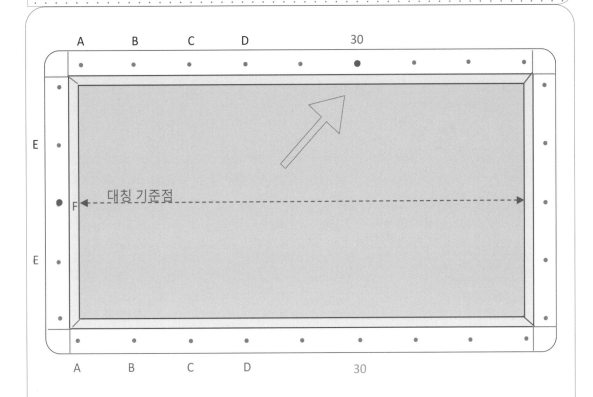

[3Point의 대칭 원리]

수구가 어디에 위치하던 수구 위치에서 1쿠션 30(3포인트)을 치면 대칭 지점을 중심으로
수구 출발 지점의 맞은편으로 도착한다.

수구 A 지점에서 30을 치면 맞은편 A지점으로,

수구 B 지점에서 30을 치면 맞은편 B지점으로,

수구 C 지점에서 30을 치면 맞은편 C지점으로,

수구 D 지점에서 30을 치면 맞은편 D지점으로,

수구 E 지점에서 30을 치면 맞은편 E지점으로 각각 진행한다.

수구 F 지점에서 30을 치면 대칭 기준점인 제자리 F로 돌아온다.

타법 : 중 상단 3Tip 주고 비틀기 없이 1쿠션에 부드럽게 밀어치며 부딪쳐 굴려준다.

Tip : 당구대가 새로 시작할 때는 프레임 포인트를 사용하고, 시간이 지나 짧아지기 시작하면
　　　 레일 포인트를 사용하는 것이 요령이다.

◆당점을 이용해 득점하는 방법

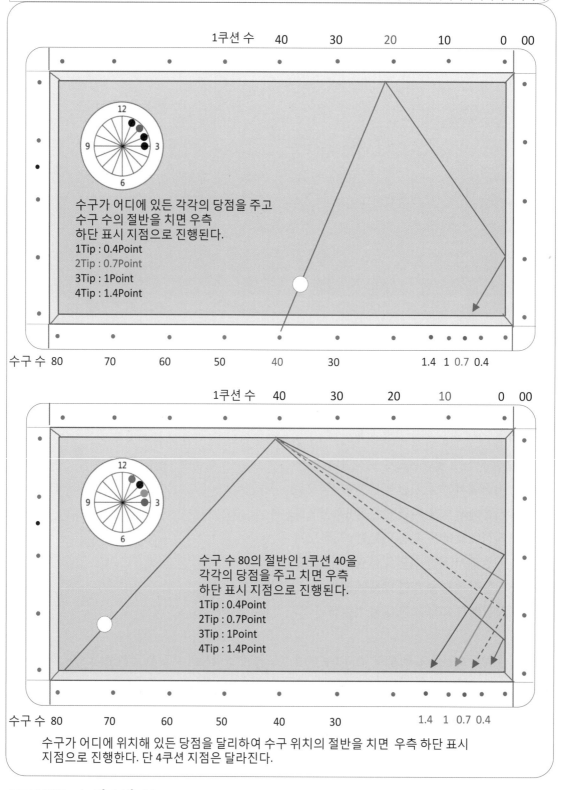

수구가 어디에 있든 각각의 당점을 주고
수구 수의 절반을 치면 우측
하단 표시 지점으로 진행된다.
1Tip : 0.4Point
2Tip : 0.7Point
3Tip : 1Point
4Tip : 1.4Point

수구 수 80의 절반인 1쿠션 40을
각각의 당점을 주고 치면 우측
하단 표시 지점으로 진행된다.
1Tip : 0.4Point
2Tip : 0.7Point
3Tip : 1Point
4Tip : 1.4Point

수구가 어디에 위치해 있든 당점을 달리하여 수구 위치의 절반을 치면 우측 하단 표시
지점으로 진행한다. 단 4쿠션 지점은 달라진다.

◆ 당점을 이용해 득점하는 방법

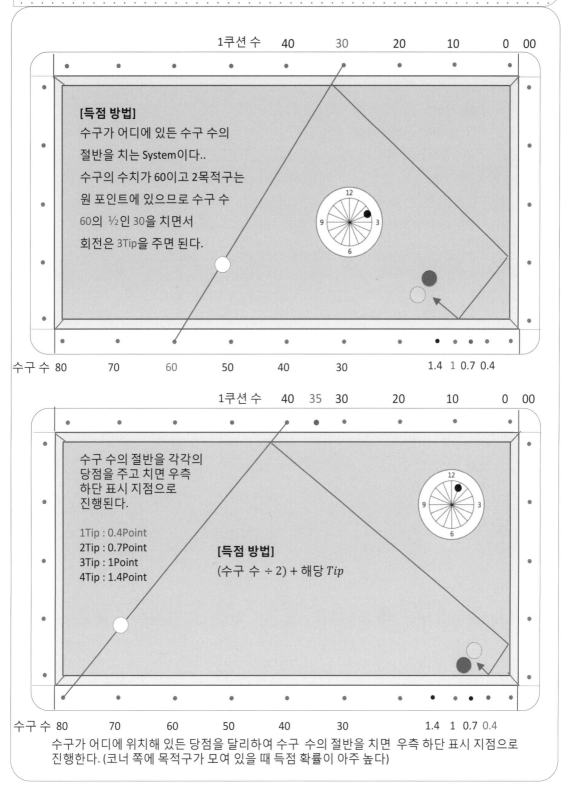

1쿠션 수 40 30 20 10 0 00

[득점 방법]

수구가 어디에 있든 수구 수의
절반을 치는 System이다..
수구의 수치가 60이고 2목적구는
원 포인트에 있으므로 수구 수
60의 ½인 30을 치면서
회전은 3Tip을 주면 된다.

수구 수 80 70 60 50 40 30 1.4 1 0.7 0.4

1쿠션 수 40 35 30 20 10 0 00

수구 수의 절반을 각각의
당점을 주고 치면 우측
하단 표시 지점으로
진행된다.

1Tip : 0.4Point
2Tip : 0.7Point
3Tip : 1Point
4Tip : 1.4Point

[득점 방법]

(수구 수 ÷ 2) + 해당 Tip

수구 수 80 70 60 50 40 30 1.4 1 0.7 0.4

수구가 어디에 위치해 있든 당점을 달리하여 수구 수의 절반을 치면 우측 하단 표시 지점으로
진행한다. (코너 쪽에 목적구가 모여 있을 때 득점 확률이 아주 높다)

◆ 당점을 이용해 득점하는 방법

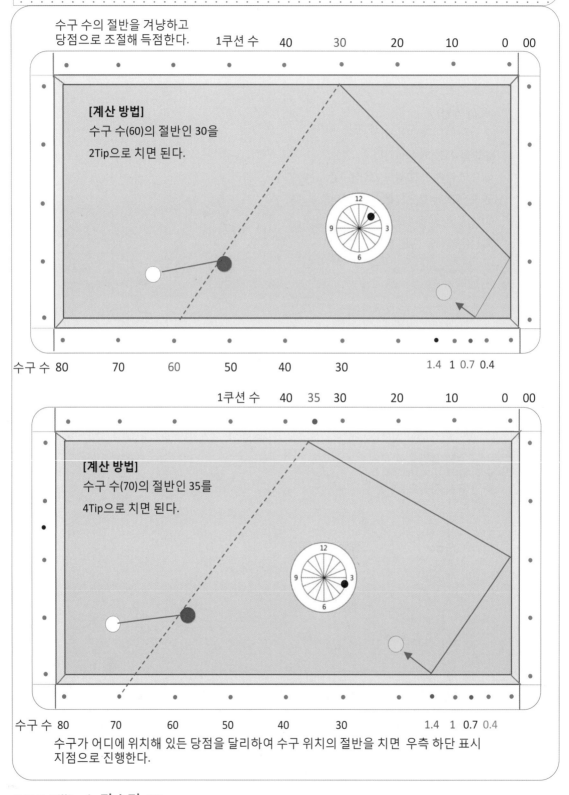

수구 수의 절반을 겨냥하고
당점으로 조절해 득점한다.

| 1쿠션 수 | 40 | 30 | 20 | 10 | 0 | 00 |

[계산 방법]
수구 수(60)의 절반인 30을
2Tip으로 치면 된다.

| 수구 수 | 80 | 70 | 60 | 50 | 40 | 30 | | 1.4 | 1 | 0.7 | 0.4 |

| 1쿠션 수 | 40 | 35 | 30 | 20 | 10 | 0 | 00 |

[계산 방법]
수구 수(70)의 절반인 35를
4Tip으로 치면 된다.

| 수구 수 | 80 | 70 | 60 | 50 | 40 | 30 | | 1.4 | 1 | 0.7 | 0.4 |

수구가 어디에 위치해 있든 당점을 달리하여 수구 위치의 절반을 치면 우측 하단 표시
지점으로 진행한다.

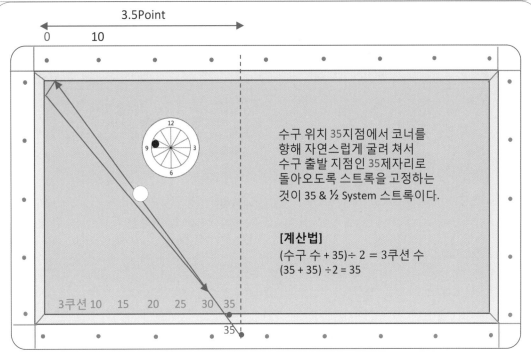

수구 위치 35지점에서 코너를 향해 자연스럽게 굴려 쳐서 수구 출발 지점인 35제자리로 돌아오도록 스트록을 고정하는 것이 35 & ½ System 스트록이다.

[계산법]
(수구 수 + 35) ÷ 2 = 3쿠션 수
(35 + 35) ÷ 2 = 35

[35 & ½ System]

35 & ½ System은 당구대 절반(수구 수 35) 안에서 운영하는 System이다.
위 도표에 표시된 3쿠션 수는 Five & Half System 수치와 같으며,
수구 수는 좌측 하단에서 원 포인트 간격으로 10씩 운영된다.

수구 수 35지점에서 코너를 치면 수구 출발 지점인 3쿠션 35지점으로 되돌아온다.

이 System을 Five & Half System과 병행하면 빈쿠션 돌리기를 완성하는데 많은 도움이 될 수 있다.

Tip : 수구가 어디에 있든 코너를 치면 수구 지점과 35의 중간지점으로 진행된다.

[타법]

이 System에서의 타법은 수구 수 35에서 코너를 쳐서 35 제자리로 돌아오는 회전력과 스트록을 유지하는 것이다.

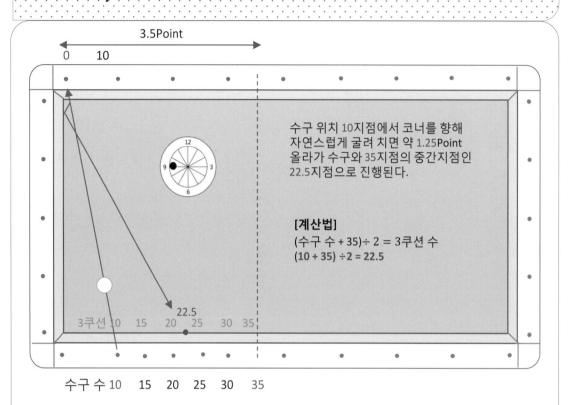

[35 & ½ System]

35 & ½ System은 당구대 절반(수구 수 35) 안에서 운영하는 System이다.

위 도표에 표시된 3쿠션 수는 Five & Half System 수치와 같으며,

수구 수는 3쿠션 수치와 마찬가지 수치로 운영된다.

수구 수 10지점에서 코너를 치면 수구 출발 지점보다 1.25Point 올라간 22.5지점으로 진행된다.

이 System을 Five & Half System과 병행하면 빈쿠션 돌리기를 완성하는데 많은 도움이 될 수 있다.

Tip : 수구가 어디에 있든 코너를 치면 수구 지점과 35의 중간지점으로 진행된다.

[타법]

이 System에서의 타법은 수구 수 35에서 코너를 쳐서 35 제자리로 돌아오는 회전력과 스트록을 똑같이 유지하는 것이다.

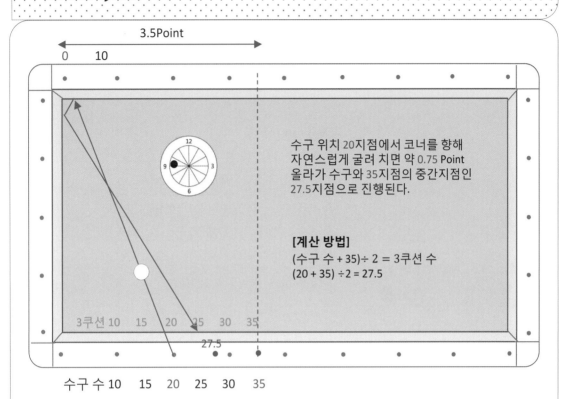

[35 & ½ System]

35 & ½ System은 당구대 절반(수구 수 35) 안에서 운영하는 System이다.

위 도표에 표시된 3쿠션 수는 Five & Half System 수치와 같으며,

수구 수는 3쿠션 수치와 마찬가지 수치로 운영된다.

수구 수 20지점에서 코너를 치면 수구 출발 지점보다 0.75Point 올라간 27.5지점으로 진행된다.

이 System을 Five & Half System과 병행하면 빈쿠션 돌리기를 완성하는데 많은 도움이

될 수 있다.

Tip : 수구가 어디에 있든 코너를 치면 수구 지점과 35의 중간지점으로 진행된다.

[타법]

이 System에서의 타법은 수구 수 35에서 코너를 쳐서 35 제자리로 돌아오는 회전력과

스트록을 똑같이 유지하는 것이다.

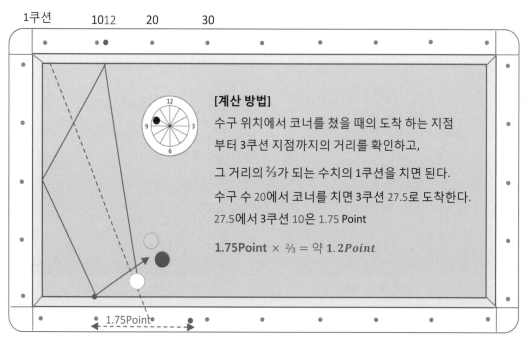

[계산 방법]
수구 위치에서 코너를 쳤을 때의 도착 하는 지점
부터 3쿠션 지점까지의 거리를 확인하고,

그 거리의 ⅔가 되는 수치의 1쿠션을 치면 된다.
수구 수 20에서 코너를 치면 3쿠션 27.5로 도착한다.
27.5에서 3쿠션 10은 1.75 Point

$1.75 Point \times ⅔ = 약\ 1.2 Point$

수구 수 / 3쿠션 수 공용

[해설]

위 도형은 많은 동호인들이 가장 어려워하는 3뱅크 짧은 각에서의 득점 방법이다.

앞 페이지에서 알아 보았듯이 수구가 20에 있을 경우 좌측 상단 코너를 치면 0.75Point가
올라와 3쿠션 27.5 지점으로 도착된다.
또한, 위 도형에서 3뱅크 샷으로 득점하려면 3쿠션은 10이 되어야 한다.

3쿠션 수 10에서 27.5까지는 1.75Point 이다.
1.75Point × ⅔ = 약 1.2Point가 된다.
1쿠션 1.2Point를 치면 득점할 수 있다.

다시 쉽게 정리하면 수구 위치에서 코너를 쳤을 때 수구가 도착하는 지점과 목적구를 맞추기
위한 3쿠션 지점까지의 포인트 거리의 ⅔가 1쿠션 지점이 된다.

[타법]

3Tip주고 부드럽게 밀어치는 타법이며, 회전량은 각자 연습을 통해 고정하면 된다.

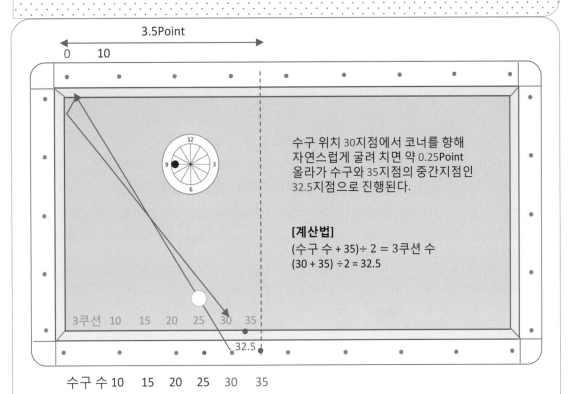

수구 위치 30지점에서 코너를 향해 자연스럽게 굴려 치면 약 0.25Point 올라가 수구와 35지점의 중간지점인 32.5지점으로 진행된다.

[계산법]
(수구 수 + 35) ÷ 2 = 3쿠션 수
(30 + 35) ÷ 2 = 32.5

[35 & ½ System]

35 & ½ System은 당구대 절반(수구 수 35) 안에서 운영하는 System이다.

위 도표에 표시된 3쿠션 수는 Five & Half System 수치와 같으며,

수구 수는 3쿠션 수치와 마찬가지 수치로 운영된다.

수구 수 30지점에서 코너를 치면 수구 출발 지점보다 0.25Point 올라간 32.5지점으로 진행된다.

이 System을 Five & Half System과 병행하면 빈쿠션 돌리기를 완성하는데 많은 도움이
될 수 있다.

Tip : 수구가 어디에 있든 코너를 치면 수구 지점과 35의 중간지점으로 진행된다.

[타법]

이 System에서의 타법은 수구 수 35에서 코너를 쳐서 35 제자리로 돌아오는 회전력과
스트록을 똑같이 유지하는 것이다.

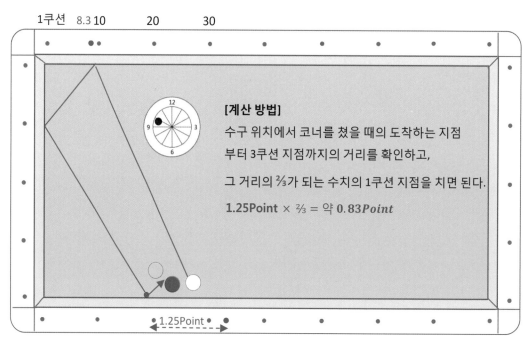

1쿠션 8.3 10   20   30

[계산 방법]
수구 위치에서 코너를 쳤을 때의 도착하는 지점
부터 3쿠션 지점까지의 거리를 확인하고,

그 거리의 ⅔가 되는 수치의 1쿠션 지점을 치면 된다.

$1.25Point \times ⅔ = 약\ 0.83Point$

1.25Point

10   15   20   25   30 32.5
수구 수 / 3쿠션 수 공용

[해설]
위 도형은 많은 동호인들이 가장 어려워하는 3뱅크 짧은 각에서의 득점 방법이다.

앞 페이지에서 알아 보았듯이 수구가 30에 있을 경우 좌측 상단 코너를 치면 2.5가 올라와
3쿠션 32.5 지점으로 도착된다.
또한, 위 도형에서 3뱅크 샷으로 득점하려면 3쿠션은 20이 되어야 한다.

3쿠션 수 20에서 32.5까지는 1.25Point 이다.
1.25Point × ⅔ = 약 0.83Point가 된다.
1쿠션 0.83Point를 치면 득점할 수 있다.

다시 쉽게 정리하면 수구 위치에서 코너를 쳤을 때 수구가 도착하는 지점과 목적구를 맞추기
위한 3쿠션 지점까지의 포인트 거리의 ⅔가 1쿠션 지점이 된다.

[타법]
3Tip주고 부드럽게 밀어치는 타법이며, 회전량은 각자 연습을 통해 고정하면 된다.

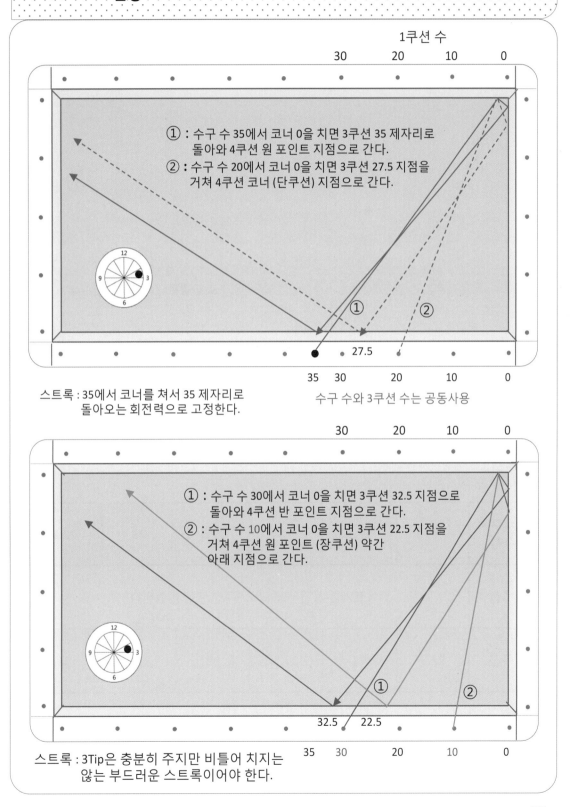

1쿠션 수

30 20 10 0

① : 수구 수 35에서 코너 0을 치면 3쿠션 35 제자리로
　　돌아와 4쿠션 원 포인트 지점으로 간다.
② : 수구 수 20에서 코너 0을 치면 3쿠션 27.5 지점을
　　거쳐 4쿠션 코너 (단쿠션) 지점으로 간다.

12
9　3
6

①　②

27.5

35 30 20 10 0

스트록 : 35에서 코너를 쳐서 35 제자리로
　　　　돌아오는 회전력으로 고정한다.

수구 수와 3쿠션 수는 공동사용

30 20 10 0

① : 수구 수 30에서 코너 0을 치면 3쿠션 32.5 지점으로
　　돌아와 4쿠션 반 포인트 지점으로 간다.
② : 수구 수 10에서 코너 0을 치면 3쿠션 22.5 지점을
　　거쳐 4쿠션 원 포인트 (장쿠션) 약간
　　아래 지점으로 간다.

12
9　3
6

①　②

32.5 22.5

35 30 20 10 0

스트록 : 3Tip은 충분히 주지만 비틀어 치지는
　　　　않는 부드러운 스트록이어야 한다.

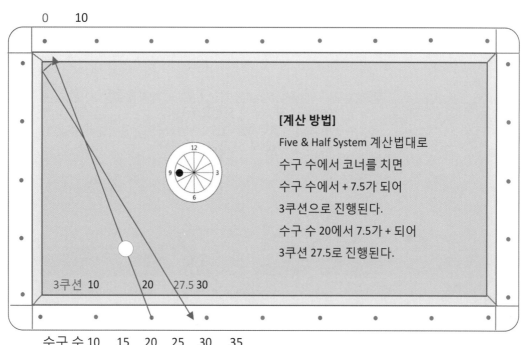

수구 수 10   15   20   25   30   35

F & H 수치   15   20   25   27.5 30

[해설]

35와 ½ System의 수구 수치를 Five & Half System 수치로 바꿔 수구 수에서 코너를 치면 무조건 수구 수의 0.75Point 더한 수치가 3쿠션 수치가 된다.
(아래 도표 참조)

수구 수치	15	17.5	20	22.5	25	27.5
1쿠션	코너를 치면 + 7.5되어 3쿠션으로 진행된다					
3쿠션	22.5	25	27.5	30	32.5	35

❖ 수구 수치에서 코너를 치면 무조건 7.5를 더한 3쿠션 수치로 진행된다.

❖ 수구 수치에서 코너를 치면 제자리로 돌아오는 기준이 수구 수치 27.5이다.

❖ 타법은 9시 방향 3Tip 다 주고 비틀기 없이 회전은 다 살려준다.

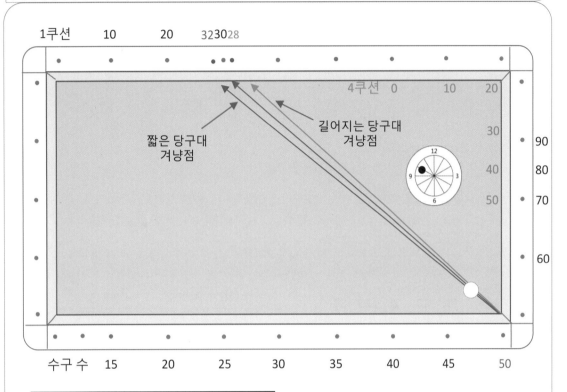

수구 수 15   20   25   30   35   40   45   50

수 구 수	보 정 수
25	-5
30	-4
35	-3
40	-2
45	-1
50	0
55	+1
60	+2
65	+3.5
70	+5
80	+7
90	+10

좌측 도표는 정상적인 당구대로 간주하고 각 수구 수 별로 보정 수를 나타낸 것이다.

당구대가 짧아지는 경우 도표보다 0.2Point 정도 길게 치고,

당구대가 길게 늘어지는 경우 도표보다 0.2Point 정도 짧게 치는 것이 요령이다.

당구대란 제조메이커, 주변의 습도, 날씨, 세팅 시간의 경과, 등에 따라 입사각과 반사각이 달라진다.

이러한 환경을 빨리 파악하는 것도 당구의 실력이라 할 수 있다.

수구 수 50을 기준으로 45 ~ 25까지는 짧은 각으로 분류되고,

수구 수 55 ~ 90까지는 긴 각으로 분류한다

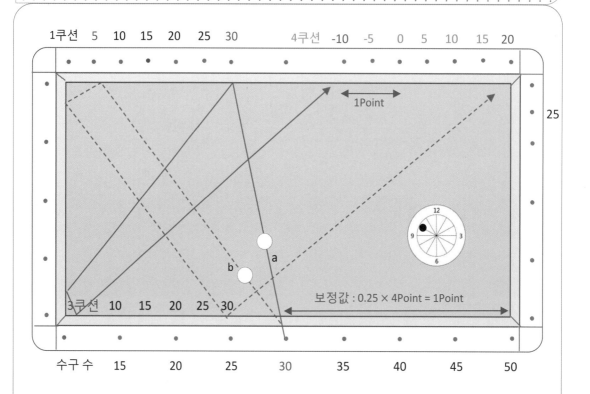

[해설]

위 도형은 수구가 짧은 각 30에서 출발한 경우 4쿠션의 진행 동선을 나타낸 도형이다.

[짧은 각을 빠르고 쉽게 보정해서 계산하는 방법]

1. 수구가 50에서 출발할 때를 기준으로, 수구 위치가 수구 수 50으로부터 1Point 짧은 각
   일 때마다 4쿠션은 0.25Point 짧아진다.

2. 위 도형은 기준점인 수구 수 50 보다 4Point 짧은 각(30)이므로 4쿠션은 1Point 짧아진다.

3. a의 경우 수구 수 30에서 1쿠션 30을 치면 4쿠션 0이 아닌 보정값 1Point만큼 짧아진
   -10지점으로 간다.

4. b의 경우 마찬가지로 수구 수 30에서 5를 치면 25가 아닌 20 지점으로 간다.
   (System 에서 단쿠션 반 포인트와 장쿠션 1포인트는 같음)

Tip : 짧은 각일 경우 수구가 50에서 출발할 때보다 1Point 당 0.25Point 짧아지는 것만 알면
수구 위치가 50보다 짧아진 Point 수만큼 0.25Point씩 곱하면 얼마나 짧아지는지 4쿠션
수 계산이 쉬워진다.

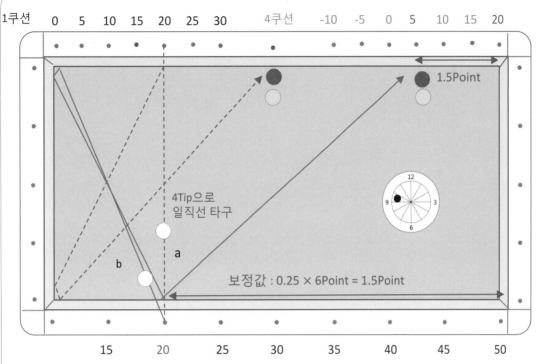

[해설]

위 도형은 수구가 짧은 각 20에서 출발한 경우 4쿠션의 진행 동선을 나타낸 도형이다.

[짧은 각을 빠르고 쉽게 보정해서 계산하는 방법]　　　　보정값 : 0.25 × 6Point = 1.5Point

1. 수구가 50에서 출발할 때를 기준으로, 수구 위치가 수구 수 50으로부터 1Point 짧은 각
   일 때마다 4쿠션은 0.25Point 짧아진다.

2. 위 도형은 기준점인 수구 수 50 보다 6Point 짧은 각(20)이므로 4쿠션은 1.5Point 짧아진다.
   (보정값 : 6Point × 0.25Point = 1.5Point)

3. a의 경우는 수구 수 20에서 1쿠션 20을 4Tip 주고 일직선 타구하면 4쿠션은 4Point로 지점
   으로 진행되는 것을 외워둔다. (20에서 일직선으로 타구 시 4쿠션은 4포인트가 된다)

4. b의 경우 마찬가지로 수구 수 20에서 0을 치면 4쿠션 20이 아닌 보정값 1.5Point가 짧아진
   5지점으로 간다.

Tip : 이 보정 원리는 평상적인 System 샷으로 보정 원리를 적용하는 것이므로,
　　　 만일 큐를 비틀어 치거나 System에서 벗어난 스트록을 하면 보정 수치는 맞지 않는다.

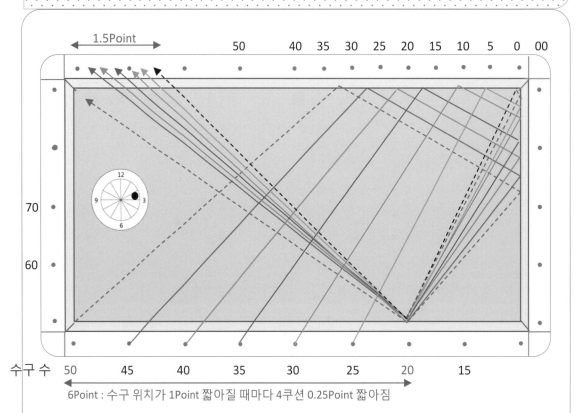

6Point : 수구 위치가 1Point 짧아질 때마다 4쿠션 0.25Point 짧아짐

[해설]

위 도형은 수구 위치에 따라 4쿠션 도착 지점이 짧아지는 것을 나타낸 도형이다.

각각의 수구 수에서 3쿠션 20으로 각각 진행되도록 1쿠션을 쳤을 경우 4쿠션은 도형과 같이 진행된다.

수구 위치 50을 기준으로 수구가 1Point 짧은 45각에서 출발하면 3쿠션이 똑같이 20으로 진행될 경우 4쿠션은 0.25Point 짧게 도착한다.

예를 들어 수구 수 30에서 1쿠션 10을 치면 3쿠션 20을 경유해 4쿠션은 1Point 짧게 진행된다. 수구 수 30은 수구 수 50보다 4Point 짧은 각인만큼 1Point당 0.25Point를 곱해서 총 1Point가 짧게 진행된다.

다시 정리하면 수구 위치가 1Point 짧아질 때마다 4쿠션은 0.25Point 짧게 떨어진다.

타법 : 비틀어 치기 없이 3Tip 회전으로 부드럽게 밀어 친다.

◆ 보정해서 치는 방법

Five & Half System 짧은 각에서 미리 보정해서 치는 방법

20 1715   8 5

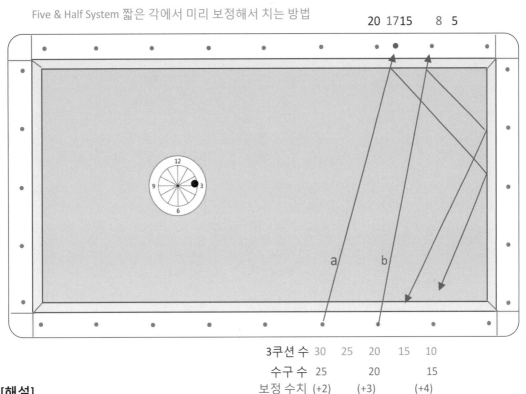

3쿠션 수	30	25	20	15	10
수구 수	25		20		15
보정 수치	(+2)		(+3)		(+4)

[해설]

Five & Half System 짧은 각은 코너의 특수성으로 계산법보다 각이 길어져 회전을 2Tip정도로 통제하고 치는 방법을 많이 사용한다.

이 도형은 스트록이나 당점에는 변화를 주지 않고 평소의 3Tip 뱅크샷으로 똑같이 하면서 보정 수치를 미리 적용하여 득점하는 방법이다.

수구 수 25일 때는 보정 수치 +2
수구 수 20일 때는 보정 수치 +3
수구 수 15일 때는 보정 수치 +4를 더하여 1쿠션 수를 치는 방법이다

a : (수구 수 25 – 3쿠션 수 10) +(보정 수치 2)= 17
b : (수구 수 20 – 3쿠션 수 15) +(보정 수치 3) = 8

타법 : 회전 조절 없이 3Tip 다 주고 평소 뱅크 샷 하는 것과 똑같이 한다.

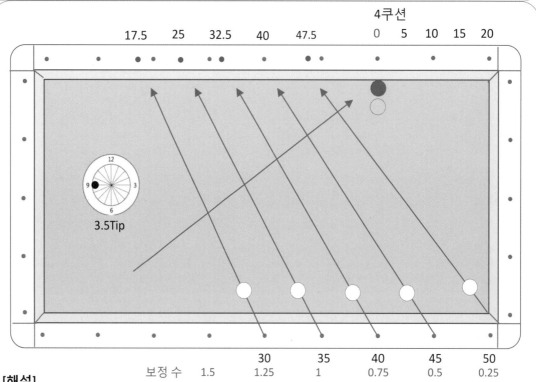

[해설]

위 도형은 각각의 수구 위치에서 4쿠션 2Point 지점인 0으로 보내기 위한 도형이다.

계산상으로는 50에서 50을 쳐야 0으로 가고,

30에서 30을 쳐야 0으로 가야 하지만,

짧아지는 각만큼 보정을 해주어야 된다.

수구 수 50에서 0.25Point 보정해 주는 것을 시작으로

수구 수 45에서는 0.5Point를

수구 수 40에서는 0.75Point를

수구 수 35에서는 1Point를

수구 수 30에서는 1.25Point를 각각 보정해서 치면 된다.

[계산법]

수구 수 – 4쿠션 수(0) – 보정 수 = 1쿠션 수

[타법]

3.5Tip 주고 1쿠션을 부드럽게 밀어치는 타법

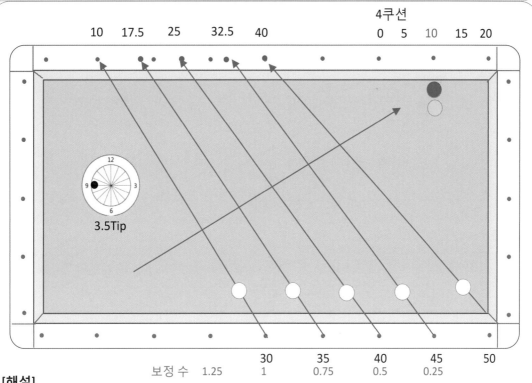

[해설]

위 도형은 각각의 수구 위치에서 4쿠션 1Point 지점인 10으로 보내기 위한 도형이다.

50에서 칠 때는 보정없이 40을 치면 된다.

.

수구 수가 1Point(5) 짧아질 때마다 0.25Point 씩 길게 보정해 주면 된다.

수구 수 50에서 40을 치는 것을 시작으로

수구 수 45에서는 35가 아닌 0.25Point를 보정해서 32.5를

수구 수 40에서는 30이 아닌 0.5Point를 보정해서 25를

수구 수 35에서는 25가 아닌 0.75Point를 보정해서 17.5를

수구 수 30에서는 20이 아닌 1Point를 보정해서 10을 각각 치면 된다.

[계산법]

수구 수 – 4쿠션 수(10) – 보정 수 = 1쿠션 수

[타법]

3.5Tip 주고 1쿠션을 부드럽게 밀어치는 타법

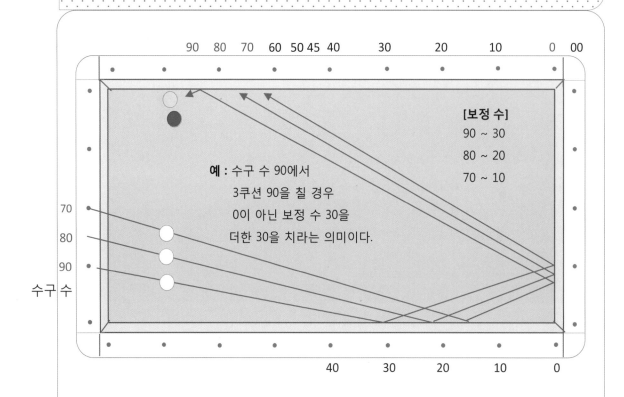

◆ Five & Half System 70 ~ 90 긴 각 보정 수

[보정 수]
90 ~ 30
80 ~ 20
70 ~ 10

예 : 수구 수 90에서
3쿠션 90을 칠 경우
0이 아닌 보정 수 30을
더한 30을 치라는 의미이다.

[해설]

위 도형은 Five & Half System에서 긴 각을 나타낸 도형이다.

긴 각에서 가장 중요한 것은 스트록과 당구대 상태에 따른 보정이다.

긴 각처럼 수구 위치가 단쿠션에서 출발할 경우 가장 중요한 것은 정확한 회전력이다.

그 이유는 1쿠션을 지난 공이 2쿠션에서는 회전력에 따라 큰 오차가 발생하기 때문이다.

따라서 긴 각에서는 일정한 회전에 따른 계산법과 감각을 키워야 한다.

스트록 방법은 수구가 1쿠션을 스치고 2쿠션에서 회전이 살아나도록 일관되게 연습한다.

보정 방법은 ~

수구 수 90에서 3쿠션 90을 평범한 3Tip으로 칠 경우 최대 보정 수는 30이다.

단, 큐를 비틀어서 4Tip을 사용했을 경우에는 10 ~ 15 정도 보정해 주면 된다.

수구 수 80에서 3쿠션 80을 칠 경우 최대 보정 수는 20이다. 요령은 마찬가지이다.

수구 수 70에서 3쿠션 70을 칠 경우 최대 보정 수는 10이 된다.

보정 수가 생각보다 많아 보이는 이유는 긴 각에서는 0 ~ 30까지 입사각 차이가 크지 않기

때문이다. 약간 긴듯한 당구대에서 70에서 코너를 치면 보통 3쿠션 90으로 진행된다.

◆ Five & Half System ¾ 법칙

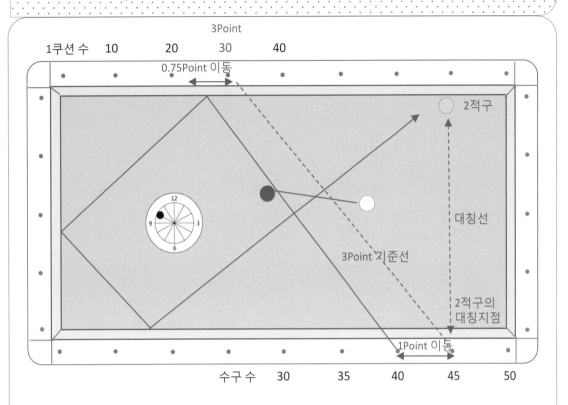

[해설]

이 도형은 Five & Half System의 ¾법칙을 이용해 득점하는 장면이다.

¾법칙이란 수구 포인트가 목적구의 대칭 지점보다 1Point 짧아지면 1쿠션은 1Point의 ¾인 0.75Point를 이동하는 법칙이다.

[위 도형의 경우 득점 설계 방법은]

1. 2적구와 대칭되는 지점을 설정한다. (그 이유는 2적구의 대칭 지점에서 1쿠션 30을 치면 2적구 지점으로 진행되는 것을 기준점으로 잡기 위함이다)

2. 1적구의 위치를 중심으로 큐를 움직여 본다.
   (1적구의 위치가 2적구의 대칭 지점보다 1Point가 짧아진 경우 1쿠션 0.75Point를 이동하면 정확하게 ¾비율로 부합됨을 확인할 수 있다)

3. 수구를 1쿠션 30보다 0.75Point 짧아진 지점을 이동해서 치면 된다.

이 System은 수구 위치에서 1쿠션 3Point(30)을 치면 수구 위치의 맞은편 지점으로 수구가 진행되는 것을 응용하여 대칭 기준점에서 수구가 이동되는 Point수의 ¾만큼 이동한 지점에 수구를 보내는 ¾법칙이다.

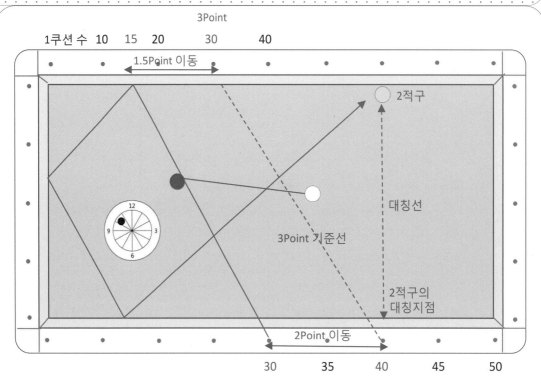

◆ Five & Half System ¾ 법칙

[해설]

이 도형은 수구 Line이 대칭 기준점보다 2Point 이동되어 ¾법칙을 이용해 1쿠션 1.5Point를 이동해 득점하는 장면이다.

[위 도형의 경우 득점 설계 방법은]

1. 2적구와 대칭되는 지점을 설정한다. (그 이유는 2적구의 대칭 지점에서 1쿠션 30을 치면 2적구 지점으로 진행되는 것을 기준점으로 잡기 위함이다)

2. 1적구의 위치를 중심으로 큐를 움직여 본다.
   (1적구의 위치가 2적구의 대칭 지점보다 2Point가 짧아지면서 1쿠션 1.5Point를 이동 하면 정확하게 ¾비율로 부합됨을 확인할 수 있다)

3. 수구를 1쿠션 30보다 1.5Point 짧아진 지점으로 이동해 겨냥하면 된다.

[Tip]

수구의 위치에 따른 공의 밀림 현상과 Kiss등을 고려해야 된다.

수구 위치가 30 이하로 줄어들면 ¾법칙 보다는 ⅔법칙을 적용하는 것이 요령이다.

Five & Half System에서 배운 것처럼 짧은 각일수록 코너웍 현상이 심해져 공이 길어 질 수 있기 때문이다.

◆ Five & Half System ¾법칙

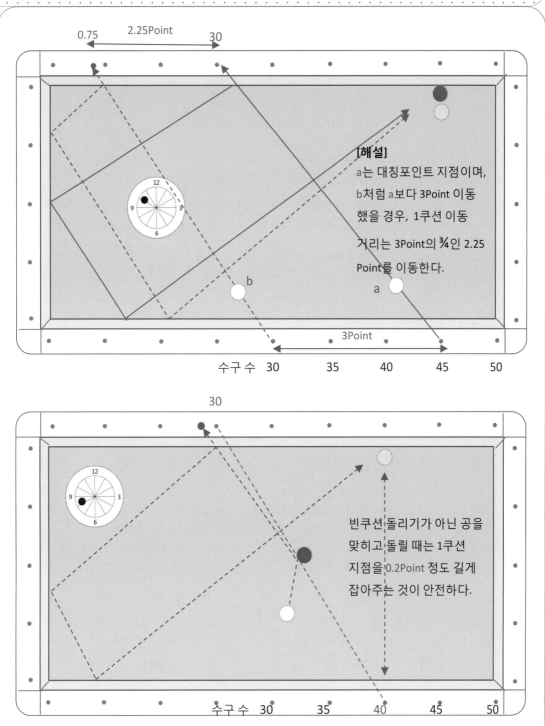

[해설]

a는 대칭포인트 지점이며,
b처럼 a보다 3Point 이동
했을 경우, 1쿠션 이동
거리는 3Point의 ¾인 2.25
Point를 이동한다.

빈쿠션돌리기가 아닌 공을
맞히고 돌릴 때는 1쿠션
지점을 0.2Point 정도 길게
잡아주는 것이 안전하다.

❖ 도형과 같은 제각돌리기에서는 2목적구의 대칭 지점을 일단 확인한후(40) 그 지점과 1쿠션 30
지점을 연결한 후 그 Line에서 1적구가 벗어난 만큼의 ¾을 적용해 평행 이동해서 치면 된다.
단, 공을 맞히고 칠 경우에는 0.5Point정도 길게 겨냥해서 치는 것이 요령이다.

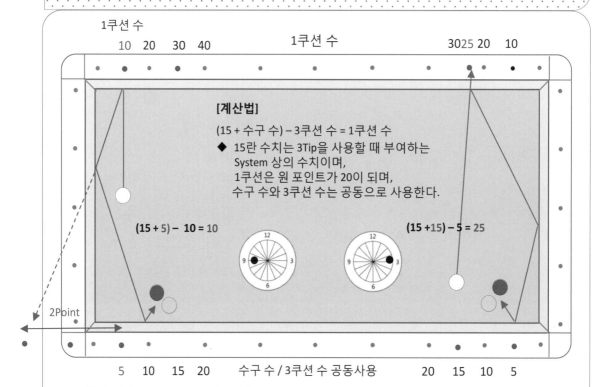

[계산법]

(15 + 수구 수) − 3쿠션 수 = 1쿠션 수

◆ 15란 수치는 3Tip을 사용할 때 부여하는
   System 상의 수치이며,
   1쿠션은 원 포인트가 20이 되며,
   수구 수와 3쿠션 수는 공동으로 사용한다.

(15 + 5) − 10 = 10

(15 +15) − 5 = 25

※ 항상 일정한 스트록으로 회전력을 일관되게 유지하는 것이 위 System의 핵심이다.

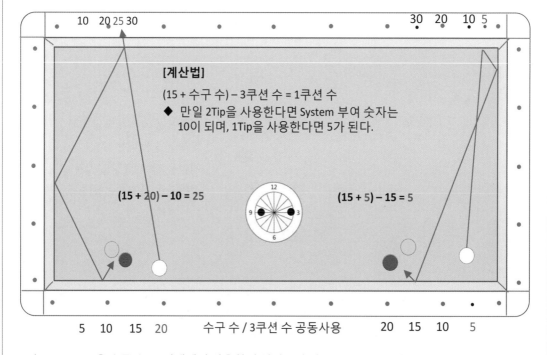

[계산법]

(15 + 수구 수) − 3쿠션 수 = 1쿠션 수

◆ 만일 2Tip을 사용한다면 System 부여 숫자는
   10이 되며, 1Tip을 사용한다면 5가 된다.

(15 + 20) − 10 = 25

(15 + 5) − 15 = 5

◆ 15 System은 수구 수 20 이내에서 사용하면 신뢰도가 아주 높은 System이다.

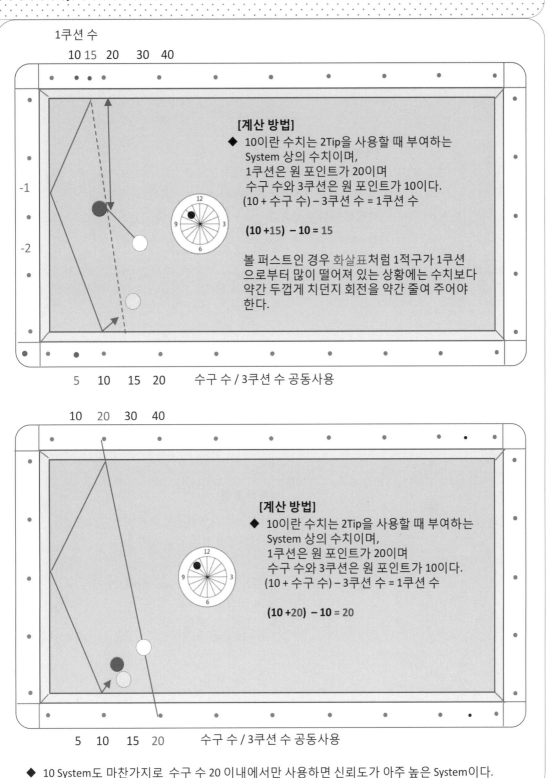

[계산 방법]
◆ 10이란 수치는 2Tip을 사용할 때 부여하는
System 상의 수치이며,
1쿠션은 원 포인트가 20이며
수구 수와 3쿠션은 원 포인트가 10이다.
(10 + 수구 수) – 3쿠션 수 = 1쿠션 수

(10 +15) – 10 = 15

볼 퍼스트인 경우 화살표처럼 1적구가 1쿠션
으로부터 많이 떨어져 있는 상황에는 수치보다
약간 두껍게 치던지 회전을 약간 줄여 주어야
한다.

[계산 방법]
◆ 10이란 수치는 2Tip을 사용할 때 부여하는
System 상의 수치이며,
1쿠션은 원 포인트가 20이며
수구 수와 3쿠션은 원 포인트가 10이다.
(10 + 수구 수) – 3쿠션 수 = 1쿠션 수

(10 +20) – 10 = 20

◆ 10 System도 마찬가지로 수구 수 20 이내에서만 사용하면 신뢰도가 아주 높은 System이다.

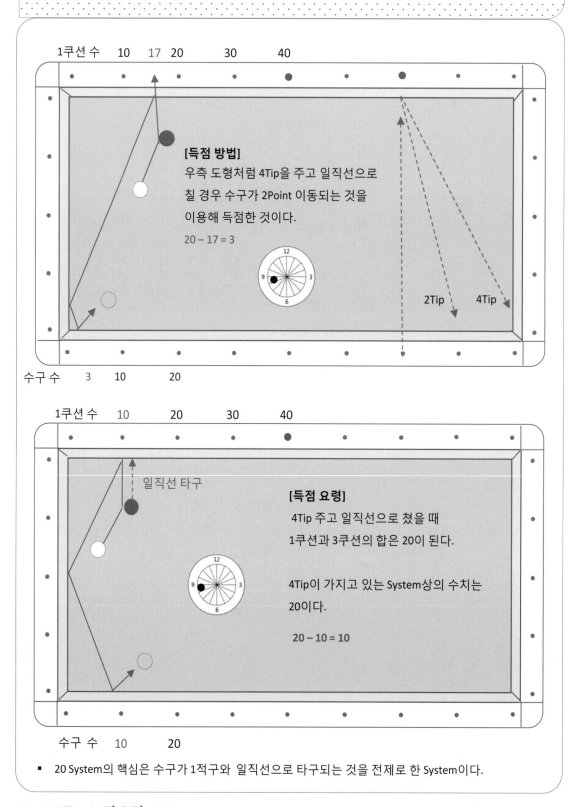

1쿠션 수 10 17 20 30 40

[득점 방법]

우측 도형처럼 4Tip을 주고 일직선으로
칠 경우 수구가 2Point 이동되는 것을
이용해 득점한 것이다.

20 − 17 = 3

2Tip   4Tip

수구 수 3 10 20

1쿠션 수 10 20 30 40

일직선 타구

[득점 요령]

4Tip 주고 일직선으로 쳤을 때
1쿠션과 3쿠션의 합은 20이 된다.

4Tip이 가지고 있는 System상의 수치는
20이다.

20 − 10 = 10

수구 수 10 20

- 20 System의 핵심은 수구가 1적구와 일직선으로 타구되는 것을 전제로 한 System이다.

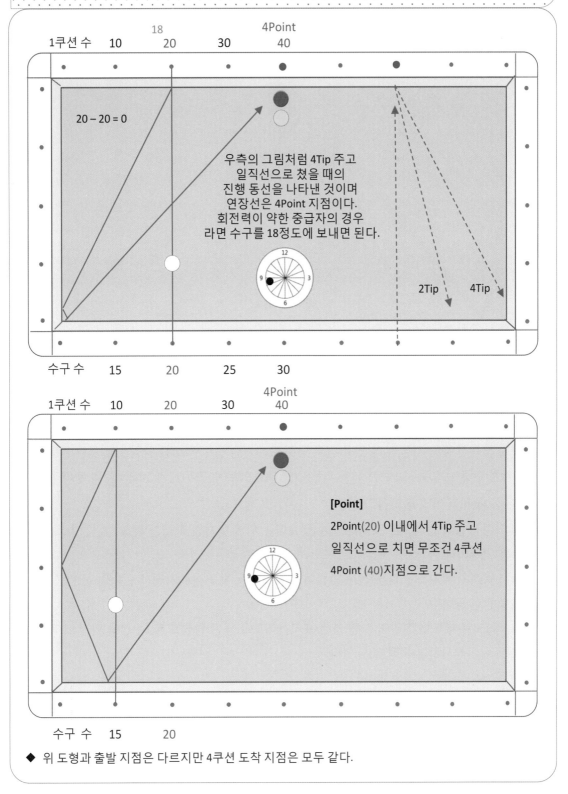

1쿠션 수   10   18 20   30   4Point 40

20 - 20 = 0

우측의 그림처럼 4Tip 주고
일직선으로 쳤을 때의
진행 동선을 나타낸 것이며
연장선은 4Point 지점이다.
회전력이 약한 중급자의 경우
라면 수구를 18정도에 보내면 된다.

2Tip   4Tip

수구 수   15   20   25   30

1쿠션 수   10   20   30   4Point 40

[Point]
2Point(20) 이내에서 4Tip 주고
일직선으로 치면 무조건 4쿠션
4Point (40)지점으로 간다.

수구 수   15   20

◆ 위 도형과 출발 지점은 다르지만 4쿠션 도착 지점은 모두 같다.

113

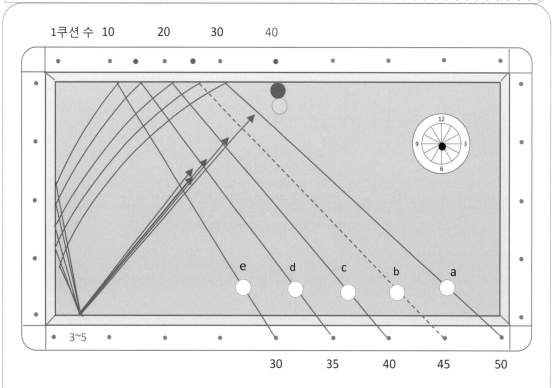

[해설]

위 도형은 System으로 운영되는 형태는 아니지만 타법을 알아두면 요긴하게 쓰일 때가 있다.

목적구가 장쿠션 중앙 지점 40에 있을 경우 당점 표시처럼 중단 무회전 당점으로 치면 된다.

도형 a처럼 수구 수 50에서 1쿠션 30을 치는 것을 기준으로 수구 위치가 1Point 짧아질 때마다

1쿠션은 ½ Point씩 따라 올라간다.

무작정 기준점 없이 감각으로만 시도하는 것보다는 위 도형처럼 확실한 목표점을 정하고

스트록을 맞추어야 한다.

그림에서 목적구 위치라면 다른 선구 방법이 있겠지만 목적구가 40지점에 있다면 한 번쯤

시도해볼 만한 공이다.

System Shot으로 부드럽게 밀어 치면 없는 포지션이므로 중단 당점으로 1쿠션을 약간 스피드

하게 부딪쳐 반사시켜야 득점할 수 있다.

[Tip]

이 형태는 공의 늘어지는 현상을 억제시키기 위해 경쾌한 스피드로 수구를 각 대 각으로

입 반사시켜 득점하는 형태이며 스트록의 강약이 가장 중요하다.

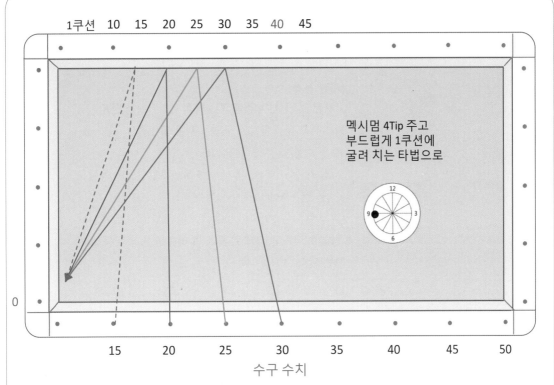

[해설]
위 도형은 각각의 수구 위치에서 맞은편 장쿠션을 쳐서 코너로 보내는 장면이다.

Five & Half System을 알고 있다면 수구 수치와 같은 숫자의 1쿠션을 치면 좌측 하단 코너 0으로 가는 것으로 외우기가 간단하다.

짧은 각에서 수구 수와 같은 1쿠션 수치를 칠 경우 회전이 부족하거나 강하게 치면 단쿠션에 맞지 않을 수도 있으므로 4Tip회전으로 부드럽게 스트록을 구사해야 된다.

수구 수 20에서 1쿠션 20을 치면 4쿠션 40에 도착되며,
수구 수 30에서 1쿠션 30을 치면 4쿠션은 대칭보다 약간 길어진 45 정도 지점에 도착한다.

짧은 각에서 멕시멈 가격인 만큼 초 중급자의 경우는 많은 연습이 필요하다.
자신이 없는 경우 1 ~ 2Point정도 1쿠션을 길게 치는 것도 요령이다.
코너로 정확히 보낼 수 있도록 평소 스트록 연습을 꾸준히 해야 한다.

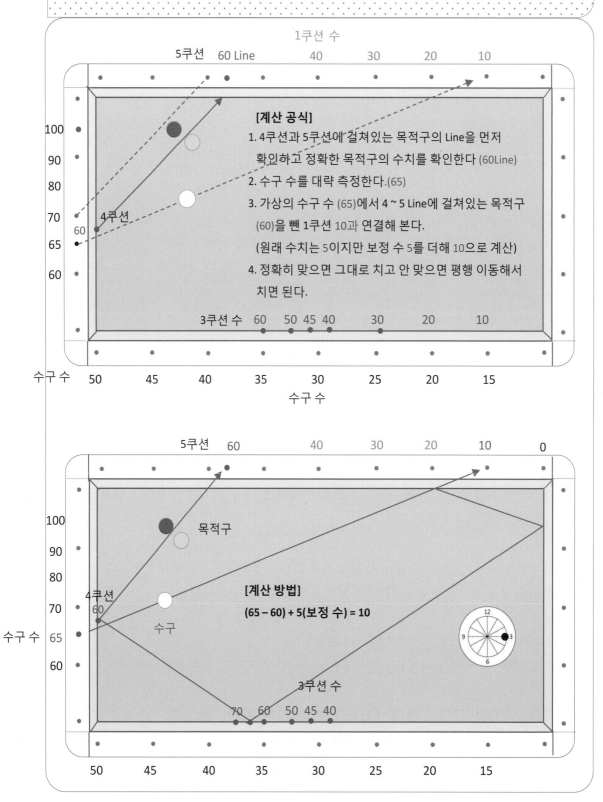

1쿠션 수

5쿠션 60 Line   40   30   20   10

100
90
80
70
60
65
60

4쿠션

[계산 공식]

1. 4쿠션과 5쿠션에 걸쳐있는 목적구의 Line을 먼저
확인하고 정확한 목적구의 수치를 확인한다 (60Line)

2. 수구 수를 대략 측정한다.(65)

3. 가상의 수구 수 (65)에서 4 ~ 5 Line에 걸쳐있는 목적구
(60)을 뺀 1쿠션 10과 연결해 본다.

(원래 수치는 5이지만 보정 수 5를 더해 10으로 계산)

4. 정확히 맞으면 그대로 치고 안 맞으면 평행 이동해서
치면 된다.

3쿠션 수 60 50 45 40   30   20   10

수구 수   50   45   40   35   30   25   20   15

수구 수

5쿠션 60   40   30   20   10   0

100
90
80
70
60
65
60

목적구

4쿠션
60

수구

[계산 방법]

(65 – 60) + 5(보정 수) = 10

수구 수

3쿠션 수

70 60 50 45 40

50   45   40   35   30   25   20   15

3쿠션 Billiards 마스터 116

1쿠션 0   10   20   **5쿠션 수**   90   80   70   60   50   40   32   20

[계산 방법]

1. 6쿠션에 위치한 목적구의 수치를 확인한다. (30)
2. 수구 수를 정확히 측정한다.(50)
3. 수구 수에 따른 4쿠션 원 포인트 지점의 수치를 확인한다 (30)
4. 수구 수에서 4쿠션 수를 뺀다 (50 – 32= 18)

❖ 이 도형에서의 두 가지 핵심

1. 수구 수 50에서 출발할 경우 원 포인트의 수치는 30이 아닌 32 ~ 33으로 계산되어야 한다.
2. 50에서 출발할 경우 4쿠션, 5쿠션, 6쿠션이 각각 원 포인트 지점으로 연결된다.

목적구

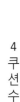

20
32
40
50
60
70
80
90

4쿠션 수

90 80 70 60

6쿠션 수

50   40   30   20   50   60   70   80   90   100   **수구 수**

3쿠션 수   50

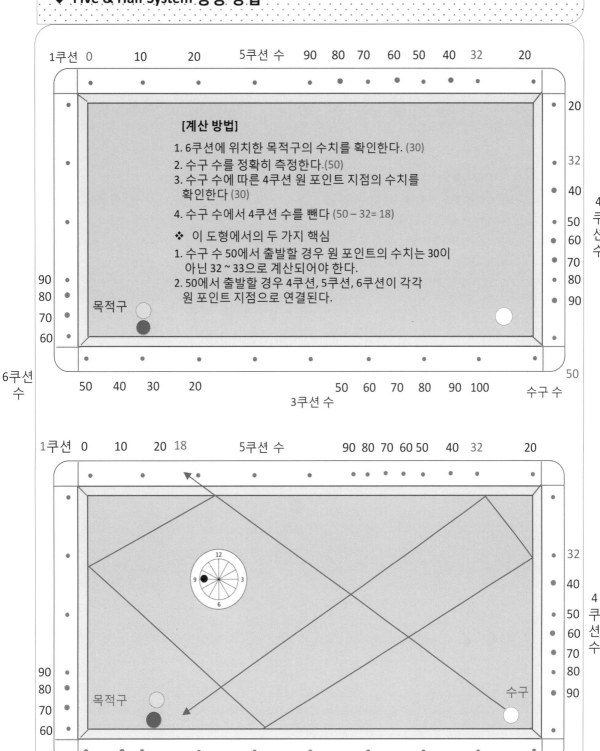

1쿠션 0   10   20   18   **5쿠션 수**   90 80 70 60 50   40   32   20

목적구   수구

32
40
50
60
70
80
90

4쿠션 수

90 80 70 60

6쿠션 수

50   40   30   20   32   **3쿠션 수**   **수구 수**   50

◆ Five & Half System 응용 방법

1쿠션 0   10   20   **5쿠션 수**   90 80 70   60 50 40   30   20

목적구   1Point 길어짐

[계산 공식]

1. 5쿠션 Line 수를 확인한다. (90Line)

2. 수구 수를 확인한다. (70)

3. Five & Half System 계산법으로는 계산이 안 나온다

4. 당점을 원Tip으로 조절하면 1Point, 즉 5쿠션 20이 길어진다.

5. 당점에 집중하고 믿음을 갖고 부드럽게 롱 스트록을 구사한다.

수구 수 70

20 30 40 50 60 70 80 90   **4쿠션 수**

90 80 70 60

6쿠션 수

50   40   30   20   50 60 70 80 90 100

3쿠션 수

1쿠션 0   10   20   **5쿠션 수**   90 80 70   60 50 40   30   25   20

수구 수 70

1Tip

30 40 50 60 70 80 90   **4쿠션 수**

90 80 70 60

6쿠션 수

50   40   30   20   **3쿠션 수** 50 60 70 80 90 100

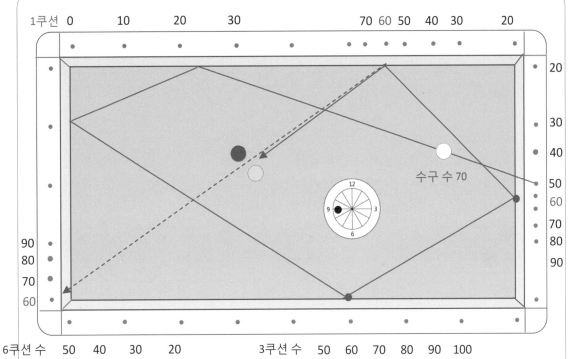

[해설]

위 도형의 배치에서 가장 먼저 확인해야 할 사항은 목적구가 5~6쿠션 몇 Line에 걸쳐 있는지를 확인해야 한다.(60Line)

확인하는 요령은 시각적으로 가까운 5쿠션 50에서 6쿠션 50 Line을 연결해 보고, 맞지 않으면 다시 5쿠션 60에서 6쿠션 60 Line으로 연결해 보면 된다.

그 다음은 수구 수를 확인하고 긴 각에서 사용해야 할 회전력과 보정 수, 스트록 등을 한번 더 체크한다.

위 도형의 경우 목적구는 60 Line이고 수구 수는 70이므로 70 – 60 = 10이 된다.
하지만 긴 각(70)에서의 보정 수치 10을 다시 더해 20을 쳐야 된다.

위 도형처럼 긴 각인 경우에 주의할 사항은 강하게 치는 것이 아니라 부드러운 롱 스트록을 구사해서 구질의 변화를 최소화해야 된다.
당점은 9시(3시) 방향에 확실하게 주고, 1쿠션을 스치고 2쿠션부터 회전을 먹인다는 생각으로 회전력을 충분히 살려 스트록하면 된다.

119

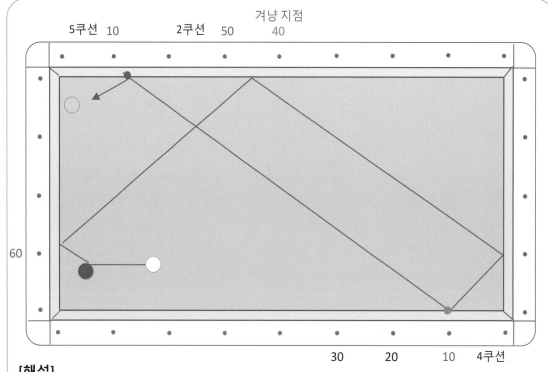

[해설]

Five & Half System을 이용한 앞돌려치기 대회전 장면이다.

이 경우도 마찬가지로 Five & Half System을 적용하면 아주 쉽게 해결할 수 있다.

먼저 마지막 5쿠션 지점 ●을 설정한 다음 그 지점으로 보내기 위한 제 4쿠션 지점 ●을 설정한다.

(5쿠션 원 포인트(10)으로 가기 위한 4쿠션 경로는 원 포인트(10)) 이 된다.

수구 수 60에서 4쿠션 10을 빼면 2쿠션 수치는 50이 된다.

하지만 공을 맞히고 칠 때는 한 포인트 정도 길게 잡아 40을 겨냥하는 것이 득점 확률을 더 높일 수 있다.

앞돌려치기 대회전인 경우 임펙트 이후에 그립을 잡으면 공이 튀거나 급격히 짧아질 수 있으므로 타격 없는 부드러운 롱 샷을 구사해야 한다.

Tip : 이러한 공 배치에서는 공을 치기 전에 도형 좌측 화살표 방향 60 지점에서 빈쿠션을 돌리는 느낌으로 2쿠션 지점과 스트록을 점검한다.

◆ Five & Half System 응용 방법

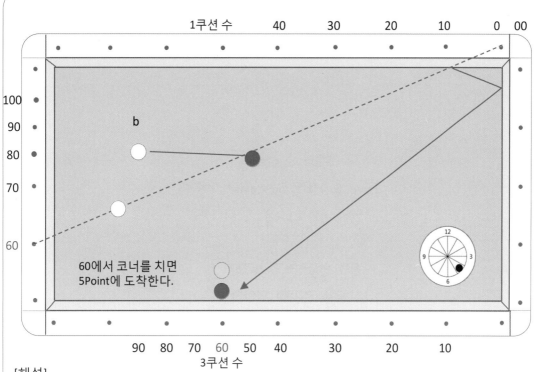

[해설]

위 도형을 통해 배워야 할 점은 3쿠션 60과 50의 위치이다.

System을 처음 배울 때 대부분 60의 지점을 50으로 배우고

70의 지점을 60으로, 80의 지점을 70으로 배운 경험이 있을 것이다.

Five & Half System에서는

수구 수가 70(단쿠션 절반지점)이 넘으면 100까지 반 포인트 간격으로 10씩 올라가고,

3쿠션 수는 40(장쿠션 절반지점)이 넘으면 반 포인트 간격으로 10씩 올라간다.

특히 위 도형 60각은 3쿠션에서 기본 각 중의 하나로 반드시 외워두어야 한다.

이 각을 외워두게 되면 뒤로 돌리기에서 수구가 b의 지점에 있다고 가정할 때 선구해도 될지
를 판단할 수 있게 된다.

타법 : 4시 방향 3.5Tip 주고 큐의 길이를 2쿠션까지 길게 들어가야 한다.

　　　 조심스럽게 치면 오히려 짧아져서 득점하기 힘든 형태이다.

스피드 : 2.5레일

121

Plus System은

Five & Half System과 더불어

다양한 득점 Line을 가지고 있다.

특히 앞돌려치기, 비껴치기

등과 연관해 다양하게

활용할 수 있다

하지만 정확한 회전력과 스트록이

필수적인 system이다.

Plus System

- Plus System 기본 도형
- Plus 2 System 기본 도형
- Plus 4 System
- Plus System 제자리 치기
- Plus 멕시멈 System
- Plus System 반사각
- Plus System 응용 방법

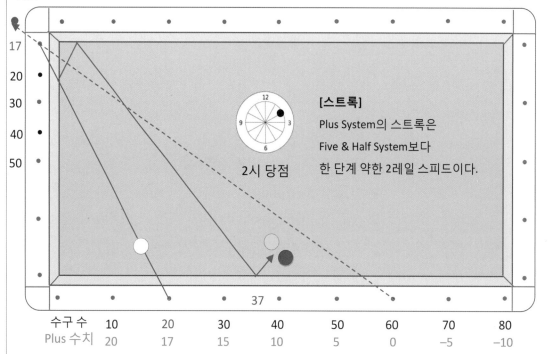

소실점

2시 당점

[스트록]
Plus System의 스트록은
Five & Half System보다
한 단계 약한 2레일 스피드이다.

수구 수	10	20	30	40	50	60	70	80
Plus 수치	20	17	15	10	5	0	−5	−10

[해설]

위 도형은 Plus System에서 가장 기본이 되는 도형이다.

수구 수는 10 ~ 80까지 이며,

1쿠션 수는 20 ~ 50까지는 변동이 없으나 코너 수치는 Plus 수치라고 표시된 것처럼 수구 위치에 따라 변한다.

따라서 수구 수 20에서 코너를 치면 코너가 17이 되어 3쿠션 37로 간다.

20에서 소실점을 치면 40으로 간다.

30에서 코너(소실점)를 치면 코너가 15가 되어 3쿠션 45로 간다.

40에서 코너(소실점)를 치면 코너가 10이 되어 3쿠션 50으로 간다.

50에서 코너(소실점)를 치면 코너가 5가 되어 3쿠션 55로 간다

60에서 코너(소실점)를 치면 코너가 0이 되어 3쿠션 제자리인 60으로 간다.

따라서 60에서 코너를 쳐서 60 제자리로 오게 치는 것이 이 System의 표준 스트록이다.

60에서 코너 0과 연결된 지점이 정확한 소실점이 되며,

장쿠션 코너에서 반 포인트 떨어진 지점이 된다.

Plus System에서 말하는 코너는 소실점 지점이라는 것을 잊지 말자.

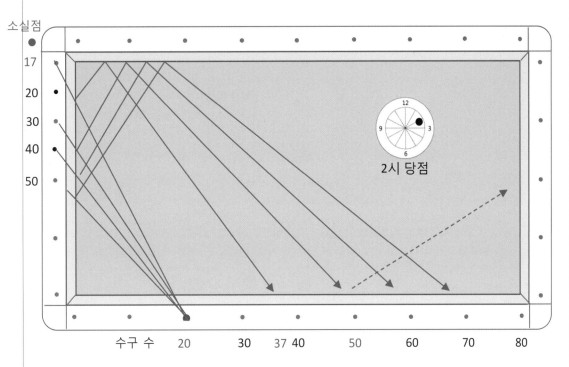

◆ 수구 수가 20일 때 코너는 17이 된다.

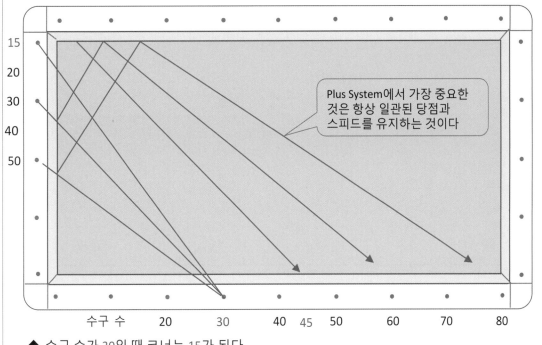

Plus System에서 가장 중요한 것은 항상 일관된 당점과 스피드를 유지하는 것이다

◆ 수구 수가 30일 때 코너는 15가 된다.

◆ Plus 2 System 기본 도형

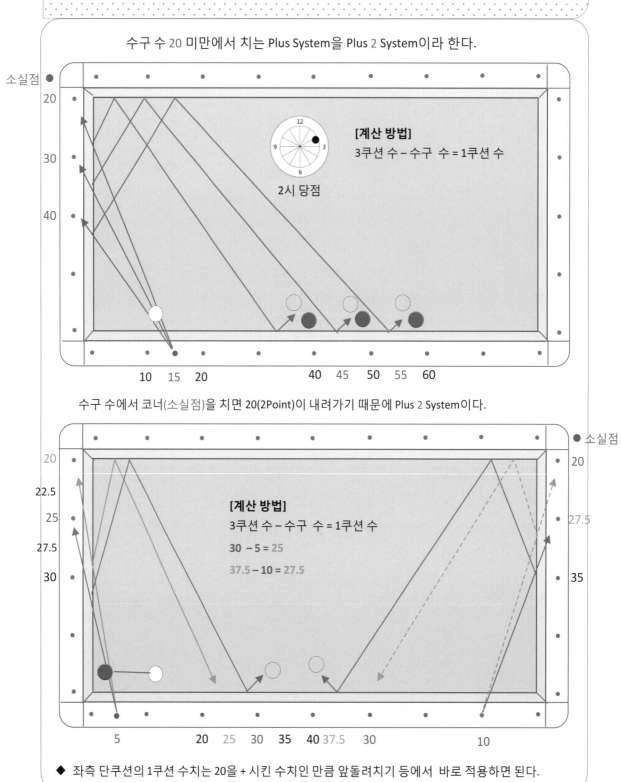

수구 수 20 미만에서 치는 Plus System을 Plus 2 System이라 한다.

[계산 방법]
3쿠션 수 – 수구 수 = 1쿠션 수

2시 당점

수구 수에서 코너(소실점)을 치면 20(2Point)이 내려가기 때문에 Plus 2 System이다.

[계산 방법]
3쿠션 수 – 수구 수 = 1쿠션 수

30 − 5 = 25

37.5 − 10 = 27.5

◆ 좌측 단쿠션의 1쿠션 수치는 20을 + 시킨 수치인 만큼 앞돌려치기 등에서 바로 적용하면 된다.

수구 수 20 미만에서 보정 수를 사용하는 System이며, 3쿠션 60 이상에서 득점률이 높다.

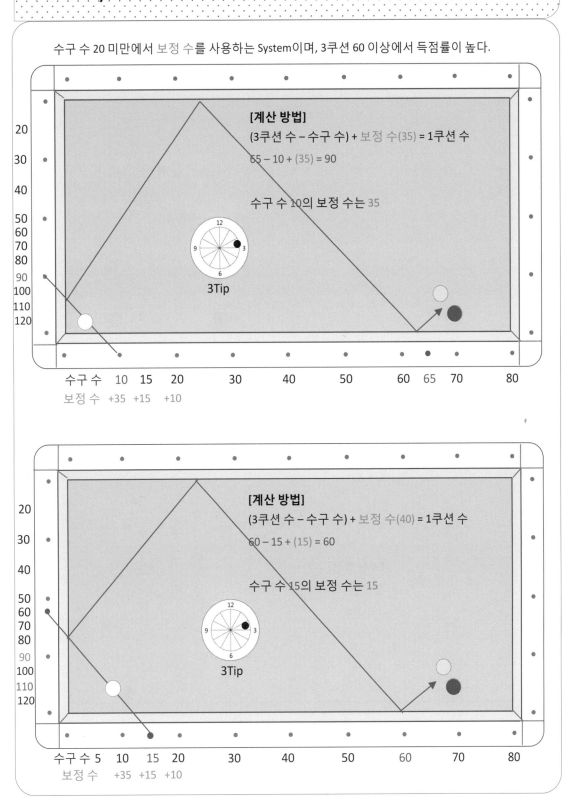

[계산 방법]
(3쿠션 수 – 수구 수) + 보정 수(35) = 1쿠션 수

65 – 10 + (35) = 90

수구 수 10의 보정 수는 35

3Tip

[계산 방법]
(3쿠션 수 – 수구 수) + 보정 수(40) = 1쿠션 수

60 – 15 + (15) = 60

수구 수 15의 보정 수는 15

3Tip

◆ Plus 4 System

4 System은 앞돌려치기에서도 유용하게 활용할 수 있다.

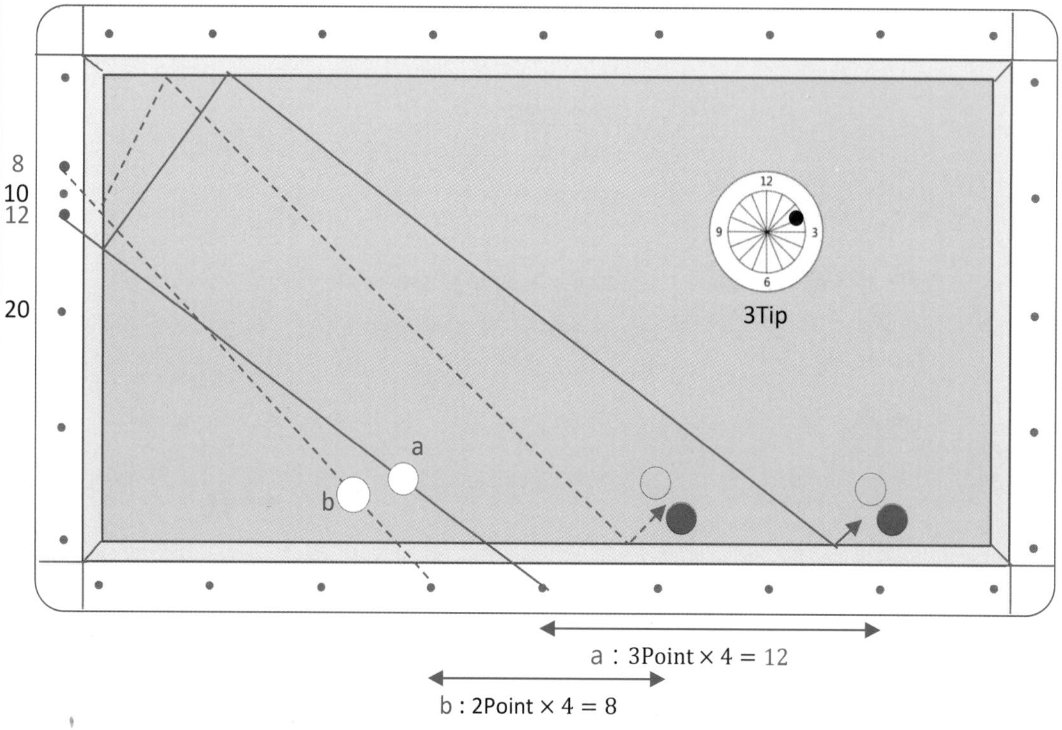

8
10
12
20
12
9
3
6
3Tip
a
b
a : 3Point × 4 = 12
b : 2Point × 4 = 8

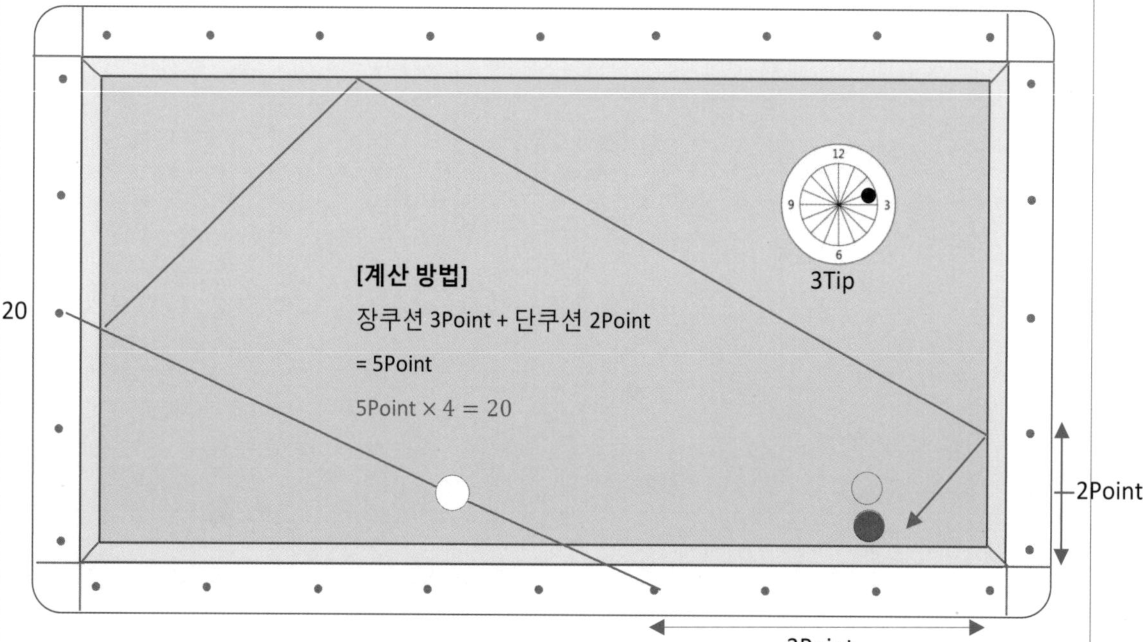

12
9
3
6
3Tip
[계산 방법]
장쿠션 3Point + 단쿠션 2Point
= 5Point
5Point × 4 = 20
20
2Point
3Point

◆ 우측 단쿠션은 반 포인트를 1씩 계산한다.

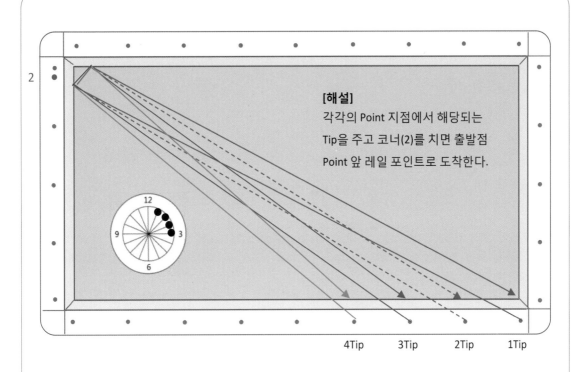

[해설]
각각의 Point 지점에서 해당되는
Tip을 주고 코너(2)를 치면 출발점
Point 앞 레일 포인트로 도착한다.

4Tip   3Tip   2Tip   1Tip

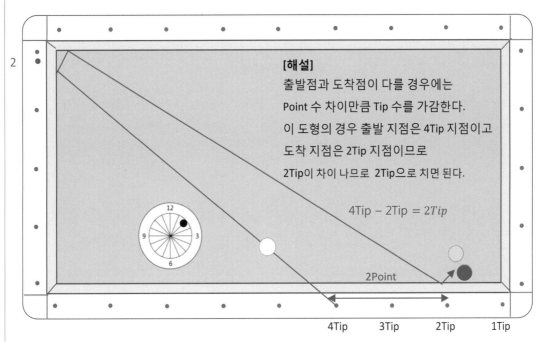

[해설]
출발점과 도착점이 다를 경우에는
Point 수 차이만큼 Tip 수를 가감한다.
이 도형의 경우 출발 지점은 4Tip 지점이고
도착 지점은 2Tip 지점이므로
2Tip이 차이 나므로 2Tip으로 치면 된다.

$$4Tip - 2Tip = 2Tip$$

2Point

4Tip   3Tip   2Tip   1Tip

Plus System은 System에 대한 믿음을 갖는 것이 중요하며 스트록과 당점이 일정해야 한다.

129

◆ Plus 멕시멈 System

◆ A도형은 수구가 15지점에 있는 것을 기준으로 좌우의 같은 수치로 Line이 형성된다.

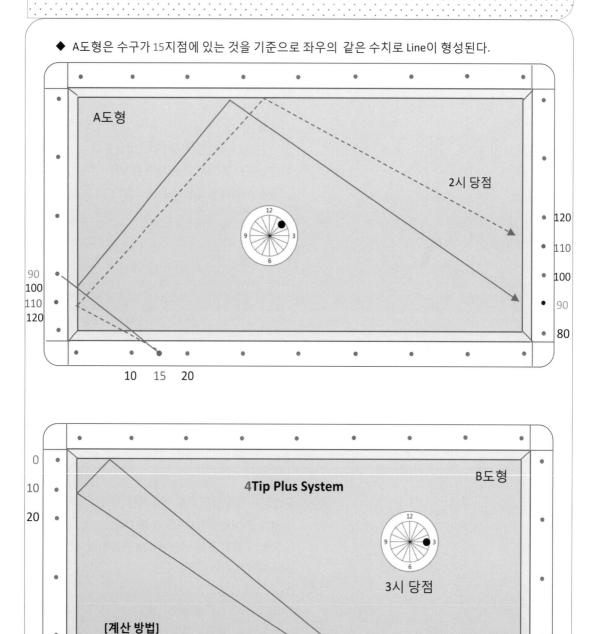

◆ B도형은 3시 4Tip 멕시멈 Plus System이다.

◆ 회전은 다 주면서 비틀지 않는 스트록을 한다.

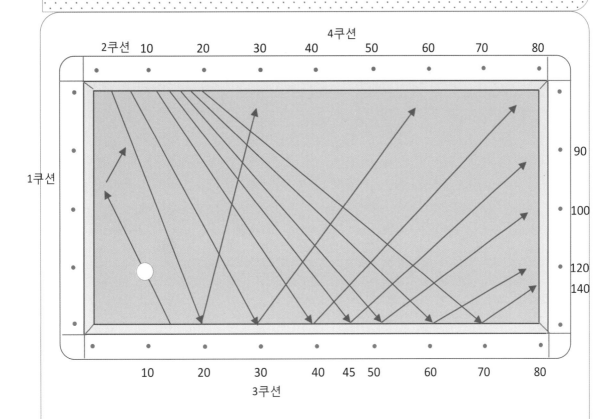

[Plus System의 입사각 반사각]

Plus System에서 3쿠션으로부터 반사되는 Line을 외워두면 앞돌려치기와 Plus System 짧은 각을 계산할 때 유용하게 활용할 수 있다.

예 : 3쿠션 30지점에 왔을 때 공은 장쿠션 60으로 가고, 40지점에 왔을 때 공은 맞은편 80코너로 향한다.

50 지점에 왔을 때 공은 단쿠션 투 포인트인 100으로 반사되고, 60지점에 왔을 때 공은 원 포인트 지점 120으로 반사된다. 70지점에 왔을 때는 단쿠션 0.7Point 지점 140으로 간다. (4쿠션 수치는 3쿠션 수치의 2배임을 기억하면 된다)

[Tip]

위 반사각 도형은 수구가 점선과 같은 지점에서 반사될 경우의 반사 지점을 나타낸 것이며, 만일 수구의 반사 지점이 달라지면 2쿠션, 3쿠션 반사각도 조금씩 달라진다.

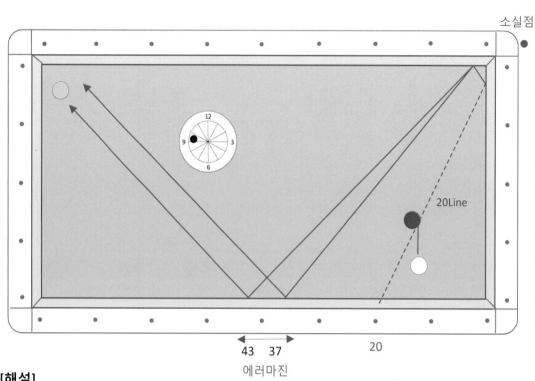

◆ **Plus System 응용 방법**

소실점

20Line

43 37
에러마진

20

[해설]

Plus System을 응용해 1적구를 맞추고 득점하는 가장 기초가 되는 도형이다.

이러한 형태에서 가장 먼저 확인해야 하는 것은 1적구의 20 Line 이다.

위 도형의 경우 1적구가 20 Line에 걸쳐 있으므로 수구 수는 20으로 계산하면 된다.
따라서 수구를 코너로 굴려 치면 3쿠션 37을 거쳐 2목적구를 맞힐 수 있으며,
수구를 소실점으로 보내면 3쿠션 40을 거쳐 2목적구를 맞힐 수 있다.

타법 : Plus System 빈쿠션 돌리기 감각으로 10시 방향 3Tip 주고 부드럽게 1적구를 부딪쳐
코너로 굴려 경쾌하게 반사시킨다.

[Point]

이와 같은 상황에서는 2적구의 위치를 고려할 때, 길게 공략하는 것보다는 짧은 쪽으로
겨냥하는 것이 리버스로 맞는 찬스가 한번 더 있으므로 3쿠션을 37지점으로 겨냥하고 치는
것이 바람직하다.

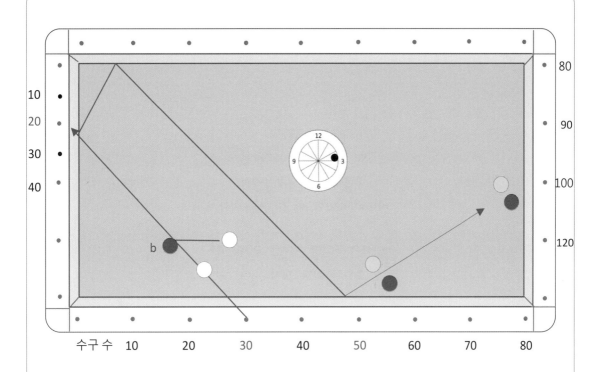

[해설]

위 도형은 3Tip Plus System이다.

2Tip Plus 기본형 System과 다른 점은 1쿠션 수치가 10씩 작아진 것뿐이다.
그 이유는 회전을 1Tip을 더 주면 그만큼 공이 짧게 진행되기 때문이다.

계산 방법은 2Tip System과 마찬가지이며 1쿠션 수치만 착오없이 계산하면 된다.
스트록도 2Tip 스트록과 마찬가지로 하면 된다.

3Tip System은 1적구 b처럼 공을 맞히고 돌리는 경우에 더 활용도가 높다.

하지만 빈쿠션 Plus System은 3Tip System 보다는 2Tip System을 권장한다.
Plus System을 칠 때는 평온한 마음으로 믿음을 갖고 당점에만 집중하면서 천천히 스트록해야
득점 확률을 높일 수 있다.

No English System은
고점자로 가는 과정에서
반드시 배워야 할 System이다.

생각보다 정교한 타법이 요구되지만
활용 범위가 가장 넓다

무회전으로 공을 정확히 치기 위해서는
브리지를 가까이 하고
당점에 집중해야 하며

특히 주안시 관계를
잘 이해하고 있어야 한다..

No English System

- 다이아몬드 ½ Line System
- 베르니 System
- 7 System
- 터키 System
- No English ⅔ System
- 노잉글리시 Five & Half System
- No English 대회전 System
- 5 Plus System
- 플로리다 백업 System
- 노잉글리시 코너 보내기
- 노잉글리시 원 포인트 공략하기
- 노잉글리시 투 포인트 공략하기
- 노잉글리시 System

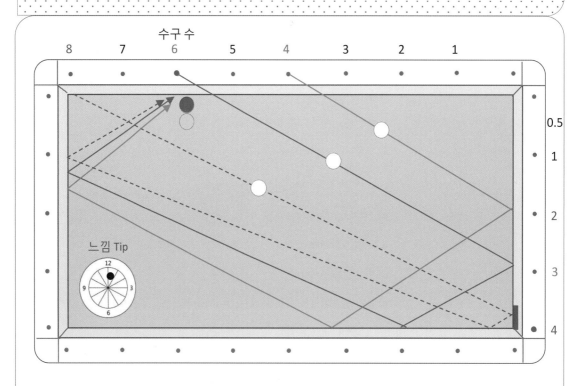

[해설]

수구가 어디에 있든 장쿠션 수구 수의 단쿠션 ½을 무회전으로 치면 상단 장쿠션 6 ●지점 부근을 거쳐 우측 하단 ▌표시 4지점 코너로 도착한다.

수구가 장쿠션 7에 있으면 단쿠션 3.5Point를

수구가 장쿠션 5에 있으면 단쿠션 2.5Point를

수구가 장쿠션 3에 있으면 단쿠션 1.5Point를

수구가 장쿠션 1에 있으면 단쿠션 0.5Point를 각각 치면 된다.

이 궤도를 익혀두면 1적구를 맞히고 치는 앞돌려치기 대회전 시 ½Line을 참고하면 된다.

[Tip]

무회전 타법은 생각보다 쉽지 않다.

브리지를 가깝게 견고히 하고 정확한 당점에 집중해야 한다.

스트록 시 역회전 Tip이 조금이라도 들어가면 생각보다 공이 많이 길어진다.

따라서 실전에서는 미세하게 정회전 느낌 Tip을 주고 치는 것이 더 나은 결과를 얻을 수도 있다.

◆ No English 베르니 System

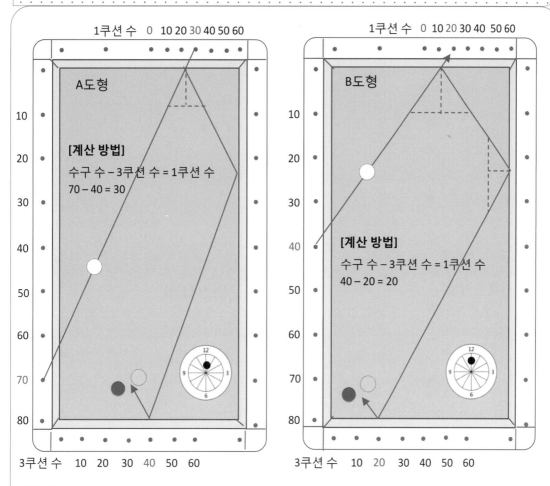

[해설]

위 도형은 단,장,단 쿠션을 무회전으로 연결해 득점하는 베르니 System이다.

수구 수는 노잉글리시 Point로 10 ~ 80까지 사용하며,

1쿠션은 상단 단쿠션 중앙 지점 0을 시작으로 1Point를 3등분하여 10씩 추가되며,

우측 상단 코너가 60이 된다.

3쿠션은 좌측 하단 코너를 시작으로 반 포인트 간격에 10씩 계산한다.

계산 방법은 수구 수에서 3쿠션 수를 뺀 1쿠션 수를 치면 되므로 비교적 간단하다.

System 계산방법이 아주 간단하며 알아 두면 활용도가 높은 System이다.

빈쿠션은 물론 공을 맞히고 돌릴 때도 활용하면 된다.

Tip : 노잉글리시 System은 정확한 당점과 타법이 아주 중요하다.

브리지를 짧게하고 정확하게 당점을 겨냥한 후 1쿠션을 부드럽게 밀어 친다.

◆ No English 7 System

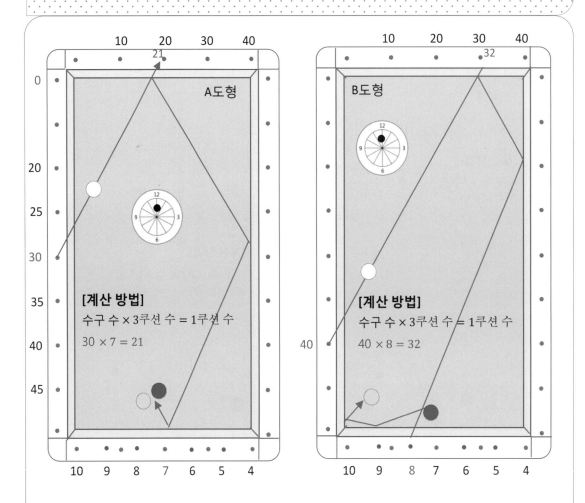

[해설]

위 System의 명칭은 7 System이다.

하단 단쿠션 중앙 7을 중심으로 4 ~ 10까지 ⅔ 포인트 간격으로 3쿠션 수치가 되어 있다.

수구 수는 Five & Half System 수치를 이용하며,

1쿠션은 1Point 간격으로 10 ~ 40까지 되어 있다.

계산 방법은 수구 수와 3쿠션 수를 곱하면 1쿠션이 된다.

수구 수가 낮은 위치에서 칠 수록 약간씩 짧아지는 경향이 있으므로 각자 연습을 통해 적절한 보정 수치를 알아 둘 필요가 있다.

[타법]

중 상단 무회전으로 1쿠션을 2.5레일 스피드로 부드럽게 밀어 친다.

◆ No English 터키 System

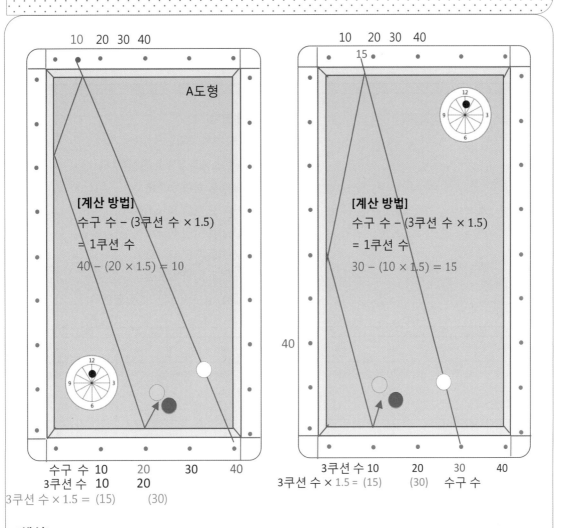

[계산 방법]
수구 수 − (3쿠션 수 × 1.5)
= 1쿠션 수
40 − (20 × 1.5) = 10

A도형

[계산 방법]
수구 수 − (3쿠션 수 × 1.5)
= 1쿠션 수
30 − (10 × 1.5) = 15

수구 수 10	20	30	40
3쿠션 수 10	20		

3쿠션 수 × 1.5 = (15)　　(30)

3쿠션 수 10	20	30	40
3쿠션 수 × 1.5 = (15)	(30)	수구 수	

[해설]

위 도형의 명칭은 터키 System이다.

수구 수는 10 ~ 40까지 이며,

3쿠션 수는 수구 수에 1.5를 곱한 수가 3쿠션 수치가 된다.

상단 단쿠션의 1쿠션은 반 포인트 간격으로 10 ~ 40 까지 이다.

간단하게 계산하는 방법은 3쿠션 지점(수구 수)을 확인한 다음 1.5를 곱하면 3쿠션 수가 되며
그 수를 수구 수에서 빼주면 1쿠션 수가 된다.

스트록 방법은 중 상단 당점으로 부드럽게 1쿠션을 밀어치는 타법이다.

노잉글리시에서 가장 중요한 것은 믿음을 갖고 계산대로 공을 굴려주면 된다.

0 1쿠션 수

[계산 방법]

수구 수에서 무회전으로 0을 치면

수구 수의 ⅔지점으로 진행한다.

30에서 0을 치면 20으로

40에서 0을 치면 26.6으로

60에서 0을 치면 40으로

80에서 0을 치면 53..3으로

90에서 0을 치면 60으로

120에서 0을 치면 80으로 진행한다.

120

수구 수
3쿠션 수

20   30   40   50 53.3   60   8080

1쿠션 수
0

10
13.3

20   20

26.6

30

[계산 방법]

수구 수에서 코너를 치면 수구 수의

⅔ 지점으로 간다.

40에서 코너를 치면 26.6

30에서 코너를 치면 20

20에서 코너를 치면 13.3

10에서 코너를 치면 6.6으로 진행 된다.

40

위 도형을 이용해 좌측 코너와 우측 코너를 바꿔 쳐보면 3쿠션으로 떨어지는 정확도가 조금 다르게 나타날 수 있는데 바로 그 점이 주안시 차이이다. 이 점을 고려하면서 정확히 무회전 당점을 겨냥하는 연습을 하면 된다.

◆ 노잉글리시 Five & Half System

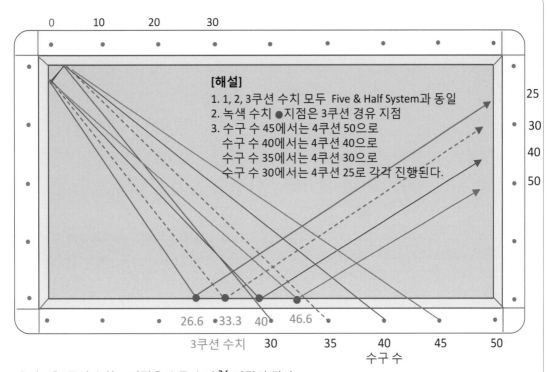

[해설]
1. 1, 2, 3쿠션 수치 모두 Five & Half System과 동일
2. 녹색 수치 ● 지점은 3쿠션 경유 지점
3. 수구 수 45에서는 4쿠션 50으로
   수구 수 40에서는 4쿠션 40으로
   수구 수 35에서는 4쿠션 30으로
   수구 수 30에서는 4쿠션 25로 각각 진행된다.

3쿠션 수치   26.6 •33.3 40   46.6
수구 수

◆ 녹색 3쿠션 수치 ● 지점은 수구 수의 ⅔ 지점이 된다.

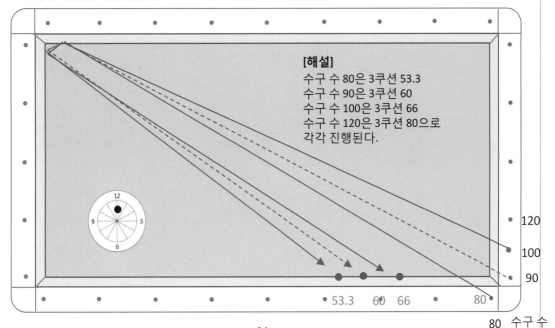

[해설]
수구 수 80은 3쿠션 53.3
수구 수 90은 3쿠션 60
수구 수 100은 3쿠션 66
수구 수 120은 3쿠션 80으로
각각 진행된다.

위 도형과 마찬가지로 3쿠션 수는 수구 수의 ⅔ 지점이 된다

타법 : 중 상단 무회전 주고 코너 0지점을 향해 부드럽게 밀어 친다.

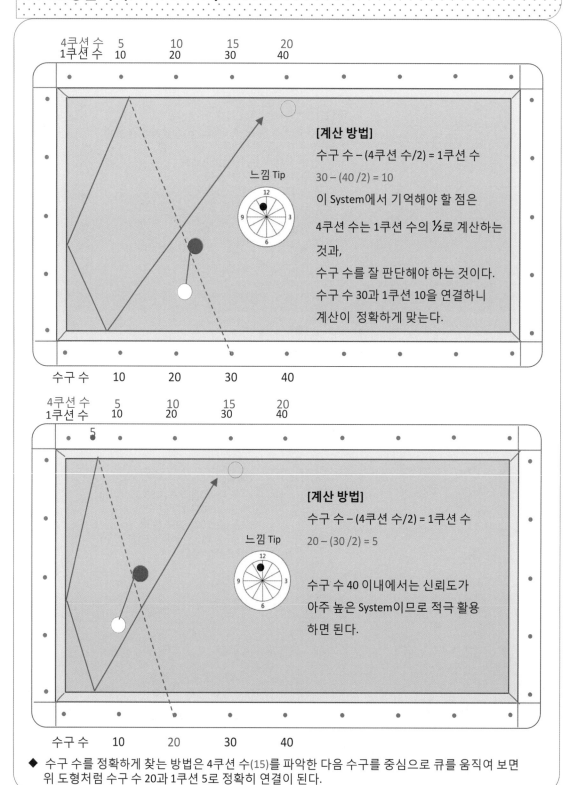

[계산 방법]

수구 수 − (4쿠션 수/2) = 1쿠션 수

30 − (40 /2) = 10

이 System에서 기억해야 할 점은

4쿠션 수는 1쿠션 수의 ½로 계산하는 것과,

수구 수를 잘 판단해야 하는 것이다.

수구 수 30과 1쿠션 10을 연결하니 계산이 정확하게 맞는다.

[계산 방법]

수구 수 − (4쿠션 수/2) = 1쿠션 수

20 − (30 /2) = 5

수구 수 40 이내에서는 신뢰도가 아주 높은 System이므로 적극 활용하면 된다.

◆ 수구 수를 정확하게 찾는 방법은 4쿠션 수(15)를 파악한 다음 수구를 중심으로 큐를 움직여 보면 위 도형처럼 수구 수 20과 1쿠션 5로 정확히 연결이 된다.

◆ 노잉글리시 Five & Half System

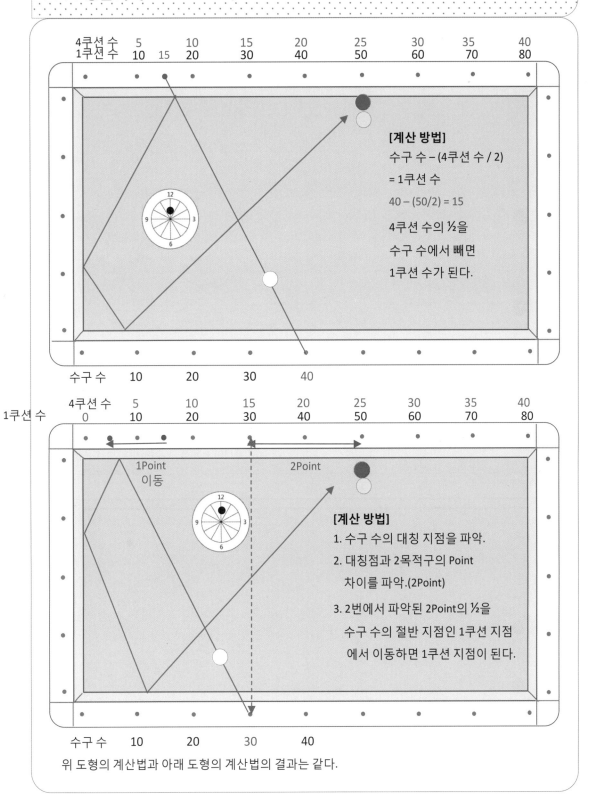

[계산 방법]

수구 수 – (4쿠션 수 / 2)

= 1쿠션 수

40 – (50/2) = 15

4쿠션 수의 ½을

수구 수에서 빼면

1쿠션 수가 된다.

1Point
이동

2Point

[계산 방법]

1. 수구 수의 대칭 지점을 파악.

2. 대칭점과 2목적구의 Point
   차이를 파악.(2Point)

3. 2번에서 파악된 2Point의 ½을
   수구 수의 절반 지점인 1쿠션 지점
   에서 이동하면 1쿠션 지점이 된다.

위 도형의 계산법과 아래 도형의 계산법의 결과는 같다.

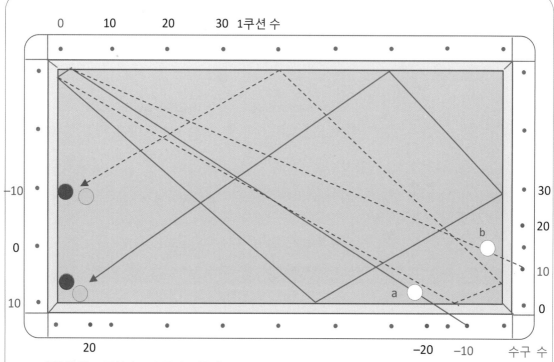

계산 방법 : 1쿠션 수 = 수구 수 + 목적구 수

　　　a : 수구 수 (–10) + 목적구 수 (10) = 0 (1쿠션)

　　　b : 수구 수 (10) + 목적구 수 (–10) = 0 (1쿠션)

　　　　　　　　　　　　　a : 수구 수(10) + 목적구 수(0) = 10 (1쿠션)

　　　　　　　　　　　　　B : 수구 수(30) + 목적구 수(–10) = 20 (1쿠션)

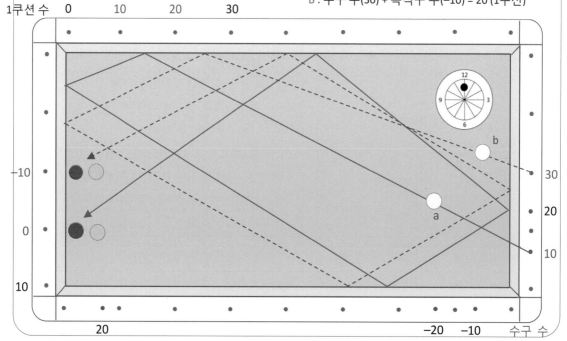

3쿠션 Billiards 마스터 144

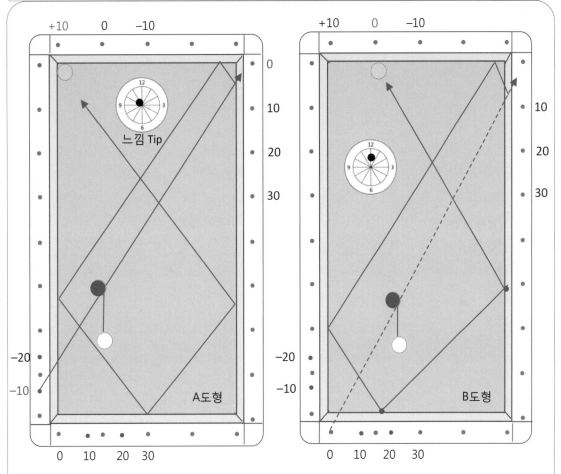

[해설]

Five & Half System 으로는 계산이 나올 수 없는 경우 무회전으로 공략하는 도형이다.

이 System은 Five & Half System에서 벗어난 형태의 공을 칠 때 유용하게 활용할 수 있다.

A도형은 좌측 하단 장쿠션 ⅔ Point (-10) 지점에서 무회전으로 좌측 상단 코너에 있는 공을 득점하는 장면이며,

B도형은 좌측 하단 코너 Line에서 상단 원 포인트에 있는 공을 득점하는 장면이다.

이 도형의 포인트를 외우고 이해하게 되면 앞으로 이와 유사한 형태에서 무회전으로 대회전 시키는 공을 쉽게 해결할 수 있다.

단, 빈쿠션으로 돌릴 때와 1적구를 맞히고 돌릴 때의 변화를 최소화 할 수 있도록 꾸준한 스트록 연습이 뒷받침 되어야 한다.

145

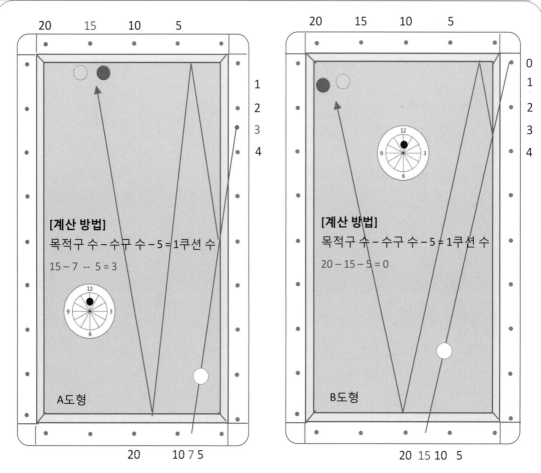

[해설]

위 도형은 장, 단, 단 더블쿠션 System으로 수구 위치에서 우측 상단 코너를 치면 약 0.5Point가 이동되는 것을 기준으로 만들어진 System이다.

계산 방법은 목적구 수에서 수구 수를 뺀 다음 다시 System상의 수치인 5를 뺀 수치가 1쿠션 수가 된다.

1쿠션 수치는 반Point 간격에 1씩 늘어난다.

A도형 : 목적구 수 (15) – 수구 수 (7) – 5 = 1쿠션 수 (3)

B도형 : 목적구 수 (20) – 수구 수 (15) – 5 = 1쿠션 수 (0)

위 System은 수구 수가 15 미만에 있을 경우 가능하며,

목적구 수치보다 수구수가 0.5Point적을 때 활용할 수 있다.

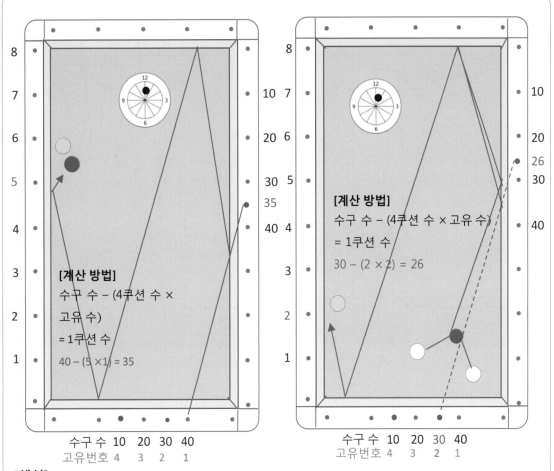

[해설]

위 도형의 System 명칭은 플로리다 백업 System이다.

수구 수는 도형처럼 40 ~ 10까지 이며, 수구 수 밑에 고유번호가 부여된다.

4쿠션은 Point 별로 1~ 8까지 이다.

계산 방법은 4쿠션 지점의 수치와 수구 수에 해당되는 고유번호를 곱한 수를 수구 수에서 빼면 1쿠션 수치가 된다.

우측 도형처럼 1적구를 맞히고 치는 경우 빈번하게 사용될 수 있으며 신뢰도가 높은 System 이다,

[타법]

중 상단 무회전으로 경쾌하게 1쿠션을 향해 굴려서 반사시킨다.

스피드 : 2.5레일

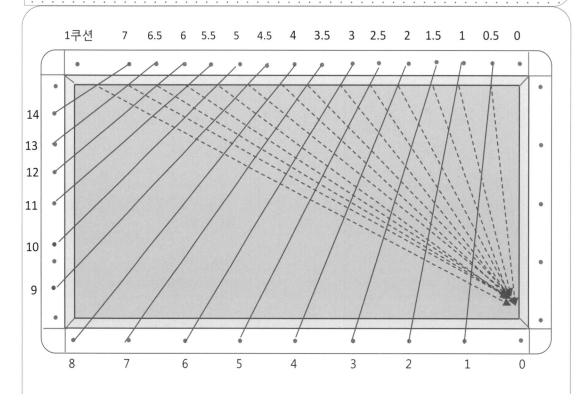

[해설]

위 도형은 각각의 수구 위치에서 무회전으로 반대편 ½지점을 쳐서 우측 단쿠션 하단 코너로 보내는 노잉글리시 System 도형이다.

수구 수 8은 절반인 4를, 7은 3.5를, 6은 3을, 5는 2.5를, 4는 2를, 3은 1.5를, 2는 1을, 1은 0.5 포인트를, 9는 4.5를, 10은 5를, 11은 5.5를, 12는 6을, 13은 6,5를, 14는 7을 각각 치면 된다.

코너 가까이 목적구가 2개가 있어 3뱅크 샷을 해야 할 경우, 또는 뒤돌려치기에서 Kiss를 피하기 위하여 1적구를 얇게 선택해야 할 경우에 노잉글리시 시스템을 사용하면 유리하다.

[Point]

분리각이 둔각인 경우에는 스트록을 약간 강하게 쳐야 늘어지는 현상을 방지할 수 있고, 분리각이 예각인 경우에는 반대로 부드럽게 쳐야 짧아지는 것을 방지할 수 있다.

타법 : 중 상단 당점으로 1쿠션에 자연스럽게 부딪쳐 반사시킨다.

스피드 : 2레일

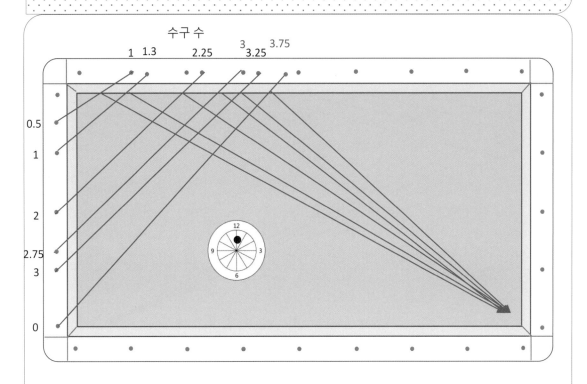

[해설]

위 도형은 단쿠션 수구 위치에서 우측 하단 코너쪽으로 보내기 위한 수치이다.

좌측 단쿠션 0지점에서 1쿠션 3.75를 치면 된다.

0.5 지점에서는 1

1지점에서는 1.3

2지점에서는 2.25

2.75지점에서는 3

3지점에서는 3.25

0지점에서는 3.75를 치면 각각 단쿠션 코너로 간다.

뱅크 샷에서 목적구가 우측 하단 1Point 이내에 있다면 Five & Half System 보다는 더 쉽게 계산 방법이 떠오를 것이다.

타법 : 무회전으로 부드럽게 1쿠션에 부딪친다.

스피드 : 1.5레일

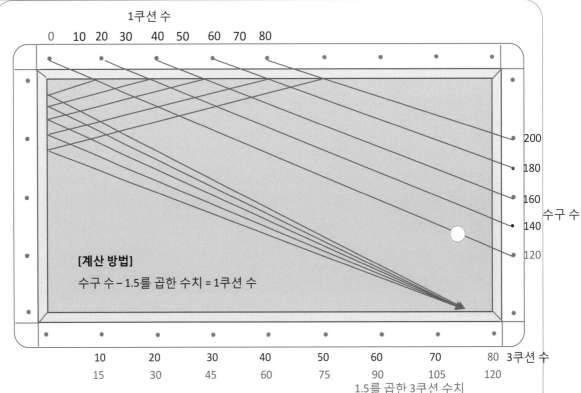

[계산 방법]
수구 수 − 1.5를 곱한 수치 = 1쿠션 수

[해설]

위 도형은 우측 단쿠션 각각의 위치에서 우측 하단 장쿠션 80 지점으로 보내는 기본도이다.

120에서 코너 0을 치면 코너 80으로 가는 것을 기준으로 수구 위치가 ½Point 옮겨질 때마다
1쿠션은 1Point 씩 따라 옮겨진다.

1쿠션 수치는 반 포인트에 10씩 계산된다.

노잉글리시에서 1쿠션은 반 포인트에 10씩 계산되며 3쿠션은 기존 3쿠션 수치에 1.5를 곱한
수가 3쿠션 수가 된다.

따라서 200에서 80에 보내는 계산을 빨리하는 방법은 3쿠션 수 80에 먼저 1.5를 곱한 뒤
200에서 곱한 수 120을 뺀 80을 치는 방식으로 계산하면 된다.

계산법 : 수구 수치 − (3쿠션 수치 x 1.5) = 1쿠션 수치

타법 : 중 상단 무회전으로 1쿠션을 부드럽게 밀어 친다.

스피드 : 2레일

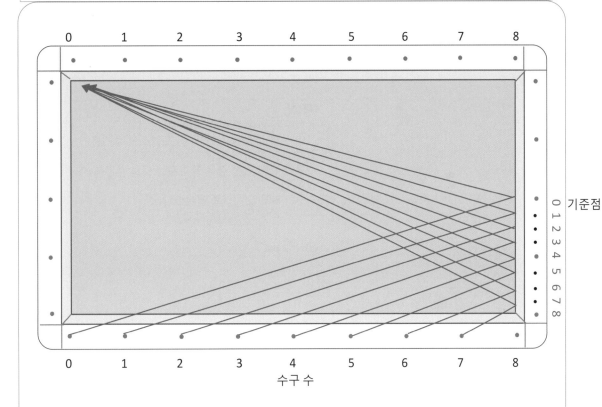

[해설]

1~8 까지의 수구 위치에서 맞은편 코너쪽으로 보내기 위한 도형이다.

우측 단쿠션 중앙 0을 기준점으로 1Point를 4등분하여 수구 수 1이 옮겨질 때마다 1쿠션 ¼Point씩 옮겨서 치면 된다.

이 Line에 대한 기준선을 외워두면 빈쿠션 또는 길게치기 등에 유용하게 활용할 수 있다.

타법 : 무회전으로 부드럽게 1쿠션에 부딪쳐 굴려준다.

스피드 : 2레일

당점 : 중 상단

Point : 장쿠션과 단쿠션 같은 숫자를 치면 코너로 간다.

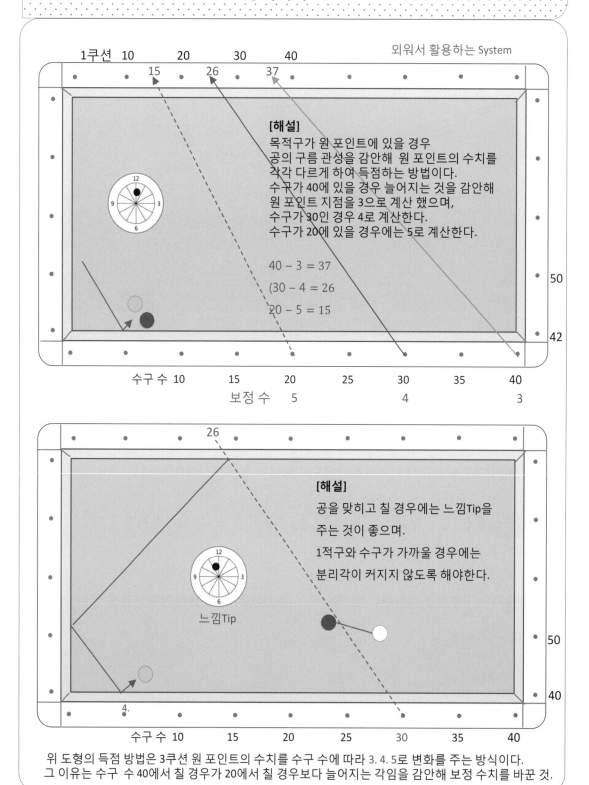

[해설]

목적구가 원포인트에 있을 경우
공의 구름 관성을 감안해 원 포인트의 수치를
각각 다르게 하여 득점하는 방법이다.
수구가 40에 있을 경우 늘어지는 것을 감안해
원 포인트 지점을 3으로 계산 했으며,
수구가 30인 경우 4로 계산한다.
수구가 20에 있을 경우에는 5로 계산한다.

40 – 3 = 37
(30 – 4 = 26
20 – 5 = 15

[해설]

공을 맞히고 칠 경우에는 느낌Tip을
주는 것이 좋으며.
1적구와 수구가 가까울 경우에는
분리각이 커지지 않도록 해야한다.

위 도형의 득점 방법은 3쿠션 원 포인트의 수치를 수구 수에 따라 3. 4. 5로 변화를 주는 방식이다.
그 이유는 수구 수 40에서 칠 경우가 20에서 칠 경우보다 늘어지는 각임을 감안해 보정 수치를 바꾼 것.

◆ No English System 투 포인트 공략하기

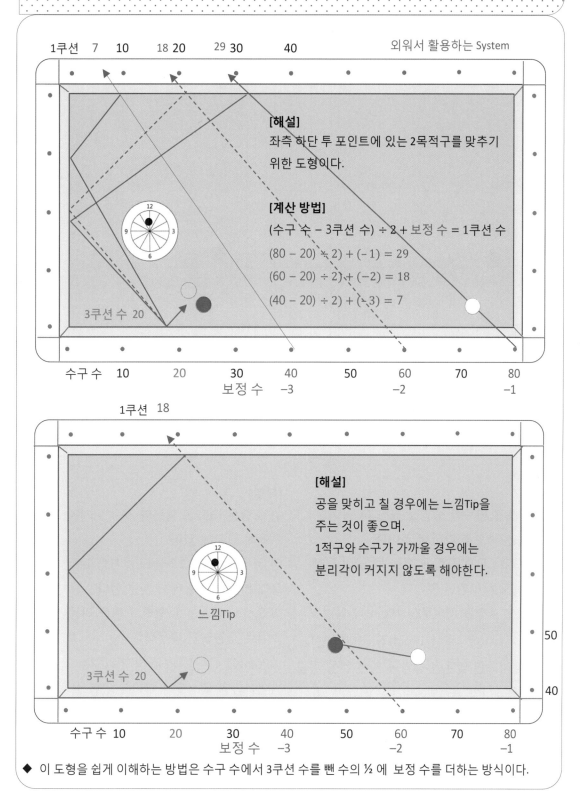

외워서 활용하는 System

1쿠션   7   10   18 20   29 30   40

[해설]
좌측 하단 투 포인트에 있는 2목적구를 맞추기
위한 도형이다.

[계산 방법]
(수구 수 − 3쿠션 수) ÷ 2 + 보정 수 = 1쿠션 수
(80 − 20) ÷ 2) + (− 1) = 29
(60 − 20) ÷ 2) + (−2) = 18
(40 − 20) ÷ 2) + (−3) = 7

3쿠션 수 20

수구 수   10   20   30   40   50   60   70   80
보정 수   −3   −2   −1

1쿠션   18

[해설]
공을 맞히고 칠 경우에는 느낌Tip을
주는 것이 좋으며.
1적구와 수구가 가까울 경우에는
분리각이 커지지 않도록 해야한다.

느낌Tip

3쿠션 수 20

50

40

수구 수   10   20   30   40   50   60   70   80
보정 수   −3   −2   −1

◆ 이 도형을 쉽게 이해하는 방법은 수구 수에서 3쿠션 수를 뺀 수의 ½ 에 보정 수를 더하는 방식이다.

153

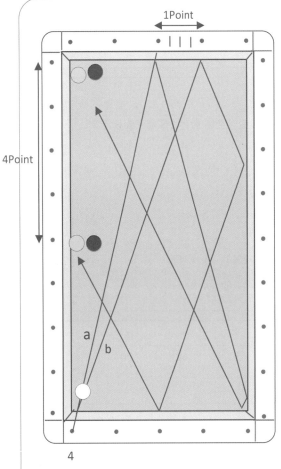

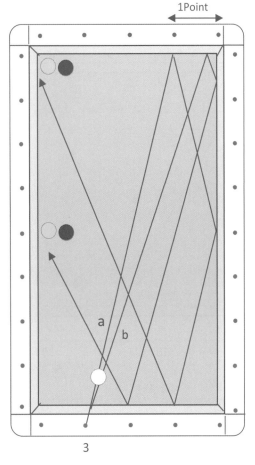

[해설]

a는 맞은편 단쿠션 중앙을 쳤을 때 공이
진행하는 궤도를 나타낸 것이며,

b는 1Point 우측을 짧게 쳤을 때 공이 진행
하는 궤도를 나타낸 것이다.

1Point를 옮겼을 때 4쿠션 4Point가 옮겨졌
다면 ¼Point에 4쿠션 1Point씩 차이가 난다.

다시 정리하면 맞은편 중앙을 치는 것을 기준
으로 ¼Point씩 옮기면 4쿠션은 1Point 씩
차이가 나는 것을 응용하면 된다.

타법 : 중 상단 당점으로 부드럽게 밀어치기.

[해설]

위 도형은 좌측 도형보다 수구 위치가 1Point
우측에 위치해 있다.

이 경우 도형에 그려놓은 것처럼 1쿠션을
그대로 평행 이동해서 치면 된다.

이 System에서는 다행히도 평행 이동이
그대로 적용되기 때문이다.

¼Point에 4쿠션 1Point씩 가감되는 것만
기억한다면 목적구가 어디에 있던 쉽게
계산을 할 수 있다.

위 System이 익숙해지면 길게치기 Line이
한눈에 들어오게 된다.

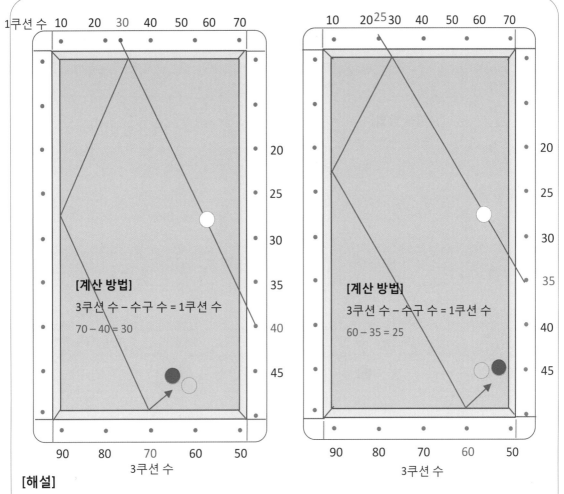

[계산 방법]
3쿠션 수 – 수구 수 = 1쿠션 수
70 – 40 = 30

[계산 방법]
3쿠션 수 – 수구 수 = 1쿠션 수
60 – 35 = 25

[해설]

위 도형은 수구가 장쿠션에서 출발할 경우 유용하게 사용할 수 있는 No English System이다.

우측에 표시된 수구 수는 Five & Half System을 이용한 수치이고,
상단에 표기된 1쿠션 수치는 좌측 코너를 시작으로 ⅔ 포인트 간격이다.
하단에 있는 3쿠션 수치는 좌측 코너 90 ~ 50까지 이다.

수구가 35 이하로 작아질수록 미세하게 짧아지는 경향이 있으므로 1쿠션을 0.25Point 정도
길게 보정해 주는 것이 좋다.
연습 스트록을 통해 자신의 정확한 보정 수치를 찾는 것이 좋은 방법이다.

계산법 : 3쿠션 수 – 수구 수 = 1쿠션 수

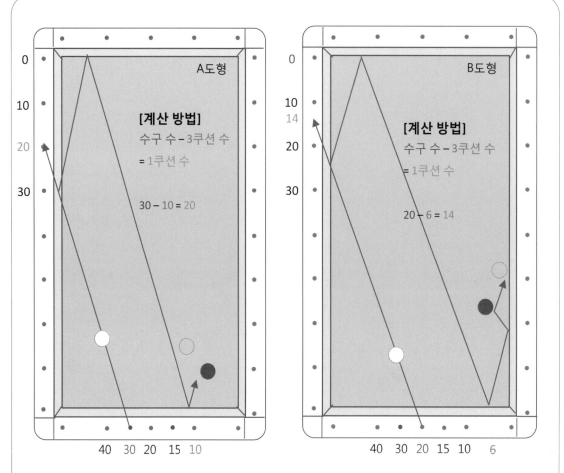

[해설]

이 System은 Five & Half System으로는 득점이 어렵게 목적구가 배치된 경우에 활용하는 노잉글리시 System이다.

수구 수와 3쿠션 수는 위 도형에 표시된 것처럼 공용으로 사용한다.

A도형의 경우는 2목적구의 배치 모양이 Five & Half System으로는 득점하기가 어려운 형태이며,

B도형의 경우도 마찬가지로 Five & Half System보다는 도형처럼 득점을 시도하는 방법이 에러마진이 더 큰 형태이다

타법 : 중 상단 무회전으로 2레일 스피드로 믿음을 갖고 굴려 친다.

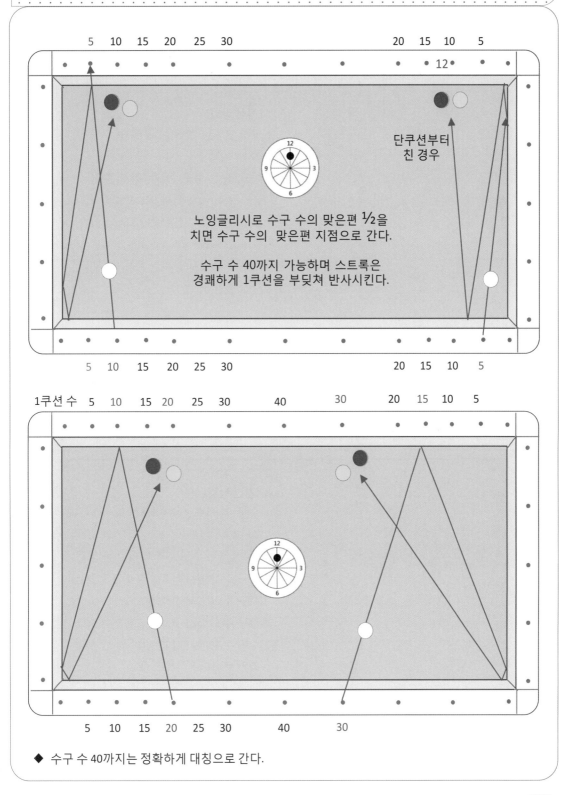

노잉글리시로 수구 수의 맞은편 ½을
치면 수구 수의 맞은편 지점으로 간다.

수구 수 40까지 가능하며 스트록은
경쾌하게 1쿠션을 부딪쳐 반사시킨다.

단쿠션부터
친 경우

◆ 수구 수 40까지는 정확하게 대칭으로 간다.

157

1쿠션 수   10   20   30   40

22

4

3

3쿠션 수

2

1

[계산 방법]

수구 수 + 3쿠션 수 = 1쿠션 수

20 + 2 = 22

3쿠션 수는 수구 수에 따라 변한다.

수구 수 10에서 칠 때 0.5, 1, 1.5, 2

수구 수 20에서 칠 때는 1, 2, .3, 4

수구 수 30에서 칠 때는 1.5, 3, 4.5, 6

수구 수 40에서 칠 때는 2, 4, 6, 8로

각각 변한다.

수구 수   10   20   30   40

10   20   30   40

34.5

6

4.5

3

1.5

[계산 방법]

수구 수 + 3쿠션 수 = 1쿠션 수

30 + 4.5 = 34.5

3쿠션 수는 수구 수에 따라 변한다.

수구 수 10에서 칠 때 0.5, 1, 1.5, 2

수구 수 20에서 칠 때는 1, 2, 3, 4

수구 수 30에서 칠 때는 1.5, 3, 4.5, 6

수구 수 40에서 칠 때는 2, 4, 6, 8로

각각 변한다.

6.6

10   20   30   40

3쿠션 Billiards 마스터 158

◆ **No English System**

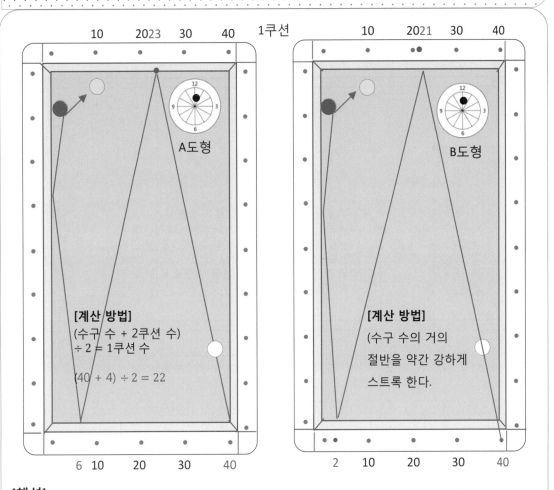

[해설]

위 도형은 단, 단, 장 더블쿠션으로 득점하는 장면이다.

A도형의 경우 수구 수 40에서 2쿠션 지점을 6으로 예상하고, 수구 수 40과 2쿠션 예상 수치 6을 더한 다음 2로 나눠 1쿠션 23을 쳐서 득점하는 장면이다.
(간단한 System 계산법은 수구 수와 2쿠션 예상 수치를 더해 2로 나누는 것이 핵심이다.

B도형의 경우는 스트록을 약간 강하게 40의 절반인 거의 중앙 21지점을 쳐서 득점하는 방법 이다.
어느 방법이 좋다고 말할 수는 없고, 공을 오래 친 고점자의 경우 B도형을 선호하는 경우도 흔히 볼 수 있다.

1쿠션 수

8	7	6	5	4	3.5	3	2	1

수구 수 8의 절반인 1쿠션 4를 무회전으로
치면 4쿠션은 1쿠션 지점에서 1Point 내려간다.
1Tip을 주고 반 포인트 짧게 쳐도 거의 같은
지점으로 내려 간다.
너무 천천히 치면 공이 늘어질 수 있으므로
경쾌하게 샷을 해야 된다.

1	2	3	4	5	6	7	8

수구 수

1	2	3	4	5	6	7	8

a : 수구 수 4에서 ½인 2를 치면
4쿠션 4로 진행된다.

b : a의 Line을 이용해 1적구를
1쿠션 2지점으로 보내 득점한다.

1	2	3	4	5	6	7	8

System을 배우다 보면 그때 그때 당구의 길이 떠오르게 된다.

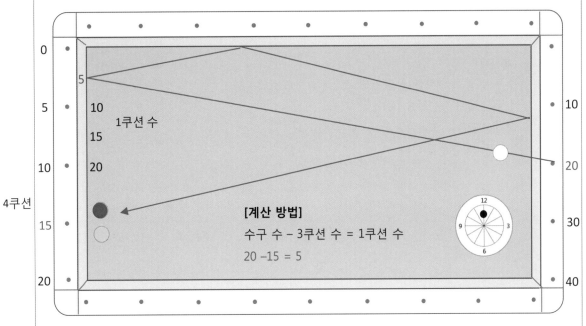

4쿠션

[계산 방법]
수구 수 – 3쿠션 수 = 1쿠션 수
20 –15 = 5

4쿠션 수치는 수구 수치의 절반이며 1쿠션 수치는 3쿠션 수치의 2배가 된다.
중 상단 무회전으로 부드럽게 1쿠션을 밀어 친다..

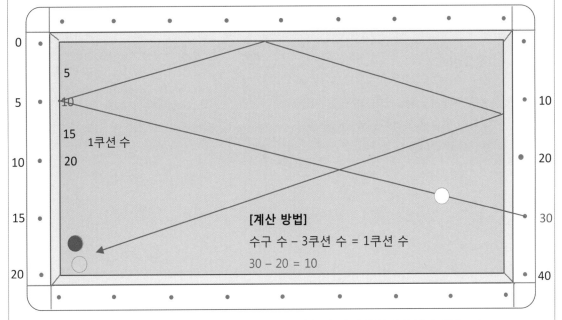

[계산 방법]
수구 수 – 3쿠션 수 = 1쿠션 수
30 – 20 = 10

수구와 목적구의 비거리가 먼 경우에는 스피드가 약하면 퍼짐 현상이 생길 수 있으므로
3레일 정도의 스피드로 구사하는 것이 적당하다.

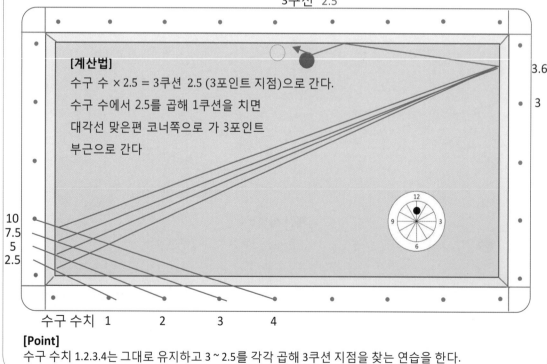

3쿠션 3

[계산법]
수구 수 × 3 = 3쿠션 상단 3(원 포인트 지점)으로 간다.
수구 수에서 3을 곱해 1쿠션을 치면
대각선 맞은편 코너쪽으로 가 원 포인트
지점인 3부근으로 간다

1쿠션

12
9
6
3

수구 수치　1　　　2　　　3　　　4

3쿠션 2.5

[계산법]
수구 수 × 2.5 = 3쿠션 2.5 (3포인트 지점)으로 간다.
수구 수에서 2.5를 곱해 1쿠션을 치면
대각선 맞은편 코너쪽으로 가 3포인트
부근으로 간다

3.6

3

10
7.5
5
2.5

수구 수치　1　　　2　　　3　　　4

[Point]
수구 수치 1.2.3.4는 그대로 유지하고 3 ~ 2.5를 각각 곱해 3쿠션 지점을 찾는 연습을 한다.

각각의 수구 위치에서 우측 하단 단쿠션 코너로 보내기, 수구 수 1Point에 1쿠션 0.6 Point 씩 차이 남.

우측 하단 1Point 지점에서 2Tip 주고 좌측 단 쿠션 10 을 치는 것을 기준점으로 1Point 짧아질 때마다 0.25Point 이동해 서 치면 우측 단쿠션 코너로 진행 된다.

앞돌려치기는 하점자일 때는
가장 먼저 배우고
가장 쉬운 공이었지만
고점자가 되면서 다시 어려워지는
것이 앞돌려치기이다.

앞돌려치기를 잘하려면 일정한 속도로
공을 천천히 굴리는 습관부터 들여야 하며,

특히 공을 길게 진행시켜야 할 경우에는
짧게 뻗어주는 부드러운 스트록으로
분리각을 최소화 시켜야 한다.

또한 상체의 모든 힘을 빼고 타격없는
스트록 연습을 많이 해야 한다.

앞돌려치기 System

- 앞돌려치기 기본도

- 8과 10 System

- Five & Half System을 이용한 앞돌려치기

- 4 System을 이용한 앞돌려치기

- 45°를 이용한 앞돌려치기

- Plus System을 이용한 앞돌려치기

- 베르니 System을 이용한 앞돌려치기

- 5 System

- 회전 Tip수를 이용한 앞돌려치기

- 길게 앞돌려치기 3&4 System

- 평행 이동법을 이용한 앞돌려치기

- 앞돌려치기 대회전

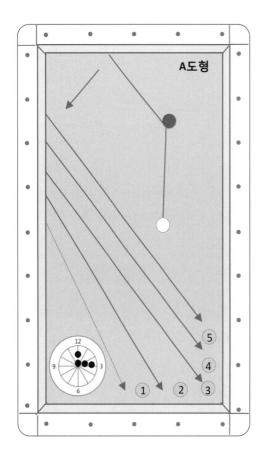

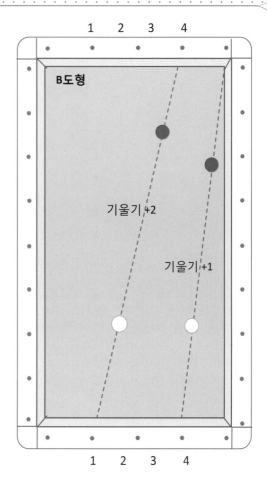

[해설]

A도형은 1적구와 수구가 일직선으로 있을 경우 각각의 위치에 보내기 위한 공의 두께와 당점을 나타낸 것이다.

① ¼ 두께에 중 상단 무회전

② ⅓ 두께에 중 상단 무회전

③ ⅓ 두께에 중앙 무회전

④ ⅓ 두께에 중앙 당점 1Tip

⑤ ⅓ 두께에 중앙 당점 2Tip

[해설]

B도형은 1적구와 수구의 기울기를 나타낸 것이다.

1적구와 수구를 연결하여 차이 나는 Point 수를 기울기로 한다.

예를 들어 A 도형에서 1적구와 수구의 기울기가 1Point라면 같은 두께에 1Tip을 추가하면 되고,

기울기가 2가 된다면 같은 두께에 2Tip을 주고 치면 된다.

■ 앞돌려치기를 잘하는 비결 중의 하나는 ⅓ 두께를 완벽하게 익히는 것이다.

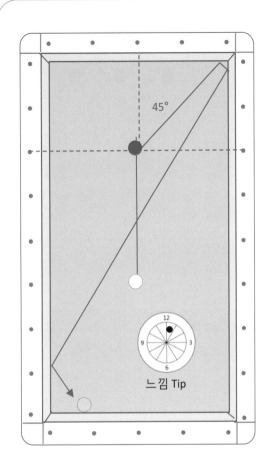
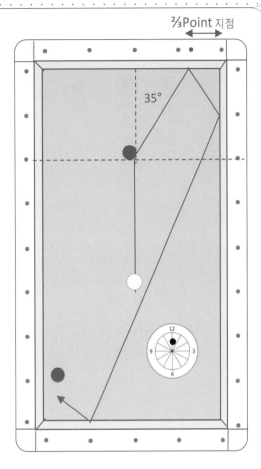

[해설]

위 좌측 도형은 1적구가 단쿠션과 장쿠션 각각 2Point 선상에 있을 경우 무회전 45°로 코너까지
입사시키면 좌측 하단 1Point 지점으로 진행되는 것을 나타낸 것이다.

1적구의 위치가 조금씩 변하더라도 45°를 유지해주면 마찬가지 결과를 얻을 수 있다.

우측 도형은 2목적구가 좌측 하단 1Point 지점에 있을 때 4쿠션으로 치기 위해 우측 상단 코너

⅔ Point 지점까지 보내기 위한 것이다.

이 경우에는 수구를 약 35° 정도로 입사시켜야 한다.

1적구의 위치가 약간씩 달라진 경우에도 마찬가지로 35° 정도 각도만 유지하면 된다.

앞돌려치기 스트록은 타격감없이 천천히 부드럽게 밀어치는 것이 요령이다.

임펙트 이후에 그립을 잡지 않는 것도 잊지 말아야 한다.

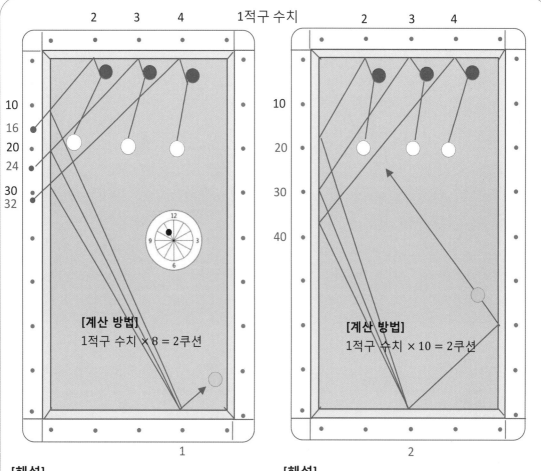

[해설]

위 도형은 1적구에 부여된 수치에 8을 곱해

그 수치대로 2쿠션 지점으로 수구를 보내면

아래 하단 3쿠션 원 포인트 지점으로 가는

것을 나타낸 것이다.

1적구 위치 2에서 8을 곱하면 16

1적구 위치 3에서 8을 곱하면 24

1적구 위치 4에서 8을 곱하면 32로

각각 보내면 되므로 8 System이라 한다.

[해설]

위 도형은 1적구에 부여된 수치에 10을 곱해

그 수치대로 2쿠션 지점으로 수구를 보내면

아래 하단 3쿠션 2포인트 지점으로 가는 것을

나타낸 것이다.

1적구 위치 2에서 10을 곱하면 20

1적구 위치 3에서 10을 곱하면 30

1적구 위치 4에서 10을 곱하면 40으로

각각 보내면 되므로 10 System이라 한다.

◆ Five & Half System을 이용한 앞돌려치기

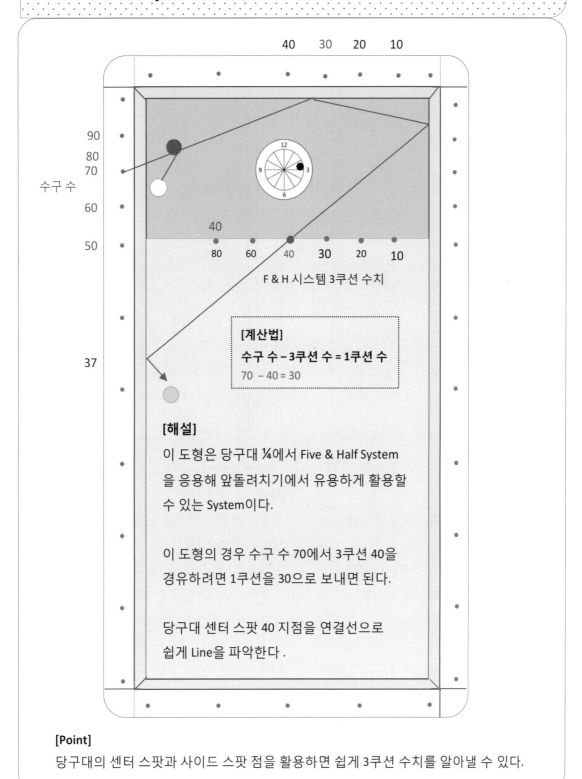

[해설]

이 도형은 당구대 ¼에서 Five & Half System 을 응용해 앞돌려치기에서 유용하게 활용할 수 있는 System이다.

이 도형의 경우 수구 수 70에서 3쿠션 40을 경유하려면 1쿠션을 30으로 보내면 된다.

당구대 센터 스팟 40 지점을 연결선으로 쉽게 Line을 파악한다 .

[Point]
당구대의 센터 스팟과 사이드 스팟 점을 활용하면 쉽게 3쿠션 수치를 알아낼 수 있다.

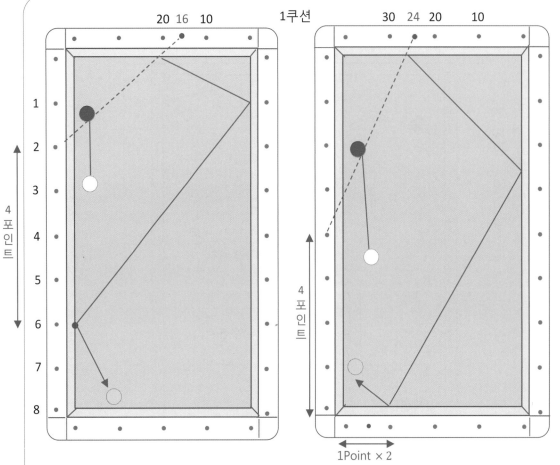

[해설]

위 도형은 Plus 4 System을 이용해 득점하는
장면이다.

좌측 장쿠션의 수구 수와 3쿠션의 벌어진
칸수에 4를 곱하면 정확하게 득점할 수 있다.

(4Point × 4 = 16)

[타법]

3Tip주고 타격감 없는 샷으로 4구 치듯이
부드럽게 굴려 치면 된다.

1Point에 4씩 계산할 수 있도록 연습을 통해
스트록과 당점을 고정해야 한다.

임펙트 이후에 그립을 잡으면 공은 짧아진다.

[해설]

좌측 도형과 다른 점은 좌측 하단 1포인트는
2로 계산하는 점이다.

따라서 1Point 이므로 2로 계산한다.

장쿠션 4Point와 단쿠션 2Point 합계는 6

따라서 수구와 3쿠션의 간격 차이는 6이
된다.

(6Point 간격 × 4 = 24)

[Tip]

정확한 수구 수를 알기 위해서는 가상의 1
쿠션 지점을 정해보고 수구와 연결해 본다.

Five & Half System 수구 수 찾는 방법과 같다.

◆ 45°를 이용한 앞돌려치기

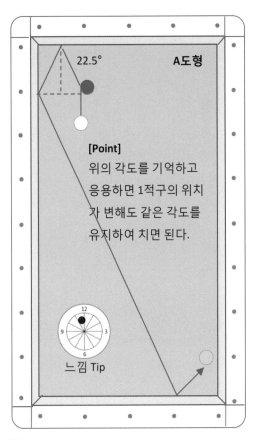

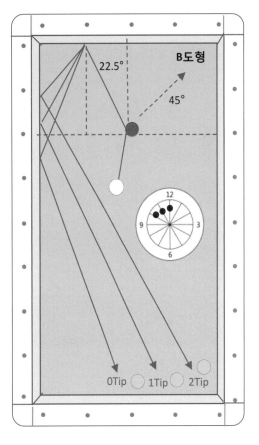

[해설]

A의 경우처럼 1적구가 장쿠션 과 단쿠션
1포인트 지점 (정사각형)에 있을 때 절반
지점을 향해 느낌Tip 주고 부드럽게 굴려
주면 하단 원 포인트 지점으로 가고,
B처럼 장쿠션 과 단쿠션 각각 2포인트
지점 (정사각형)에 걸쳐 있을 경우에도
절반 지점을 향해 부드럽게 굴려주면
하단 3쿠션 지점으로 간다.
1적구가 원 포인트와 원 포인트에 공이
있을 경우 대각선을 그으면 45°인데
½지점으로 공을 보내면 22.5°가 된다.

[해설]

중 상단 Tip주고 4구 치듯이 부드럽게
분리시켜 굴려준다.
A 도형과 B도형의 차이점은
1적구가 쿠션에 가까이 있는 A도형의
경우가 좀 더 부드럽게 쳐야 된다.
같은 두께로 무회전으로 치면 하단
단쿠션 중앙 2포인트 지점으로 가고,
2Tip 주고 치면 코너로 간다.
1적구가 투 포인트와 투 포인트에 걸쳐
있을 경우 마찬가지로 절반 지점으로 공
을 보내면 22.5°가 된다.

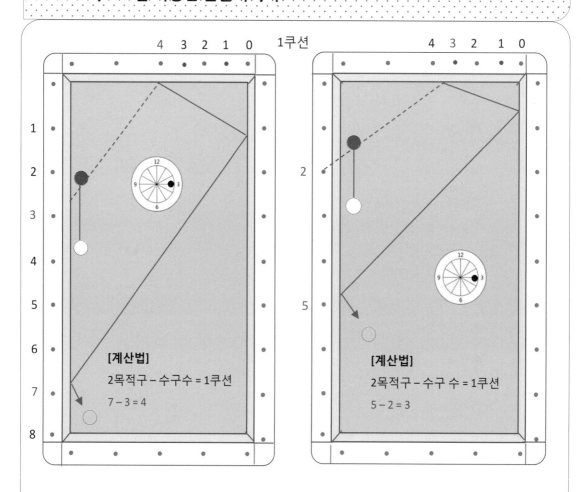

[해설]

위 도형은 3Tip Plus System을 이용해 득점하는 장면이다.

짧은 앞돌려치기에 활용되며 계산법이 아주 간단해 활용도가 높다.

참고로 2Tip Plus System은 1쿠션 0지점이 1이 되며, 4지점이 5가 되지만 볼 퍼스트로 치는 경우
회전이 발생되는 것을 감안해 처음부터 3Tip 방식을 적용하는 것이 바람직하다.

[타법]

빈쿠션 칠 때 공이 변화 없이 자연스럽게 구르는 것처럼 간명하고 경쾌한 스트록을 해야 된다.

4구 치듯이 자연스럽게 1적구를 부딪쳐 굴려 치면서 임펙트 이후에 그립을 잡으면 공이 짧아
지는 점에 유의해야 한다.

◆ 베르니 System을 이용한 앞돌려치기

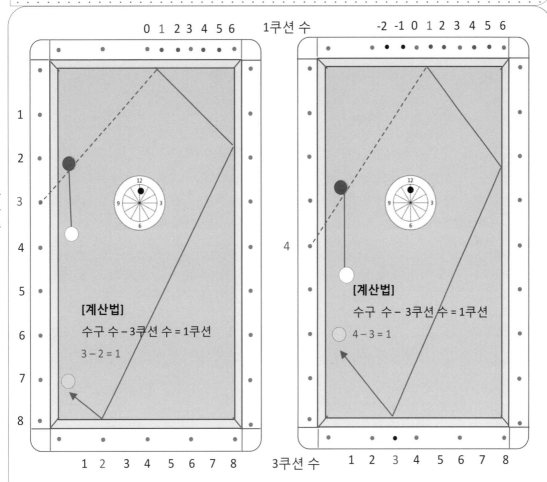

[해설]

위 도형은 베르니 System을 이용해 앞돌려치기 하는 장면이다.

짧은 앞돌려치기와는 달리 길게 앞돌려치기 할 경우에는 무회전 베르니 System을 활용
하면 간단하게 득점할 수 있다.

계산법은 도형에 표기된 수치를 사용하며, 3쿠션 지점을 정확히 판단한 후 수구 수에서
3쿠션 수치를 빼주면 1쿠션 수치가 된다.

상단 단쿠션 중앙 지점이 0이며 우측 코너가 6이 된다

1Point가 3등분되어 0 ~ 6까지로 되어 있다

[타법]

상체에 힘을 빼고 부드럽게 밀어치기, 임펙트 이후에 그립을 잡지 말아야 한다.

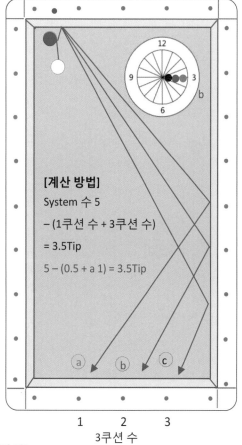

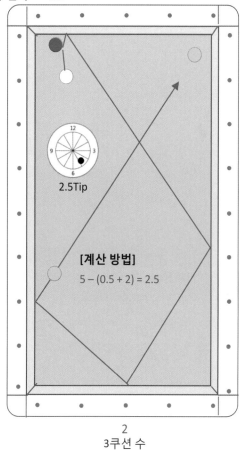

[해설]

위 도형의 계산 방법은 1쿠션 수와 3쿠션 수를 더한 수를 System수 5에서 빼주면 그 수가
회전 수가 된다.

예를 들어 2목적구 a를 맞히려면 1쿠션 수 0.5와 3쿠션 수 1을 더한 1.5를 System수 5에서
뺀 3.5를 그대로 Tip으로 주면 되는 방식이다.

따라서 같은 방식으로 계산하면 b는 2.5Tip, c는 1.5Tip을 주면 된다.

공을 아주 얇게 맞히면서 회전력으로만 계산되는 System이며, 1적구와 수구가 일렬로 있을
경우 얇게 맞힐 수가 없으므로 이 경우에는 Tip수를 줄여주어야 된다.

몇 차례 연습해 보면 생각보다 득점률이 좋다

우측 도형처럼 공이 배치된 경우 5 System을 활용하면 보다 정교하게 공을 다룰 수 있게
된다.

1적구가 쿠션에 붙어 있는 경우에는 두께에 신경을 써야 하며 하단 당점을 사용해야 된다.

◆ 회전 Tip수를 이용한 앞돌려치기

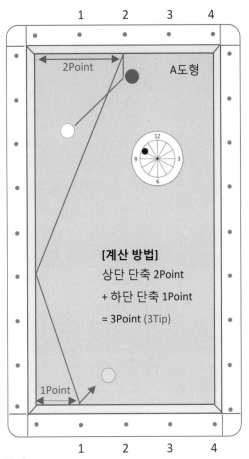

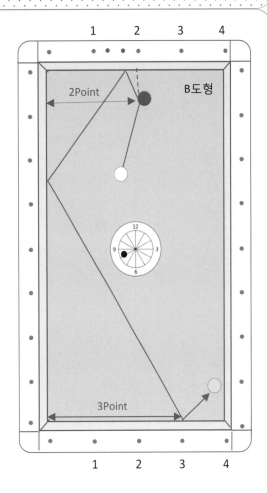

[계산 방법]
상단 단축 2Point
+ 하단 단축 1Point
= 3Point (3Tip)

[해설]

위 도형은 1적구와 2적구의 Point 수를 더하고 더한 Point 수만큼 Tip을 주는 방식이다.

A도형의 경우 1적구의 간격은 2Point, 2적구의 간격은 1Point 이므로 합계 3Point이다

1적구를 일직선 가까이 맞추고 순수한 3Tip 회전력 각도로 득점하는 방식이다.

수구의 위치에 따라 당점을 상중하로 선택한다.

B 도형의 경우 1적구의 간격은 2Point이고 2적구의 간격은 3Point 이다.

이 경우 합계가 5Point 이므로 4Tip 주고 나머지 1Point는 일직선 타법에서 ⅓Point를 더 짧게

치면 된다. ⅓Point를 짧게 치면 1Point가 짧아진다는 의미이다.

Tip : 위 도형에서 가장 중요한 것은 일직선 보다 얇게 치지 않는 것이다.

수구가 1적구를 이길 만큼의 각도를 유지해야 하며, 회전력을 살리기 위해서는 경쾌한

스트록과 함께 타격없는 스트록을 구사해야 된다.

◆ 길게 앞돌려치기 3 & 4 System

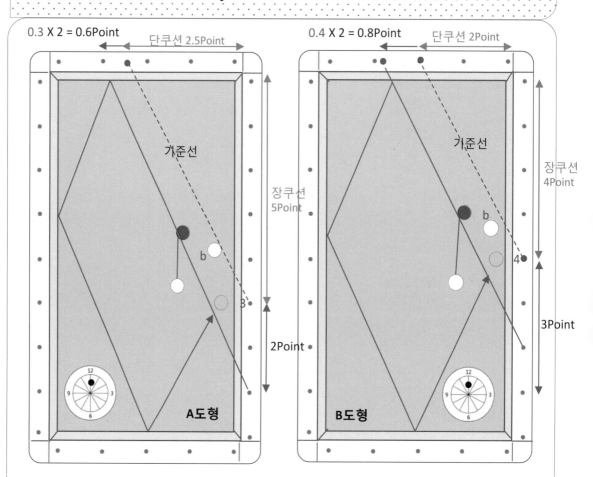

0.3 X 2 = 0.6Point   단쿠션 2.5Point

0.4 X 2 = 0.8Point   단쿠션 2Point

기준선

기준선

장쿠션 5Point

장쿠션 4Point

2Point

3Point

A도형

B도형

[해설]

위 도형은 길게 앞돌려치기에 활용되는 3 & 4 System이다.

2목적구가 3Point 지점에 있을 경우 기준선은 장쿠션 5Point와 단쿠션 2.5Point 지점이 된다.

다시 정리하면 장쿠션 거리 5Point의 ½인 2.5Point 지점이 단쿠션 기준 지점이 된다.

이 기준선을 중심으로 1적구가 1Point 벗어날 때마다 1쿠션은 0.3Point씩 이동하면 된다.

A도형의 경우 2Point 벗어났으므로 0.3에 2를 곱해 1쿠션이 0.6Point 이동한 것이다.

B도형처럼 2목적구가 4Point 지점에 있을 경우는 기준선이 장쿠션 4Point, 단쿠션 2Point다.

B도형은 1적구가 기준선 보다 2Point 벗어났으므로 1Point당 0.4Point를 곱해 1쿠션을
0.8Point 이동시킨 것이다.

System에 관심이 많은 동호인이라면 수구가 b 지점에 있을 경우 이 System을 활용해
비껴치기를 시도할 것이다.

1적구를 무겁게 다루지 말고 가볍게 부딪쳐 수구를 1쿠션 지점으로 보내 보기를 권장한다.

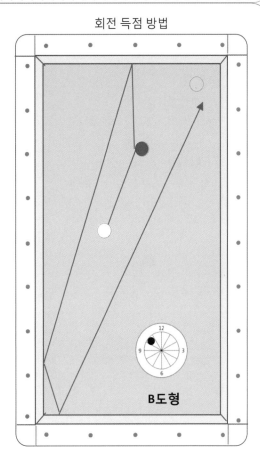

무회전 득점 방법   회전 득점 방법

A도형   B도형

[해설]

위 A도형과 B도형은 같은 형태의 공이다.

A도형의 경우는 무회전으로 입사각과 반사각을 이용해 득점하는 장면이고,

B 도형은 2Tip 주고 일직선으로 밀어쳐 회전력으로 득점하는 장면이다.

이 경우 A도형 보다는 B도형이 득점 확률을 훨씬 더 높일 수 있다.

2Tip 주고 1쿠션에 일직선으로 밀어 치면 밀어친 영향으로 인해 3쿠션 이후에 회전력이 다소
감소되면서 우측 상단으로 퍼져 올라가 득점하게 된다.

[Point]

B도형의 득점 Point는 밀어 치는 스트록이며, 임펙트 이후 그립을 잡아주는 것을 억제해야 된다.

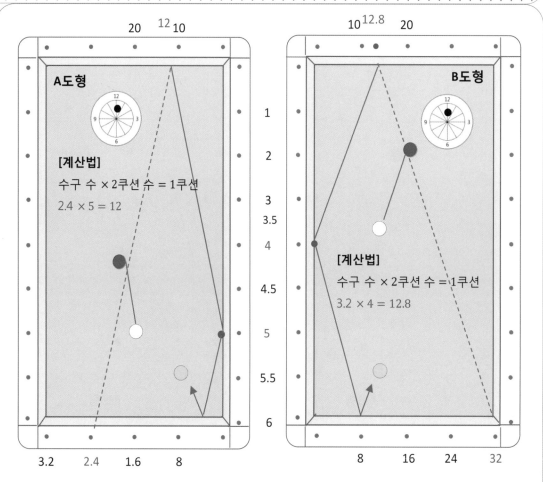

[해설]

위 도형은 무회전으로 길게 치기 하는 장면이다.

수구 수치는 1Point에 8 씩 증가되며 1쿠션은 1Point지점이 10으로 계산된다.

2쿠션은 레일 포인트를 적용하므로 계산하기가 생각보다 수월하다.

이 형태에서 가장 중요한 것은 수구 수치를 알아내는 것과 2쿠션 수치를 짐작하는 것이다.

먼저 2쿠션 수치를 눈짐작 한 다음 1적구와 입사각 반사각으로 그려보면 1쿠션과 1적구의 연장선을 대략 수구 수치로 잡으면 된다.

정확히 계산하는 것이 다소 어려움은 있지만 2목적구에도 에러마진이 있다는 믿음을 갖고 꾸준히 연마하면 많은 동호인들이 어려움을 겪고 있는 길게 치기에서도 득점 확률을 높여 나갈 수 있다.

타법 : 1적구만 부드럽게 부딪쳐 놓는 샷으로 맞을 만큼 부드럽게 굴려 친다.

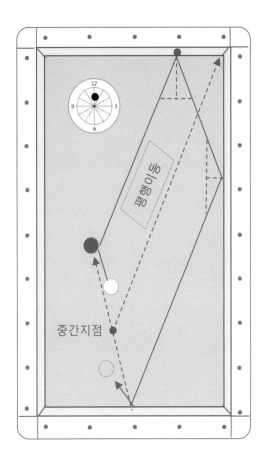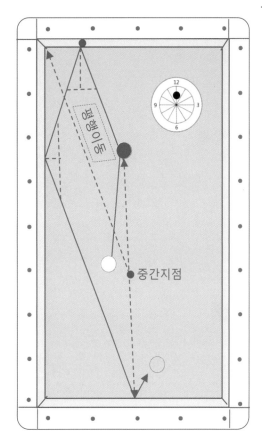

[해설]

위 도형은 평행 이동법을 이용해 득점하는 장면이다.

득점 요령은 1적구와 3쿠션 예상지점의 중간지점을 코너와 연결 한 다음 평행되는 지점으로 수구를 부드럽게 밀어 치면 된다.

수구와 1적구가 예각인 경우에는 약간의 느낌 Tip을 주고 치면 득점률을 높일 수 있다.
수구와 1적구의 기울기에 따라 길어지거나 짧아질 수 있으므로 평소 많은 연습이 필요하다.

특히 대대인 경우 상단 무회전으로 쳤을 때 1쿠션은 맞고 입사각보다 반사각이 적은 경우가 흔히 나타나기도 한다.

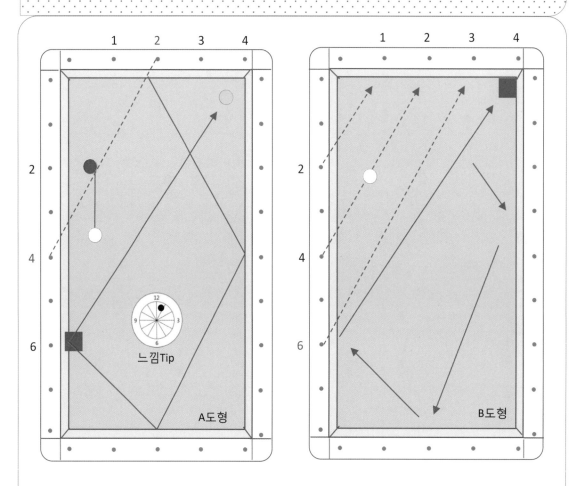

[해설]

위 도형은 길게 앞돌려치기로 대회전 시키는 장면이다.

이 경우 우측 B도형처럼 점선 Line을 따라 수구를 1쿠션으로 보내주면 된다.

장쿠션과 단쿠션의 비율을 2 : 1로 보내면 수구는 우측 상단 코너로 진행된다.

A도형의 경우 1적구는 장쿠션 4에서 단쿠션 2로 수구를 보내 득점하는 장면이다.

빈쿠션이 아니라 공을 먼저 치는 경우 스트록의 비틀림이 없어야 한다.

큐를 수평으로 하고 무회전 보다는 도형에 표시한 것처럼 느낌Tip을 살짝 주는 것이 공의

움직임을 활발하게 만들 수 있다.

한가지 더 기억할 점은 수구가 어느 위치에 있든 장쿠션 과 단쿠션 비율을 2 : 1로 치면 6의 지점

을 지난다는 것을 기억해 두면 활용할 기회가 생길 것이다.

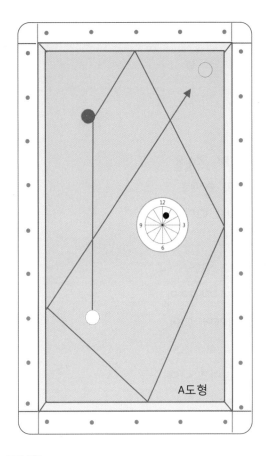

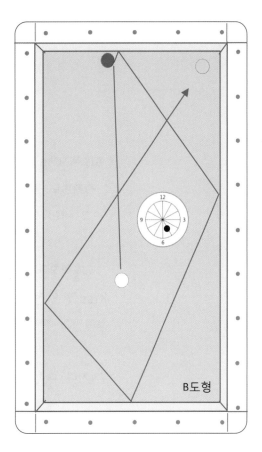

[해설]

위 도형은 1적구가 1쿠션에서 떠있는 상황과 붙어있는 상황에서의 공략법을 나타낸 도형이다.

A도형처럼 1적구가 쿠션에서 떠있는 경우는 중 상단 반Tip 주고 부드러운 롱 팔로우 샷으로
큐를 길게 뻗어 주는 것이 수구를 길게 안정적으로 돌릴 수 있다.

얇게 치기 위해 스트록을 조심하다 보면 오히려 공의 분리각이 커져 짧게 튀어 버리기 쉽다.

큐를 수평으로 유지하고 자신있게 큐를 뻗어주고 스트록 이후에도 끝까지 그립을 잡지 말아야
하는 것을 잊지 말아야 한다. 그립을 잡는 순간 공은 짧게 꺾여 버린다.

B도형의 경우는 ⅓두께에 하단 Tip을 사용해야 한다.

공을 맞힘과 동시에 쿠션을 살짝 끌어주는 느낌으로 자신있게 스트록을 하면 된다.

A도형, B도형 모두 맞을 만큼의 강약으로 부드럽게 치는 것이 요령이다.

뒤돌려치기는 경기 중에 30% 이상을
차지하는 가장 중요한 공의 형태로
그 날의 경기 승패가 좌우 된다.

뒤돌려치기가 쉽고도 어려운 이유는
Kiss가 항상 도사리고 있기 때문이며,
분리각과 타법으로 이를 극복해야 된다.

하지만 몇 가지 이론을 터득하고 나면
생각보다 쉽게 득점과
연결할 수 있다.

뒤돌려치기 System

- 뒤돌려치기 핵심 Point
- 초구의 배치와 득점 요령
- 뒤돌려치기 Ball System
- 두께와 당점 선택
- 두께와 당점 보정 기준
- 뒤돌려치기 Tip 선택이 득점을 좌우한다
- 뒤돌려치기 짧은 각 System
- Five & Half System을 이용한 뒤돌려치기
- 50각 기준선 활용 방법
- 얇게치기 겨냥법
- 뒤돌려치기 30각, 40각 2쿠션 기준점
- 18 System
- 멕시멈 스핀샷
- 1적구와 2목적구가 한쪽에 치우쳐 있을 때
- 밀어치기와 당겨치기의 차이점
- 브리지와 그립의 선택 방법
- Shot Cut과 Long Follow의 선택
- Kiss 빼는 기준점
- 대회전 Kiss 빼기

◆ 뒤돌려치기 핵심 Point

게임에서 30 % 이상을 차지하는 뒤돌려치기는 경기에서 직접 승패를 좌우한다.

그만큼 뒤돌려치기는 게임에서의 비중이 크고 형태 또한 다양하여 정확한 타법, 브리지, 그립, 당점 등에 대한 폭넓은 지식과 경험이 필요하다.

또한 Kiss란 놈이 항상 도사리고 있지만 이러한 것들을 극복하면 포지션 플레이도 가능해 지는 것이 바로 뒤돌려치기의 매력이다.

뒤돌려치기는 Five & Half System을 활용하는 방법을 적극 권장한다.

타법

뒤돌려치기에서는 타법의 선택이 아주 중요하다

때려서 분리각으로 칠 것인지, 결대로 비껴 칠 것인지, 눌러서 쳐야 할 것인지를 분명하게 결정한 후 샷을 해야 한다. 그 이유는 같은 각도의 공이라도 짧게 만들거나 또는 길게 만들어야 하며, 또는 Kiss를 배제 시키거나 포지션 플레이를 만들어야 할 경우가 많기 때문이다.

브리지

뒤돌려치기에서는 브리지 길이의 선택만으로 공의 진로에 변화를 줄 수 있다.

예를 들어 수구를 짧게 진행 시켜야 할 경우 또는 수구가 밀리기 쉬운 형태에서는 브리지를 15cm이내로 짧게 잡아주는 것이 바람직하다. 그 이유는 브리지를 짧게 하면 공의 밀림 현상을 사전에 방지할 수 있으며 공을 쉽게 끌 수 있어 무리하게 두꺼운 두께를 사용하지 않아도 된다..

반대로 공을 길게 다루어야 할 경우에는 상대적으로 브리지를 25cm 이상으로 길게 해주면 끊어 칠 수가 없게 되므로 수구의 진로를 길게 만드는데 도움이 된다.

그립

뒤돌려치기에서는 1적구와 수구의 형태에 따라 그립 잡는 방법에 약간의 변화를 줄 필요가 있을 때가 있다.

예를 들어 수구의 밀림 현상을 사전에 방지하기 위해서 엄지와 검지 위주로 그립을 잡게 되면 공을 쉽게 끌 수 있으며, 반대로 수구를 길게 진행 시켜야 할 경우 엄지와 검지를 느슨하게 하고 약지와 소지 위주로 그립을 잡으면 공의 진로를 약간은 길게 만들 수 있다.

Kiss를 배제 시키기 위해 공의 두께를 조절해야 할 경우 가끔 한번씩 활용해 볼만한 기법이다.

◆ 뒤돌려치기 핵심 Point

회전

뒤돌려치기에서는 회전력에 따라 수구의 진행이 크게 차이가 난다.
예를 들어 무회전으로 쳤을 경우와 3Tip을 주고 쳤을 때 4쿠션의 차이는 무려 3Point 차이가 난다.
대부분 초 중급자의 경우 회전을 오른쪽 왼쪽으로 주고 1적구를 두께로 조절해서 치는데
그 방법 보다는 변화가 적은 공의 두께를 선택하고 나머지는 회전으로 맞추는 것이 바람직하다.

분리각을 크게 만들어야 Kiss가 빠질 경우, 또는 포지션 플레이를 목표로 분리각을 크게
만들어야 할 경우에는 하단 당점을 사용하면 1적구의 분리각을 크게 만들 수 있다.

또한 ½ 두께에 하단 당점으로 칠 경우와 상단 당점으로 칠 경우 4쿠션의 차이가 2Point 정도
나므로 상 중 하의 당점 선택에 대한 개념을 반드시 이해하고 있어야 한다.

Kiss

뒤돌려치기에서는 Kiss를 배제시키는 일이 가장 큰 과제이다.
수구와 1적구가 단쿠션과 일직선으로 연결되어 있는지, 장쿠션과 일직선으로 연결되어
있는지, 아니면 코너와 일직선으로 연결되어 있는지를 먼저 면밀히 파악해야 된다.
수구와 1적구가 단쿠션으로 연결되어 있다면 Kiss는 쉽게 뺄 수 있다 1적구를 눌러 먼저 보내고
수구가 천천히 진행하면 된다. 반대로 수구와 1적구가 장쿠션으로 연결되어 있으면 수구가
얇게 스피드로 먼저 빠져 나오는 방법을 택해야 한다.
수구와 1적구가 코너와 일직선으로 되어 있으면 Kiss를 빼기는 쉽지 않다.

얇게치기

뒤돌려치기에서 얇게 치는 기술은 필연적이다.
얇게 칠 수 있는 만큼 선구의 선택이 넓어지며 Kiss또한 무조건 배제시킬 수 있기 때문이다.
스트록의 특별한 기술 없이 얇게만 치는 기술 정도는 아주 간단하다.
큐의 좌 우측 끝을 1적구의 어느 지점에 겨냥하느냐의 정도이다.
어느 동호인 한 분은 평생 두께 때문에 당구를 어렵게만 생각했었는데 두께 겨냥법 이론
한가지를 터득하고 나서 하루가 다르게 성장하면서 전혀 다른 당구 실력을 보여주고 있다.

포지션 플레이

뒤돌려치기는 대부분 포지션 플레이가 가능한 형태로 되어 있다.
물론 스트록의 완급 조절과 다양한 두께로 1적구를 다룰 수도 있어야 하며, 분리각에 대한
이론을 통해 1적구의 궤도를 충분히 알고 있어야 한다.
경기에서 승률이 높은 동호인의 경우 대부분은 뒤돌려치기가 오면 3~4점 득점을 한다.
따라서 포지션 플레이를 하려면 먼저 1적구를 부드럽게 다룰 수 있는 타법과 힘 조절 능력이
갖추어져야 한다.

초구 득점에 실패율이 많다면 당점을 중단 또는 중 중 상단으로 내려 보기를 권장한다.

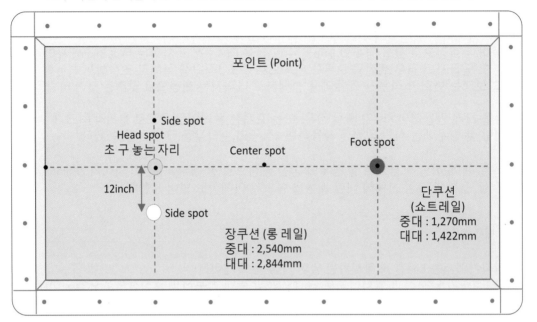

초구를 잘 치는 방법은 1적구를 살짝 눌러주듯 분리각으로 가볍게 부딪쳐 굴려 주면 된다.
1적구에 부딪친 수구는 변화 없이 정상적인 궤도를 그리며 득점하게 된다.
만일 초구 득점률이 낮다면 당점을 낮추어 보기를 권장한다.

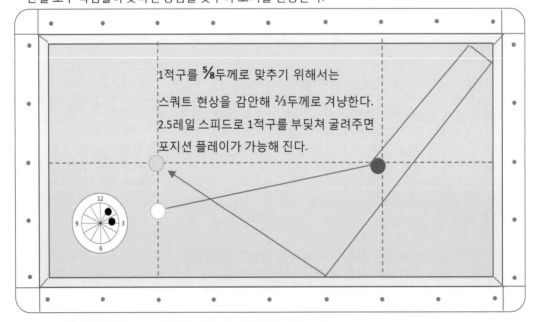

◆ 초구 득점에 실패하는 경우를 보면 크게 두 가지 경우이다.
1. 스쿼트 현상을 감안하지 않아 공을 얇게 겨냥하는 경우이다.
2. 3Tip을 주고 밀어 쳐서 공이 길게 늘어지는 경우이다.

◆ 뒤돌려치기 Ball System

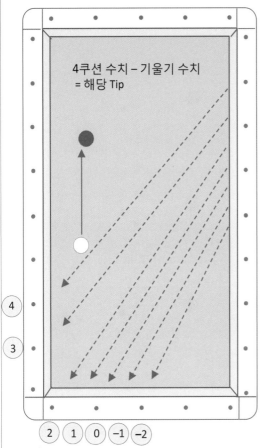

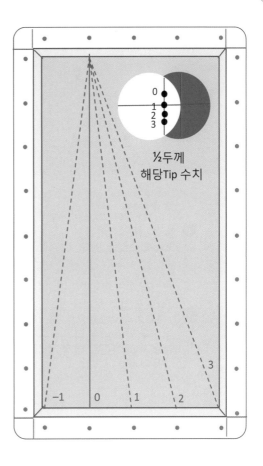

[해설]

뒤로 돌리기 Ball System은 1적구와 수구가
일직선으로 배치되어 있을 경우 1적구를
½두께로 맞히는 것을 기준으로,
위 도형 좌측 하단에 표기한 수치에서
위 우측 도형에 표기된 수구의 기울기를
계산해 우측 도형 상단에 표시된 해당 당점
을 치는 방식이다.
위 도형의 경우◎지점에 오게 하려면 기울
기가 0이므로 ½두께로 우측 도형 상단에
있는 해당 당점 0의 지점에 당점을 주면 된다.

[기울기 계산 방법]

1적구와 수구가 일직선으로 배치되어
있을 때 기울기를 0으로 계산하고,
일직선에서 1Point 간격으로 기울어 있을
때마다 1씩 가감해서 계산하면 된다.
예를 들어 수구가 –1 Line에 위치해 있다면
기울기 수치 1만큼 당점 위치를 한 단계
내려 0이 아닌 1지점에 주고,
수구 수치가 1지점에 있다면 ⅛두께 만큼
얇게 치면 된다.

[뒤로 돌리기 Ball System 계산법]

4쿠션 수치 – 기울기 수치 = 해당 당점

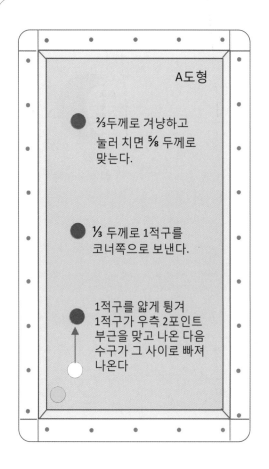

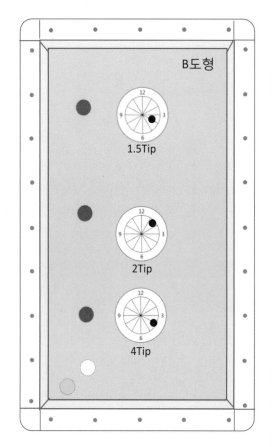

[해설]

A도형은 1적구가 장쿠션에서 원 포인트

떨어져 있고,

수구와는 일직선으로 배치되어 있는

뒤돌려치기 장면이다.

1적구가 상단에 가까이 있을수록 비거리가

멀기 때문에 1적구를 두껍게 다루어야하며.

1적구가 중간 지점에 있을 경우에는 1적구를

우측 상단 코너쪽으로 분리시키는 것에 샷을

집중해야 한다.

1적구가 하단에 있을 경우에는 1적구를 얇고

경쾌하게 튕겨 수구와 진로를 교차시켜야 한다.

[해설]

B도형은 1적구의 위치에 따라 당점을

주는 요령이다.

1적구가 상단에 있을 경우에는 수구의

밀림 현상과 코너를 돌면서 길어지는

현상을 감안해 당점을 하단 1.5Tip정도로

통제해야 하며,

중간 지점에 있을 경우 Kiss를 피하기 위해

서는 1적구를 우측 코너쪽으로 밀어 넣으

면서 2Tip으로 부드럽게 굴리는 샷을 한다.

1적구가 하단에 있을 경우에는 수구와

가까워 분리각이 커지므로 4Tip을 준다.

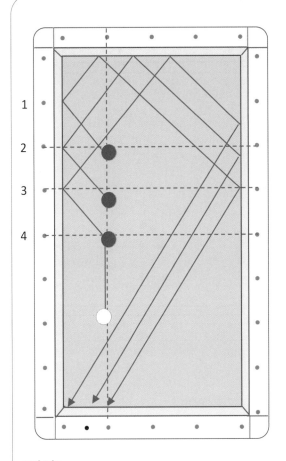 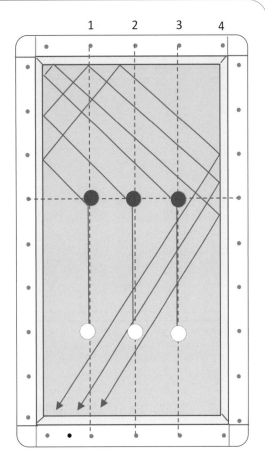

[해설]

위 도형은 수구와 1적구가 일직선에 있고
1적구가 각각 2, 3, 4Line에 배치되어 있을

경우, 중 상단 2Tip 주고 ⅓ 두께로 쳤을 때
수구의 진행 동선을 나타낸 도형이다.

수구와 1적구의 거리가 1Point 멀어지면
4쿠션에서는 반 포인트씩 길어진다.
따라서 수구와 1적구의 비거리가 먼 만큼
좀 더 두껍게 치든지 당점을 밑으로 내리든지
보완해 주어야 된다.

[해설]

위 도형은 수구와 1적구는 같은 거리에 있고,
1적구가 좌측 쿠션으로부터 1, 2, 3처럼 각각
떨어져 있을 경우, 마찬가지로 중 상단 2Tip
주고 같은 두께로 쳤을 때 각각 수구의 진행
동선을 나타낸 도형이다.
1적구가 쿠션에서 1Point 멀어지면 4쿠션은
반 포인트씩 길어진다.
이러한 현상은 비거리가 먼 경우 곡구 현상이
생기면서 각도가 약간씩 길어지는 것이다.
마찬가지로 두께를 조절하든지 당점을 내리
든지 보완해 주어야 된다.

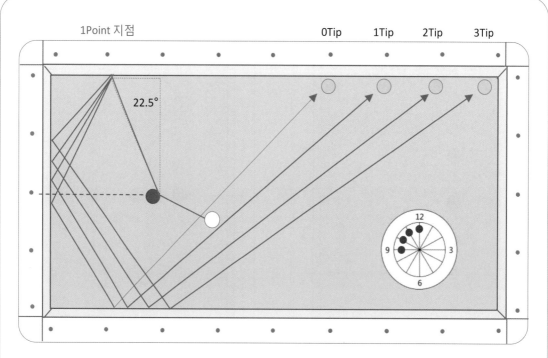

[해설]

위 도형은 뒤돌려치기에서 가장 중요하면서 핵심이 되는 기본도이다.

1적구가 단쿠션과 장쿠션 각각 2Point Line에 걸쳐있고 수구는 45°에 위치해 있다

이 경우 도형처럼 각각의 회전을 주고 1Point 지점에 부딪쳐 굴려 주면 도형처럼 진행된다.

1적구와 수구의 위치가 변해도 같은 각도(22.5°)로 공략하면 마찬가지로 득점할 수 있으며,

Kiss의 우려가 있을 경우에는 회전 수를 늘리고 조금 더 두껍게 치는 방식을 택하면 된다.

뒤돌려치기는 회전을 통제하면 아주 쉽게 짧게 칠 수 있다. 무조건 오른쪽 왼쪽에 회전을
주고 끌어 치거나 두껍게 치지 말고 정확한 당점 조절로 쉽게 득점할 수 있다.

도착 지점

0Tip : 3Point

1Tip : 2Point

2Tip : 1Point

3Tip : 코너

타법 : 부드럽게 굴리면서 밀어치기

1적구와 코너를 연결한 선이 1Point이면 1Line, 2Point이면 2Line, 3Point이면 3Line이라고 칭한다.

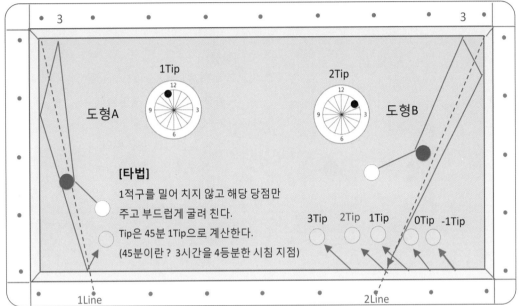

1적구와 코너를 연결한 선이 1Point인 경우 1Tip을 주고, 2Point인 경우 2Tip을 주고 각각
코너 3지점에 굴려 치면 제자리로 오며, 1Tip을 가감할 때마다 ½Point 씩 이동된다.
예 : 도형 A 우측에 표시된 것처럼 1Tip 이동에 3쿠션 ½Point 씩 차이가 난다.

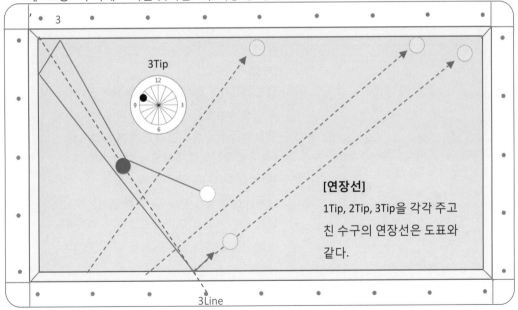

본 도형에서 가장 중요한 것은 정확히 당점을 유지하는 것이고,
1적구를 밀어 쳐서 곡구가 발생되지 않도록 뱅크샷 한 것처럼 굴려 치는 기준이다.
정확한 당점을 유지하고 순수한 회전력에 의해 공을 굴려 치는 연습이 필요하다.

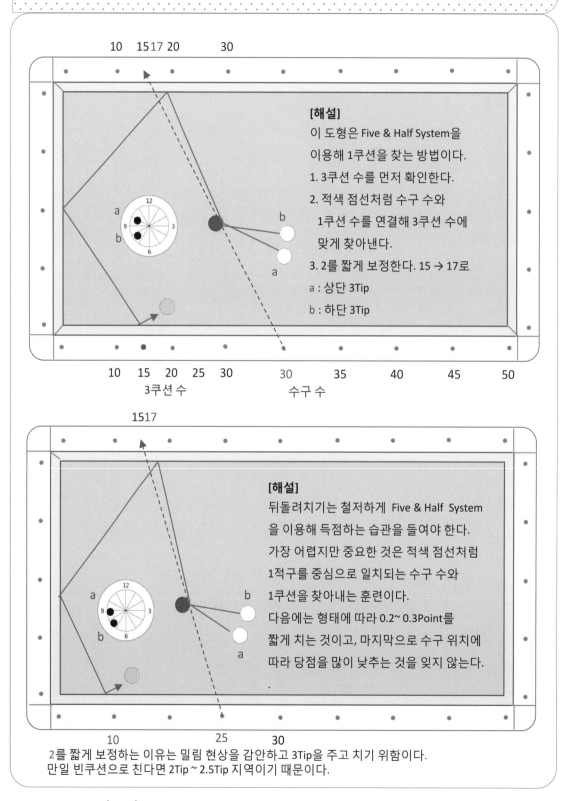

[해설]

이 도형은 Five & Half System을 이용해 1쿠션을 찾는 방법이다.

1. 3쿠션 수를 먼저 확인한다.
2. 적색 점선처럼 수구 수와 1쿠션 수를 연결해 3쿠션 수에 맞게 찾아낸다.
3. 2를 짧게 보정한다. 15 → 17로

a : 상단 3Tip
b : 하단 3Tip

[해설]

뒤돌려치기는 철저하게 Five & Half System을 이용해 득점하는 습관을 들여야 한다. 가장 어렵지만 중요한 것은 적색 점선처럼 1적구를 중심으로 일치되는 수구 수와 1쿠션을 찾아내는 훈련이다.

다음에는 형태에 따라 0.2~ 0.3Point를 짧게 치는 것이고, 마지막으로 수구 위치에 따라 당점을 많이 낮추는 것을 잊지 않는다.

2를 짧게 보정하는 이유는 밀림 현상을 감안하고 3Tip을 주고 치기 위함이다.
만일 빈쿠션으로 친다면 2Tip ~ 2.5Tip 지역이기 때문이다.

◆ Five & Half System을 이용한 뒤돌려치기

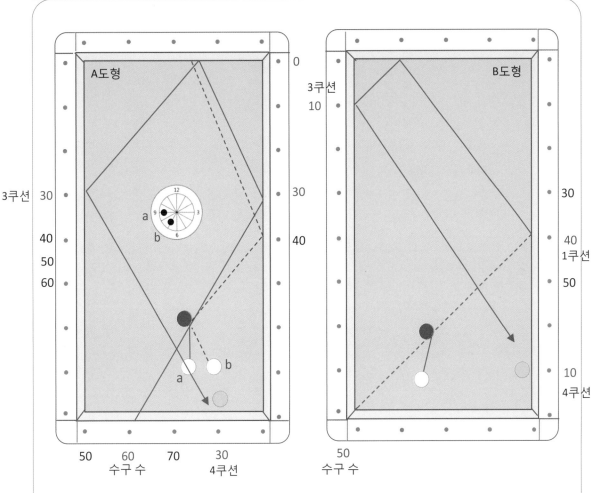

[해설]

위 도형은 Five & Half System을 이용해 뒤돌려치기 하는 장면이다.

A도형의 경우 목적구가 4쿠션 30에 있고 수구는 60에 있다. 이 경우 수구 수 60에서 목적구 수 30을 빼면 수구를 1쿠션 30으로 보내야 하는데 가능한지를 먼저 살펴야 한다.

1적구와 수구가 a처럼 일직선으로 있는 경우에는 시스템 샷으로 결대로 굴려 주면 되고, 수구가 b처럼 예각으로 있는 경우에는 수구를 1Point정도 짧게 1쿠션 40으로 보내야 된다. b의 경우 경쾌하게 때려서 분리각으로 치는 스트록을 선택하는 것이 좋다.

B도형의 경우도 마찬가지로 수구 수 50에서 4쿠션 10을 빼면 1쿠션 40이 되어야 하는데 얇게 치기가 가능한지와 Kiss의 유무를 확인하고 득점하면 된다.

◆ 뒤돌려치기 50각 기준선 활용 방법

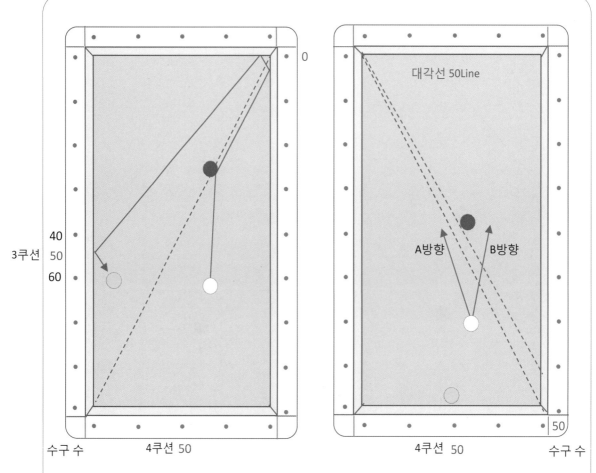

[해설]

뒤돌려치기에서 반드시 알고 있어야 하는 가장 중요한 Line은 50각 Line이다.

예를 들어 수구 수 50에서 코너를 치면 3쿠션 50을 거쳐 4쿠션 50에 오는 Line을 말하는데,
뒤돌려치기 선구가 가능한지 불가능한지를 판단하는 것도 50각에서 벗어나 있는지 아닌지를
보고 판단해야 한다.

우측 도형처럼 1적구가 대각선 우측으로 벗어나 있을 경우 A방향으로 평범한 스트록으로
선구를 하게 되면 4쿠션 50에 있는 노란공을 맞힐 수 없다.
따라서 1적구와 2적구가 중간 지점에 있을 경우 3쿠션 50 지점에 수구를 보낼 수 있는지 없는
지를 정확하게 판단해야 한다.
Tip : A도형처럼 아주 얇게 치기 위해서는 45° 측면으로 서서 두께를 겨냥하면 많은 도움이 된다.

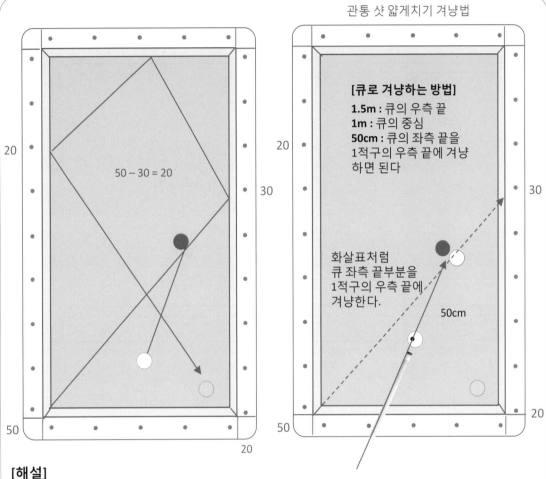

관통 샷 얇게치기 겨냥법

[큐로 겨냥하는 방법]
1.5m : 큐의 우측 끝
1m : 큐의 중심
50cm : 큐의 좌측 끝을
1적구의 우측 끝에 겨냥
하면 된다

50 − 30 = 20

화살표처럼
큐 좌측 끝부분을
1적구의 우측 끝에
겨냥한다.

50cm

[해설]

위 도형은 뒤돌려치기에서 얇게치기로 득점하기 위한 겨냥법을 나타낸 도형이다.

도형으로 보면 2목적구는 코너 20에 있고 1적구를 최대Line으로 연결해 보면 50에서 30으로 연결해야 득점이 가능하다.

이 형태에서 해답은 수구를 1쿠션 30까지 얇게 맞춰 보낼 수 있는가를 판단해야 한다.

큐의 좌측 끝을 1적구의 끝에 맞추고 정렬하면 이론적으로 수구의 당점 준 부분에서 왼쪽 끝 두께 만큼이 1적구가 맞는 이론적인 두께이다.

1적구와 수구와의 거리가 먼 경우 큐의 우측 면을 1적구의 우측 끝에 겨냥하는 이유는 당점에 의해 밀리는 스쿼트 현상을 감안해야 하기 때문이다.

이러한 점들을 충분히 고려하면서 각자 연습을 통해 자신의 겨냥 기준점을 만들어 가면 된다.

아래 도형과 같은 형태에서는 2쿠션에 수구를 정확히 보내는데 집중하는 것이 득점 확률을 높일 수 있다.

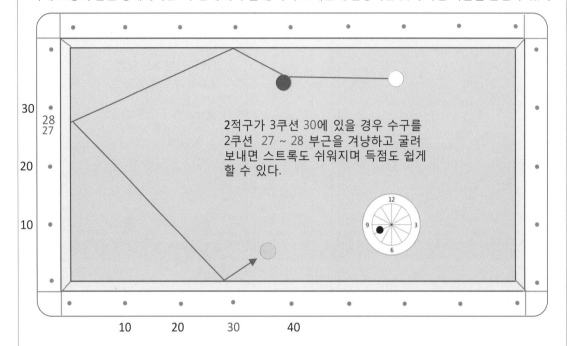

2적구가 3쿠션 30에 있을 경우 수구를 2쿠션 27 ~ 28 부근을 겨냥하고 굴려 보내면 스트록도 쉬워지며 득점도 쉽게 할 수 있다.

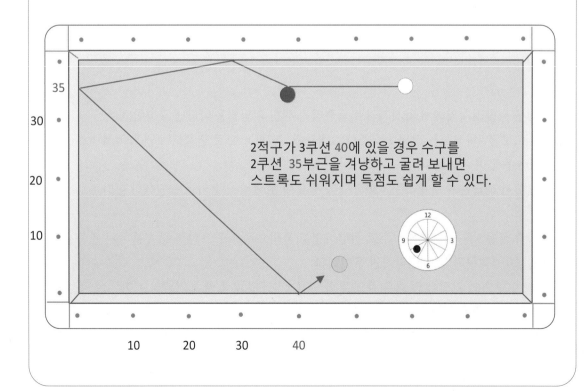

2적구가 3쿠션 40에 있을 경우 수구를 2쿠션 35부근을 겨냥하고 굴려 보내면 스트록도 쉬워지며 득점도 쉽게 할 수 있다.

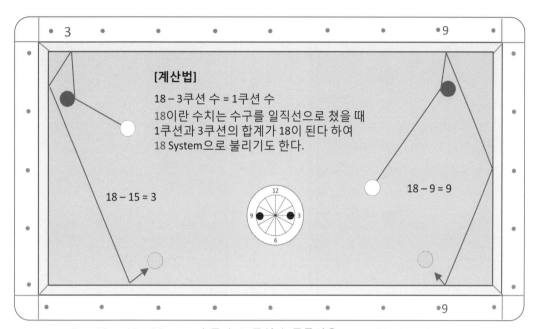

[계산법]

18 – 3쿠션 수 = 1쿠션 수

18이란 수치는 수구를 일직선으로 쳤을 때
1쿠션과 3쿠션의 합계가 18이 된다 하여
18 System으로 불리기도 한다.

18 – 15 = 3

18 – 9 = 9

5　10　15　20　　수구 수 / 3쿠션 수 공동사용　　20　15　10　5

항상 일정한 스트록으로 회전력을 일관되게 유지하는 것이 위 System의 핵심이다.
회전력은 3Tip 다 주지만 비틀어 치지는 않는다.

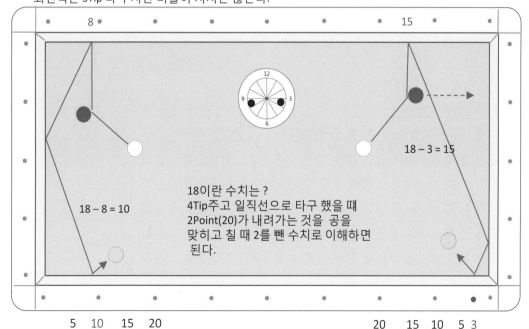

18 – 3 = 15

18 – 8 = 10

18이란 수치는 ?
4Tip주고 일직선으로 타구 했을 때
2Point(20)가 내려가는 것을 공을
맞히고 칠 때 2를 뺀 수치로 이해하면
된다.

5　10　15　20　　　　　　　　20　15　10　5　3

1쿠션과 3쿠션의 합계가 18이 되도록 회전력과 스트록을 고정하면 유사한 공은 이 System을
활용하면 득점 확률을 높일 수 있다.

◆ 멕시멈 스핀샷

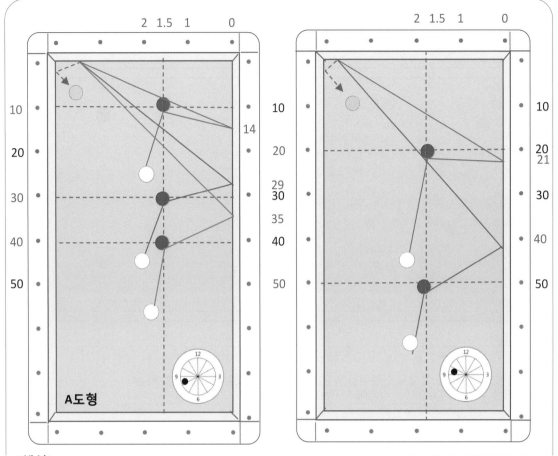

A도형

[해설]

위 도형은 멕시멈 스핀샷 도형이다.

도형을 이해하는 방법은 ~

1. 1적구의 Line을 파악한다.(장 축 10 ~ 50 / 단 축 0 ~ 2)

2. 1적구가 장 축 10 Line에 있을 경우 장 축 14를 1쿠션 지점으로 삼는다.

　1적구가 장 축 20 Line에 있을 경우 장 축 21을 1쿠션 지점으로 삼는다.

　1적구가 장 축 30 Line에 있을 경우 장 축 29를 1쿠션 지점으로 삼는다.

　1적구가 장 축 40 Line에 있을 경우 장 축 35를 1쿠션 지점으로 삼는다.

　1적구가 장 축 50 Line에 있을 경우 장 축 40을 1쿠션 지점으로 삼는다.

3. 1적구의 단축 Line은 상단 1Point ~ 2Point에 있을 경우를 대략 기준으로 한다.

4. Kiss에 대한 것은 배제한 것이므로 연습을 통해 터득한다.

스핀샷이란 ? 회전(꼬미)력으로 치는 것을 뜻하며, 수구와 1적구가 ¾ 이상 두께로 두껍게

부딪쳤을 때 회전력이 자연적으로 극대화 되는 것을 이용하는 것이다.

> **스핀샷 요령은 ?**
> 스트록을 아끼지 말고
> 하단 당점으로 길게
> 밀어 친다.

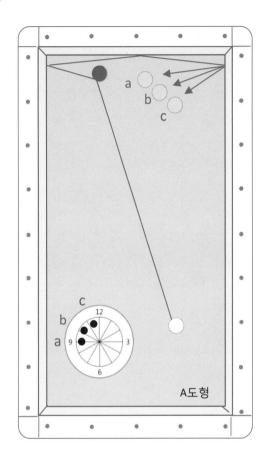

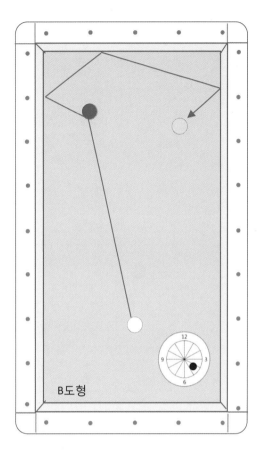

[해설]

위 도형은 1적구와 2목적구가 모두 하단에 치우쳐 있고 수구의 비거리도 아주 멀어 자칫하면 수구가 밀리기 쉬운 형태이다.

A도형처럼 2목적구의 위치가 다른 경우 스트로크 방법은 같게 하고 당점만 달리하여 치면 된다. 끌어치는 형태의 공이 아니라 때려 치는 형태의 공으로 분류하는 것이 득점 확률을 높일 수 있다. 스트로크의 강약은 3쿠션에서 회전 작용이 반감되는 정도의 강약을 구사하면 된다.

B도형의 경우는 하단 회전 주고 스피드를 높여 1적구를 때려서 치는 형태이다. 하단 당점으로 큐를 조금 깊이 넣어주면 수구는 낮게 궤도를 그리며 득점할 수 있게 된다. 주의 할 점은 두께를 너무 두껍게 잡지 않는 것이다. ½두께면 충분하며 그 이상의 두께로 치면 공이 밀려 득점에 실패하기 쉽다.

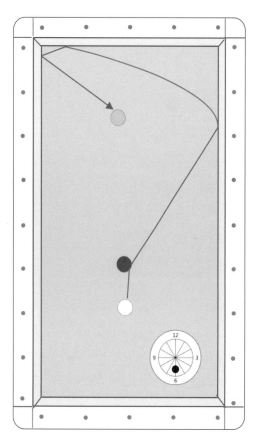

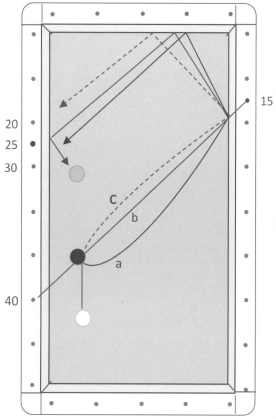

[해설]

위 도형은 일반적인 스트록으로는 득점이
불가능한 배치이다.

이러한 공 배치는 빠른 드로우 샷으로
득점이 가능하다.

극 하단 무회전 당점을 주고 도형처럼 아주
얇고 빠르게 숏컷을 하면 1쿠션을 부딪친
수구는 늘어질 틈이 없이 2쿠션으로 급격히
커브를 그리며 짧은 궤도를 그리게 된다.

과격하게 강하게 치지 말고 부드러우면서
짧고 빠르게 큐를 집어 넣었다 빼면 된다,

[해설]

위 도형은 스트록에 따라 변하는 수구의
동선을 나타낸 도형이다.

a : 밀어치기로 확장 샷을 할 경우 도형처럼
공이 길게 진행된다. (45 – 15 = 30)

b : System 샷으로 굴린다. (40 – 15 = 25)

C : 컷샷으로 축소 샷을 할 경우 수구는 짧게
진행된다. (35 – 15 = 20)

공을 쉽게 치려면 천천히 굴리는 샷을 해야
System을 활용하면서 득점률을 높일 수 있다.

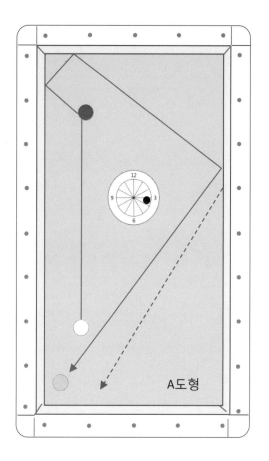 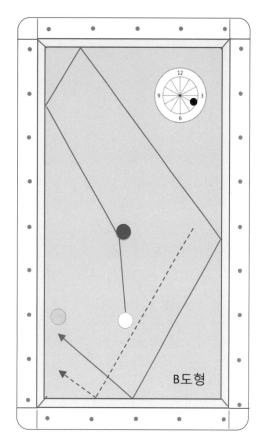

[해설]

위 도형은 뒤돌려치기에서 브리지와 그립의 중요성을 나타내기 위한 도형이다.

A도형의 경우 수구와 1적구의 비거리가 멀어서 자칫 큐가 길게 밀려 나가면 적색 점선 방향
으로 길게 빠져 나가게 된다.

이 것을 방지하기 위해 가장 중요한 것은 브리지를 15cm 이하로 짧게 잡아 주는 것이 좋으며,
그립을 잡는 방법도 엄지와 검지에 비중을 더 두고 치면 공을 짧게 치기가 쉬워진다.

B도형의 경우는 반대로 브리지를 25cm 정도로 길게 해 주는 것이 조금이라도 유리하다.

브리지를 길게 잡으면 아무래도 큐를 길게 밀어 치게 되기 때문이다.

브리지를 짧게 하면 큐를 길게 밀어 칠 수 없기 때문에 아무리 얇게 1적구를 맞혀도 공이 쿠션을
돌 때마다 점점 짧아져 결국 적색 점선처럼 빠지게 된다.

이 경우 공을 조금이라도 공을 길게 만들기 위한 그립 방법 중의 하나는 엄지와 검지의 비중을
줄이고 약지와 소지 손가락에 비중을 더 두고 치면 3쿠션에서 공이 길어진다.

◆ Shot Cut과 Long Follow의 선택

임펙트 이후 그립을 결속하고 있어야 공이 늘어지지 않는다.

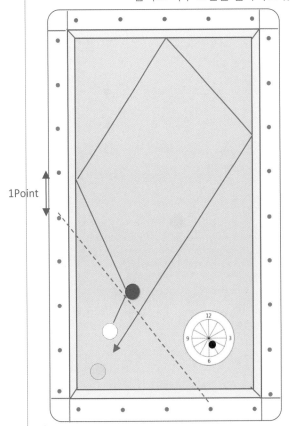

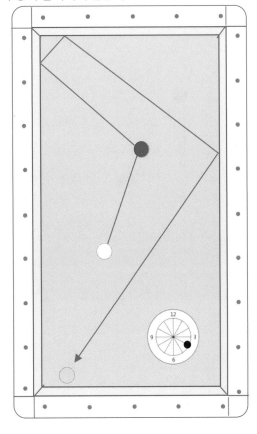

[해설]

위 도형의 득점 핵심은 브리지를 15cm 정도로
짧게 잡고 임펙트와 동시에 큐를 정지시키는
것이 요령이다. (큐 멈춤)

결코 두껍게 치거나 끌어치는 공이 아니며,
⅓정도 두께로 큐가 1적구를 통과하지 않는
다는 생각으로 임펙트와 동시에 큐를 멈추면
된다.

브리지를 짧게 잡는 이유는 큐가 밀려나가는
것을 사전에 방지하기 위함이다.

무회전으로 칠 경우 1Point 정도 길게 1쿠션을
겨냥하면 된다.

[해설]

좌측 도형보다 쉽지 않은 장면이다.

이와 같은 공의 배치에서 Shot cut으로는
득점할 수 없다.

공을 아무래도 두껍게 쳐야 되기 때문에
회전을 적게 주면 급격히 짧아진다

스트록은 끌어치는 타법이 아니라 빠른
스피드로 큐를 깊게 찔러 수구를 분리시킨
다음 남아있는 회전으로 2목적구에 도달
하게 해야 한다.

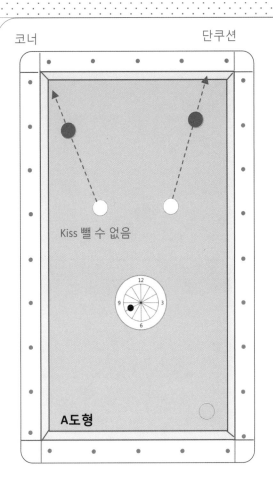

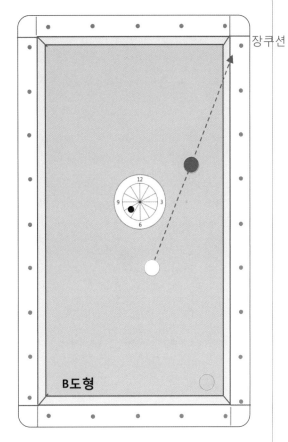

[해설]

위 도형은 뒤돌려치기에서 Kiss을 뺄 수 있는지 없는지를 알아 보는 도형이다.

A도형의 우측 그림은 수구와 1적구의 연결선이 상단 단쿠션에 걸려있다.
이 경우는 1적구를 살짝 눌러치고 수구가 천천히 뒤로 빠져 나오는 방법을 선택하면 Kiss를 뺄 수 있지만 무의식적으로 평범하게 샷을 하면 Kiss가 난다.
좌측 그림처럼 수구와 1적구가 코너와 일직선으로 되어 있을 경우에는 Kiss를 뺄 수 없다.

B도형의 형태는 수구와 1적구의 연결선이 장쿠션과 연결되어 있다.
이 경우 Kiss를 빼려면 아주 얇은 두께로 스피드하게 수구가 먼저 빠져 나가야 한다.
얇게 쳐서 길어지는 부분에 대해서는 당점과 회전으로 보완해야 된다.

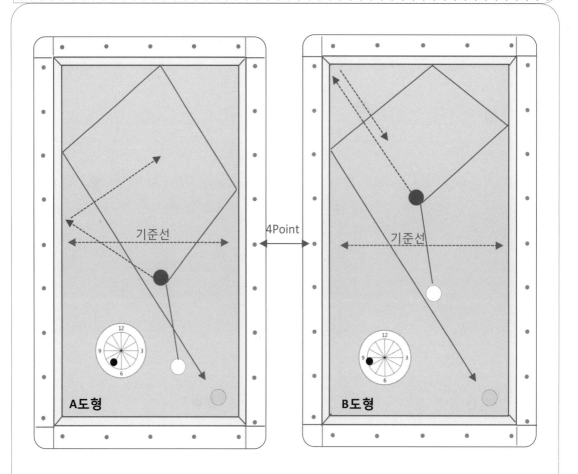

[해설]

위 도형은 뒤돌려치기에서 Kiss을 빼기 위해 선택하는 기준이다

A도형의 경우는 중앙 4Point 지점을 기준으로 1적구가 아래쪽에 위치해 있고,

B도형의 경우는 1적구가 중앙 4Point 지점보다 위에 위치해 있다.

A도형의 경우 1적구가 기준선 4Point 지점보다 아래에 위치해 있으므로 얇은 두께를 선택하면

된다.

B도형의 경우는 1적구가 기준선 4Point 지점보다 위에 위치해 있으므로 두께를 두껍게

선택해 1적구를 좌측 상단 코너쪽으로 보낸 다음 수구를 천천히 진행시키면 된다.

◆ 뒤돌려치기 대회전 Kiss 빼기

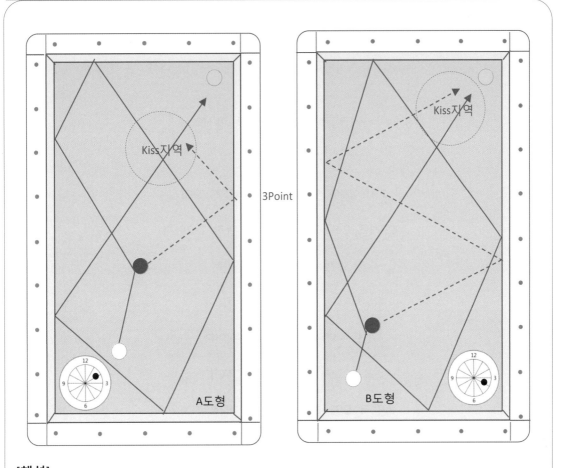

[해설]

위 도형은 뒤돌려치기 대회전에서 빈번하게 Kiss가 나는 형태이다.

A도형의 경우 평범하게 칠 경우 O 지점에서 Kiss가 난다.

이 형태에서는 ⅓보다 약간 두껍게 밀어쳐서 1적구를 3Point 아래로 보내야 Kiss를 뺄 수 있다.

B도형의 경우도 마찬가지로 평범한 두께로 공략하면 점선처럼 1적구가 2번 횡단하면서 대회전
하고 돌아오는 수구 또는 코너에 있는 2적구와 Kiss가 나게 된다.

이러한 점을 기억해 아주 얇은 두께로 1적구가 횡단하지 못하도록 주의를 기울여야 한다.

두 형태 모두 대회전을 시키는 형태이기 때문에 자칫하면 Kiss가 도사리고 있다는 점을 잊어
버리기 쉽다.

제각돌리기의 첫 번째 핵심은

두께 선택이다.

공의 그름이 가장 편안한 45°전 후의

두께를 우선 선택하는 것이 가장 중요하며

회전 결정은 그 다음이다.

두 번째는 타법의 선택이다.

숏 앵글에서는 부드럽게 굴려치기,

45°전 후에서는 부딪쳐 분리각으로 치기,

60°가 넘을 때는 눌러치기로

정확히 타법을 선택해야 된다.

세 번째는 평소 기본 형태들을 익혀

감각을 높이는 것이다.

제각돌리기 System

- 제각돌리기 Ball System
- Tip수에 따른 3쿠션의 변화
- 로드리게스 System
- 제각돌리기 4쿠션 Line
- 제각돌리기 쇼트 앵글 기본도
- 제각돌리기 두께 설정 요령
- Five & Half System을 이용한 제각돌리기
- 제각돌리기 대회전
- 제각돌리기 스트로크 길이의 중요성
- 제각돌리기 얇게치기 요령
- 3쿠션 20으로 보내기 위한 2쿠션 지점
- 45° 분리각
- 제각돌리기 ½ System
- 제각돌리기 기울기 계산 방법
- 40 System
- 제각돌리기 평행 이동법

◆ 제각돌리기 Ball System

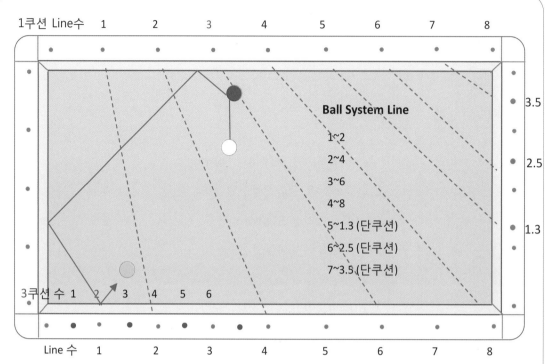

위 도형의 경우 1적구의 Line 수가 3이고 3쿠션 수가 2라면 총 수치는 5가 된다,
따라서 4/8 두께에 1Tip을 주던지 3/8두께에 2Tip을 주면 된다.

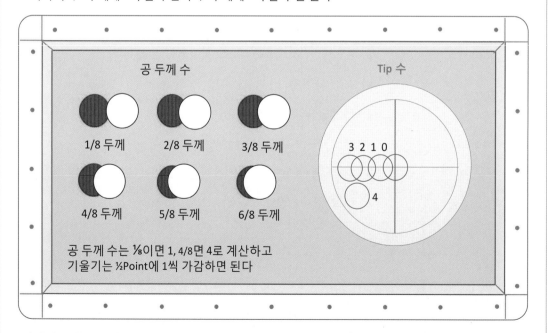

계산법 : 1쿠션 Line 수(3) + 3쿠션 수(2) +기울기(0) = 공 두께 수 + Tip 수

◆ 제각돌리기 **Ball System**

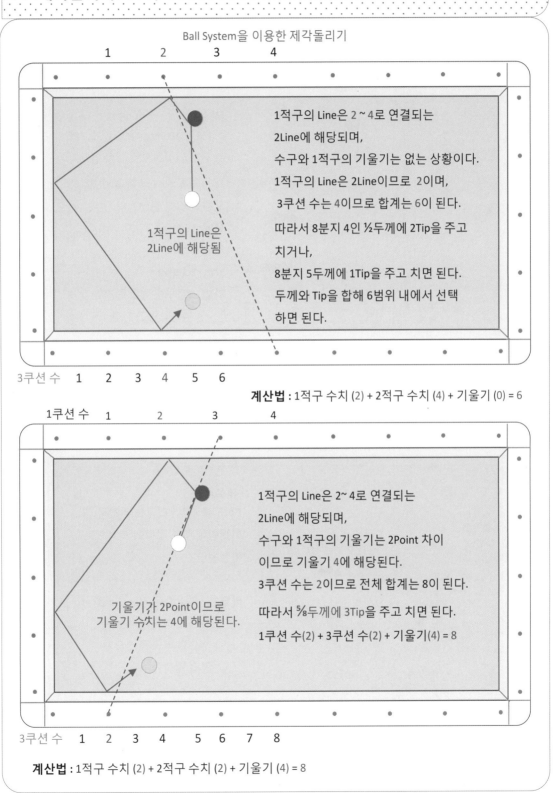

Ball System을 이용한 제각돌리기

1적구의 Line은 2 ~ 4로 연결되는
2Line에 해당되며,
수구와 1적구의 기울기는 없는 상황이다.
1적구의 Line은 2Line이므로 2이며,
3쿠션 수는 4이므로 합계는 6이 된다.
따라서 8분지 4인 ½두께에 2Tip을 주고
치거나,
8분지 5두께에 1Tip을 주고 치면 된다.
두께와 Tip을 합해 6범위 내에서 선택
하면 된다.

1적구의 Line은
2Line에 해당됨

계산법 : 1적구 수치 (2) + 2적구 수치 (4) + 기울기 (0) = 6

1적구의 Line은 2~ 4로 연결되는
2Line에 해당되며,
수구와 1적구의 기울기는 2Point 차이
이므로 기울기 4에 해당된다.
3쿠션 수는 2이므로 전체 합계는 8이 된다.
따라서 ⅝두께에 3Tip을 주고 치면 된다.
1쿠션 수(2) + 3쿠션 수(2) + 기울기(4) = 8

기울기가 2Point이므로
기울기 수치는 4에 해당된다.

계산법 : 1적구 수치 (2) + 2적구 수치 (2) + 기울기 (4) = 8

209

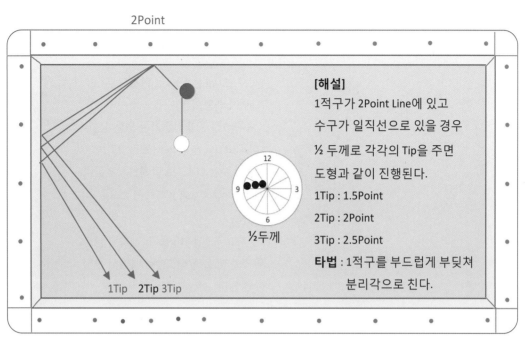

제각돌리기를 잘 치는 방법은 생각보다 조금 두꺼운 듯 겨냥하고 맞을 만큼 약하게 치는 것이다.
빠르게 치지 말고 1적구를 부딪쳐 분리각만 만들어 놓고 기다리면 공이 알아서 굴러와 득점한다.

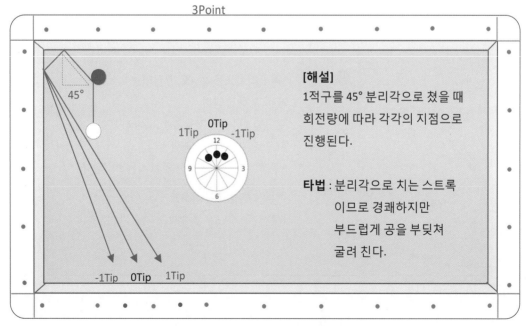

제각돌리기의 핵심은 형태에 따라 굴려 칠 것인지, 부딪쳐 분리각으로 칠 것인지, 눌러 칠 것
인지를 확실하게 정하는 것이다.

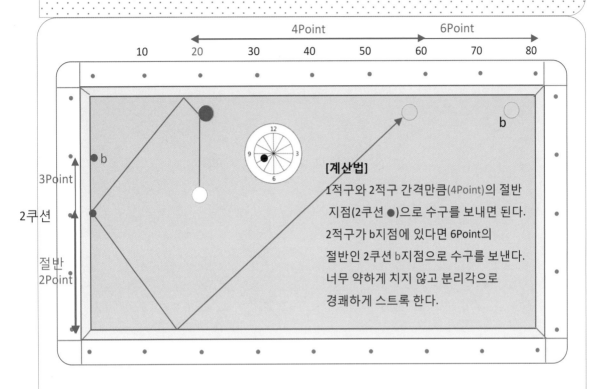

◆ 로드리게스 System

[계산법]

1적구와 2적구 간격만큼(4Point)의 절반
지점(2쿠션 ●)으로 수구를 보내면 된다.
2적구가 b지점에 있다면 6Point의
절반인 2쿠션 b지점으로 수구를 보낸다.
너무 약하게 치지 않고 분리각으로
경쾌하게 스트록 한다.

제각돌리기에서 가장 중요한 것은 타법의 선택이다.

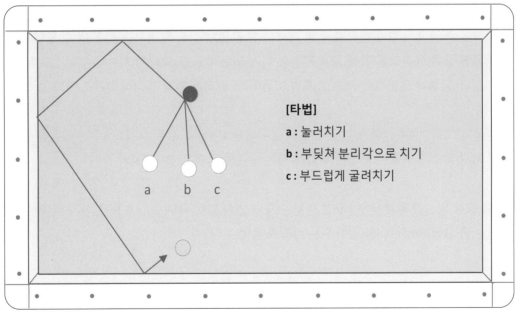

[타법]

a : 눌러치기
b : 부딪쳐 분리각으로 치기
c : 부드럽게 굴려치기

제각돌리기에서 가장 중요한 것은 45° 전후의 두께 선택이며, 그 다음은 수구와 1적구의
기울기에 따른 타법 선택이다. 회전 선택은 마지막이다.

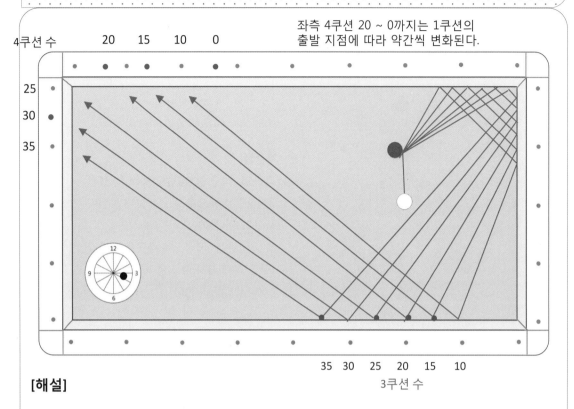

[해설]

수구 수 30 이하에서 제각돌리기 할 때 보편적인 4쿠션 진행 동선을 나타낸 도형이다.

Five & Half System에서 빈 쿠션으로 돌릴 때보다 반 포인트 정도 짧아지는 것을 알 수 있다.

쇼트 앵글인 경우 정확도를 위해 공을 약하게 치게 되는데 공을 약하게 치는 경우에 생기는 말림 현상과 당점에 의한 회전력으로 계속 조금씩 더 말리는 현상이 나타나기도 한다.

위 도형을 참고하여 4쿠션에 목적구가 있을 경우에는 4쿠션과 같은 수치의 3쿠션 지점을 향해 비틀어 치지 않고 수구를 관통하듯 두껍게 치는 습관을 들이는 것이 좋다.

1적구를 항상 일정하게 부딪쳐 1쿠션 까지 수구가 변화 없이 각대로 구르도록 하기 위해서는 부드러운 펌 그립(Firm grip)을 잡아주는 것도 도움이 된다.

타법 : 해당 Tip 주고 자연스럽게 1적구를 관통하듯이 부딪쳐 분리되는 각으로 돌린다.
그립을 끌고 나가면 길어지고, 그립을 놓으면 짧아지는 것을 잊지 않는다.

Tip : 더 짧은 형태의 제각돌리기 경우 4쿠션 지점이 1Point씩 더 짧아질 수도 있다.

◆ 제각돌리기 쇼트 앵글 기본도

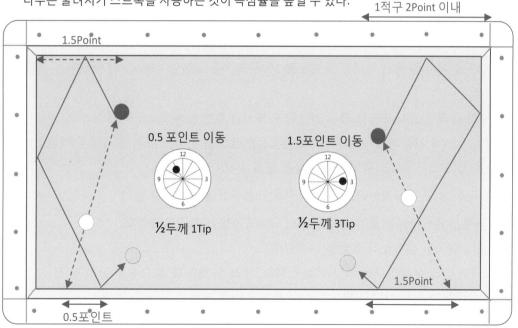

1적구와 2적구가 도형과 같은 위치에
있고 수구가 일직선으로 있는 경우.

1적구와 2적구가 도형과 같은 위치에
있고 수구가 일직선으로 있는 경우.

½두께 무회전

⅜두께 무회전

위 아래 도형과 같이 쇼트 앵글인 경우에는 1적구를 부드럽게
다루는 굴려치기 스트록을 사용하는 것이 득점률을 높일 수 있다.

1적구 2Point 이내

1.5Point

0.5 포인트 이동

1.5포인트 이동

½두께 1Tip

½두께 3Tip

1.5Point

0.5포인트

1적구가 1.5Point 에 있을 경우 무회전 ½두께로 치면 수구는 친 지점으로 돌아 온다.
그 지점으로부터 1적구가 좌우로 이동하면 반 포인트에 1Tip.씩 가감하면 된다.
2목적구도 같은 방식으로 반 포인트에 1Tip씩 가감하면 된다.

213

◆ 제각돌리기 두께 설정 요령

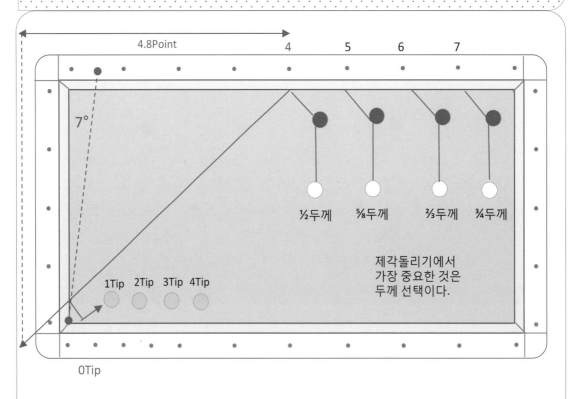

[해설]

위 도형은 제각돌리기에서 두께를 설정하는 방법을 나타낸 도형이다.

장쿠션 4지점에서 정 중앙 무회전 당점으로 1적구의 ½을 맞히면 4.8Point가 내려가는 것을 기준으로,

2목적구가 각각의 위치에 있을 경우 회전만 증가시켜 주면 되는 System이다.

장쿠션 4, 5, 6, 7 지점에 수구와 1적구가 일직선으로 있을 경우 도형에 표시된 두께를 기본으로 삼고 스트록을 선택하면 실패율을 줄일 수 있다.

만일 수구와 1적구가 일직선이 아니라면 약 7°당 ⅛두께를 가감하면 된다.

7°란 ? 단쿠션 ½Point의 기울기이며, 장쿠션 1Point 기울기 정도를 말한다.

제각돌리기에서는 무엇보다 스트록이 중요하다.

공의 모양에 따라 분리각으로 부딪쳐 칠 것인지, 눌러 칠 것인지, 부드럽게 굴려 칠 것 인지를 선택할 수 있는 방법은 오직 연습을 통해 스스로 느낄 수 있어야 된다.

수구가 6, 7에 있을 경우에는 당점을 중단 약간 밑으로 낮춰 주는 것이 안정적이다.

충분한 두께와 당점을 낮춘 만큼 끌지 않도록 주의하고 경쾌하게 부딪쳐 치면 된다.

◆ Five & Half System을 이용한 제각돌리기

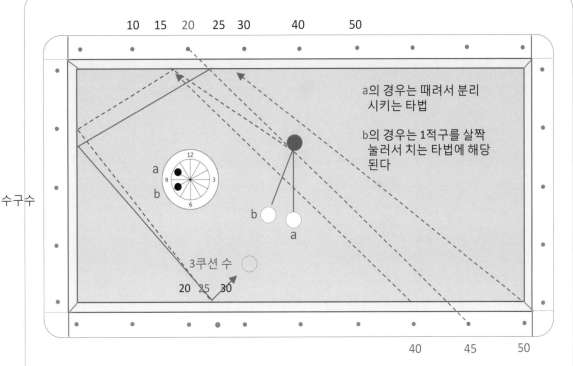

[해설]

위 도형은 Five & Half System을 이용해 제각돌리기를 하는 장면이다.

수구 수를 계산하는 방법 ~

1. 3쿠션 수를 확인한다.

2. 수구 위치에 관계없이 1적구를 중심으로 수구 수 40과 1쿠션 15를 연결해 본다

3. 수구 수 50과 1쿠션 25를 연결해 본다.

4. 45와 20 Line에 수구가 걸쳐 있음을 알 수 있다.

5. a의 경우 중단 당점으로 수구를 20 까지 보내면 된다. (45 – 25 = 20)

   b의 경우 중 하단 당점으로 치면서 실제 수치보다 0.5Point 정도 길게 쳐야 된다.

[Point]

제각돌리기에서의 타법은 3가지 타법으로 분류된다.

1. 부드럽게 굴려 치는 타법.

2. 때려서 분리시켜 분리각으로 치는 타법.

3. 1적구를 눌러 주면서 치는 타법.

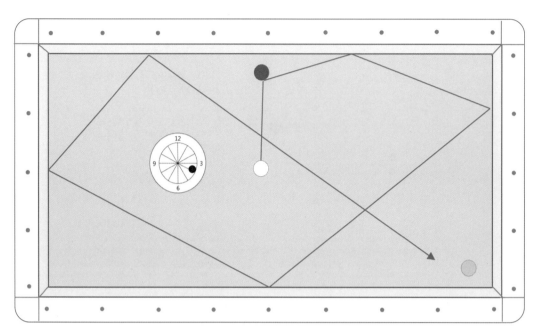

위와 같은 제각돌리기 대회전의 경우 System상의 수치는 ¾두께에 4Tip이다. 하지만 두꺼운
두께로 대회전 시키는 것은 무리가 있어 ⅔두께로 치면서 나머지는 스트록으로 보완해주면 된다.

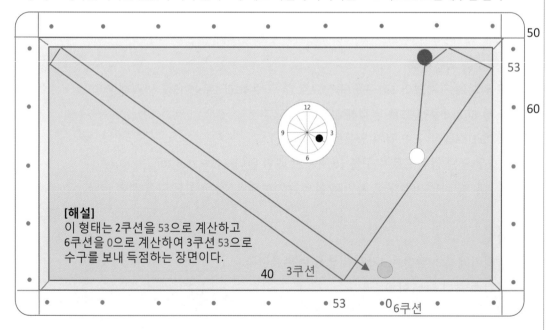

[해설]
이 형태는 2쿠션을 53으로 계산하고
6쿠션을 0으로 계산하여 3쿠션 53으로
수구를 보내 득점하는 장면이다.

위 도형과 같은 경우 2쿠션을 수구 출발점으로 하여 Five & Half System 을 한번 계산해보는 여유를
갖도록 노력해 본다. 53 – 53 = 0

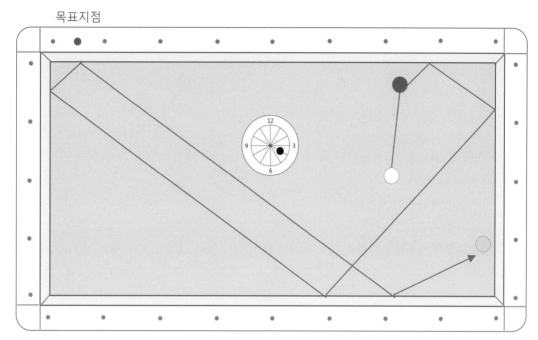

목표지점

위 도형은 2목적구가 원 포인트 지점에 있을 경우 짧게 공략하는 방법을 나타낸 도형이다.

이 경우에는 좌측 상단 반 포인트 지점을 목표지점으로 하여 대회전 시키면 된다.

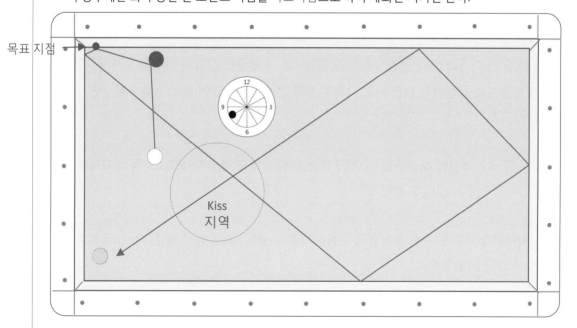

목표 지점

Kiss
지역

위 도형은 아무 생각 없이 두껍게만 치면 Kiss지역에서 Kiss를 피하기 힘든 형태이다.

목표 지점●을 향해 두껍게 겨냥하고 강하게 큐를 넣었다 빼면 Kiss를 100% 피할 수 있다.

◆제각돌리기 스트로크 길이의 중요성

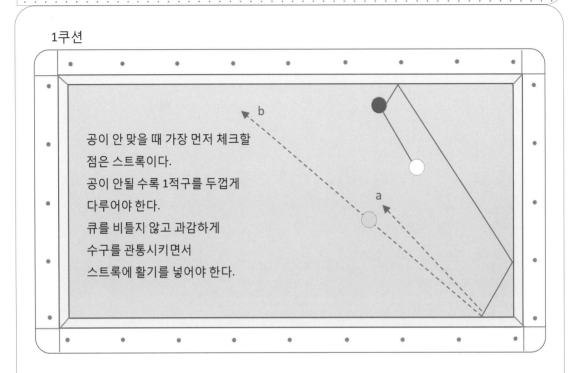

1쿠션

공이 안 맞을 때 가장 먼저 체크할
점은 스트록이다.
공이 안될 수록 1적구를 두껍게
다루어야 한다.
큐를 비틀지 않고 과감하게
수구를 관통시키면서
스트록에 활기를 넣어야 한다.

[해설]

위 도형은 제각돌리기에서 스트록 강약의 중요성을 나타낸 도형이다.

수구와 1적구가 마이너스 각인 경우 득점을 위해서는 스트록의 강약이 아주 중요하다.

2적구의 방향성에 집중하다 보면 큐가 나가지 못해 점선 a처럼 짧게 말리는 경우를 흔히
경험하게 된다.

이와 같은 공 배치에서의 해결방법은 2적구에 스트록 강약을 맞추지 말고 b지점 까지의
스트록 강약을 맞추는 것이 요령이다.

타법 : 1적구를 눌러치듯 큐를 부드럽게 관통시키며 수구를 b지점까지 보낸다는 느낌으로
샷의 강약을 결정한다.

Point : 제각돌리기 형태에서 공이 3쿠션 이후에 짧게 말리는 현상은 임펙트 이후 그립을
일찍 풀기 때문이다. 스트록 이후에도 그립을 풀지 않고 단단히 잡고 있으면
공이 말리는 현상을 방지할 수 있다.

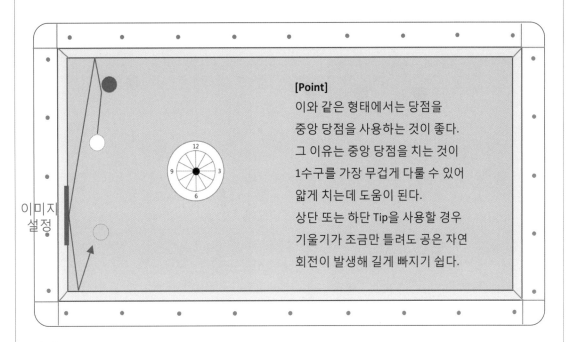

[해설]

아주 얇게 쳐야 하는 제각돌리기 형태이다.

[이와 같은 도형에서의 득점 방법은]

1. 좌측 단쿠션 l 부분(2쿠션)에 이미지를 먼저 설정한다.

2. 수구와 2쿠션 l지점을 입사각 반사각으로 그려본다.

3. 공을 얇게 치기 위해 가장 중요한 조건은 낮게 엎드려야 두께 조정이 가능하다.

4. 1목적구를 얇게 맞추는 것도 중요하지만 더 중요한 것은 큐를 비틀지 않는 것이다.

5. 큐의 흔들림 방지를 위해 브리지를 아주 견고히 해야 된다.

6. 백스윙을 거의 하지 않고 큐 무게로만 천천히 부드럽게 내밀어 스트록 한다.

타법 : 브리지를 견고히 하고 백스윙 없이 멈춘 상태에서 큐의 무게로만 수구를 관통하듯이
천천히 부드럽게 치면 생각보다 분리각이 안 생겨 얼마든지 얇게 칠 수 있다.

(아주 얇게 쳐야 하는 제각돌리기 형태에서 얇은 두께로만 득점하기 어려운 경우
백스윙을 억제하고 멈춘 상태에서 치면 분리각이 아주 적어져 아주 얇은 효과가 있다.

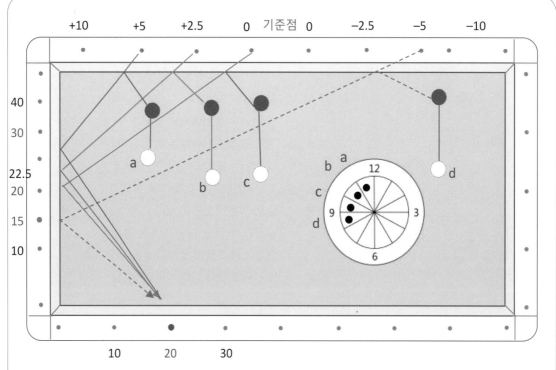

[해설]

위 도형은 수구를 3쿠션 2Point 지점 (20)으로 보내기 위해 각각의 지점에서 수구를 2쿠션
으로 보내야 할 지점을 나타낸 도형이다.

장쿠션 상단에 표시된 숫자는 수구가 1적구를 맞히고 첫 번째 경유하는 1쿠션 지점이다.
각각의 1쿠션 지점에서 3쿠션 20지점으로 보내려면 도형에 표시된 2쿠션 지점으로 수구를
보내면 된다.

이 System을 알아두면 뒤돌려치기 또는 제각돌리기에서 무작정 감으로 치는 것보다는
2쿠션 겨냥으로도 쉽게 득점할 수 있다.

[Tip]

뒤돌려치기에서도 마찬가지로 위 도형을 활용하면 된다.
수구의 1쿠션 출발지점을 확인하고 Line을 따라 2쿠션 지점으로 수구를 보내면 생각보다
쉽게 득점할 수 있다.

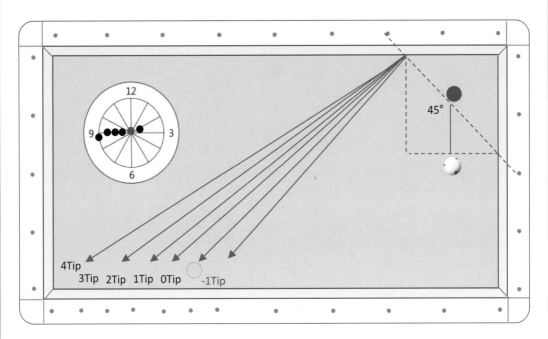

수구와 1적구가 일직선으로 있을 경우 수구를 45°로 분리 시키려면 1적구를 ⅓두께로 맞히면 된다.
하지만 ½두께로 부드럽게 치면 같은 분리각을 만들 수 있다.

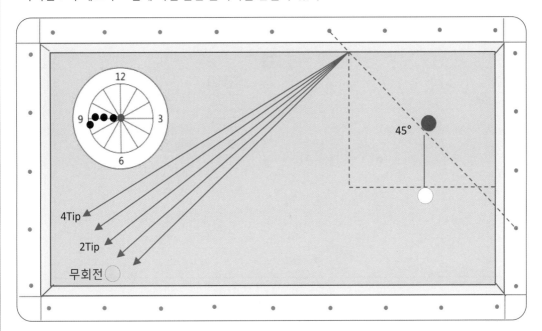

평소 가장 많이 사용하는 ½두께와 ⅓두께를 정확하게 다룰 수 있도록 두께 겨냥법을 확실하게
연마해 두어야 한다.

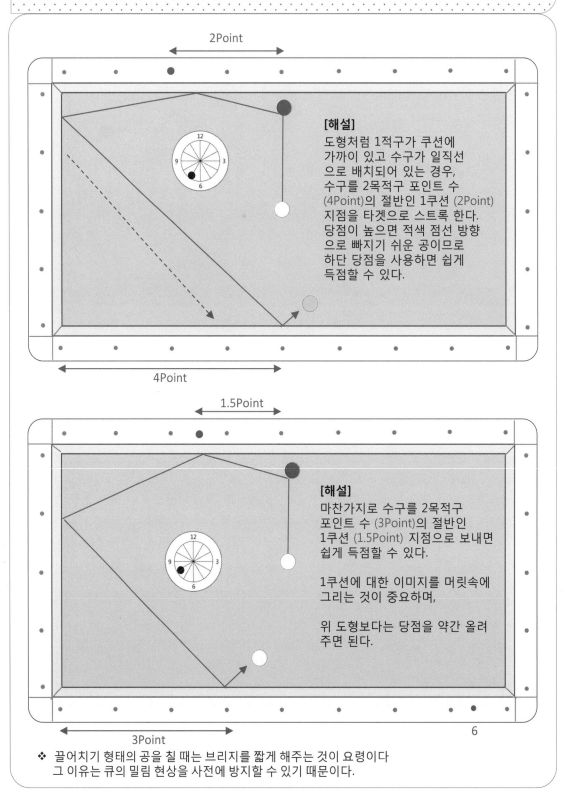

2Point

[해설]
도형처럼 1적구가 쿠션에
가까이 있고 수구가 일직선
으로 배치되어 있는 경우,
수구를 2목적구 포인트 수
(4Point)의 절반인 1쿠션 (2Point)
지점을 타겟으로 스트록 한다.
당점이 높으면 적색 점선 방향
으로 빠지기 쉬운 공이므로
하단 당점을 사용하면 쉽게
득점할 수 있다.

4Point

1.5Point

[해설]
마찬가지로 수구를 2목적구
포인트 수 (3Point)의 절반인
1쿠션 (1.5Point) 지점으로 보내면
쉽게 득점할 수 있다.

1쿠션에 대한 이미지를 머릿속에
그리는 것이 중요하며,

위 도형보다는 당점을 약간 올려
주면 된다.

3Point

6

❖ 끌어치기 형태의 공을 칠 때는 브리지를 짧게 해주는 것이 요령이다
　그 이유는 큐의 밀림 현상을 사전에 방지할 수 있기 때문이다.

◆ 제각돌리기 기울기 계산 방법

좌측 도형 점선은 수구의 기울기를 표시한 것이다.
a처럼 반 포인트 기울기면 1, b처럼 1포인트 기울기면 기울기 2가 된다.

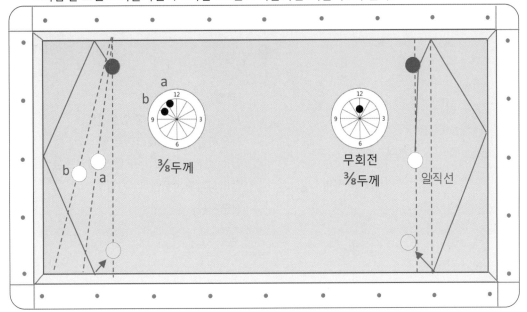

기울기 ½ Point a : ⅜ 두께에 0.5Tip
기울기 1Point b : ⅜ 두께에 1Tip

1적구와 수구와 2목적구가 원 포인트 선상에
일직선으로 있을 경우 무회전 ⅜두께로 치면 된다.

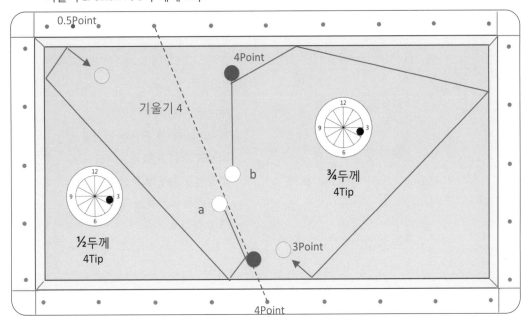

a : 2목적구는 0.5Point. 1적구는 4Point. 수구 기울기 4인 경우.

b : 2목적구는 3Point. 1적구는 4Point 수구가 일직선인 경우.

223

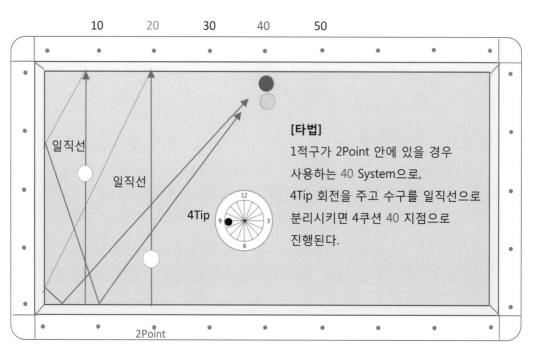

[타법]

1적구가 2Point 안에 있을 경우
사용하는 40 System으로,
4Tip 회전을 주고 수구를 일직선으로
분리시키면 4쿠션 40 지점으로
진행된다.

위 도형은 4Tip을 주고 일직선으로 타구하면 2Point가 내려가는 것을 응용한 System이다.
회전력이 약한 중급자의 경우에는 0.1~ 0.2Point 정도를 내려 치면 된다.

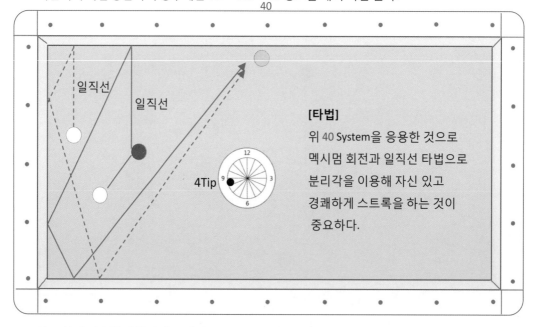

[타법]

위 40 System을 응용한 것으로
멕시멈 회전과 일직선 타법으로
분리각을 이용해 자신 있고
경쾌하게 스트록을 하는 것이
중요하다.

위 도형과 비슷한 배치에서는 설명대로 멕시멈 회전을 주고 일직선으로 경쾌하고 자신 있게
분리각을 이용해 치는 습관을 들이면 별도로 각을 계산할 필요가 없다.
스트록의 강약에 따라 늘어지거나 말리는 현상을 관찰하며 스트록을 완성해야 한다.

평행 이동법에서는 100% 무회전 보다는 미세하게 회전을 주는 것이 득점률을 높일 수 있다.

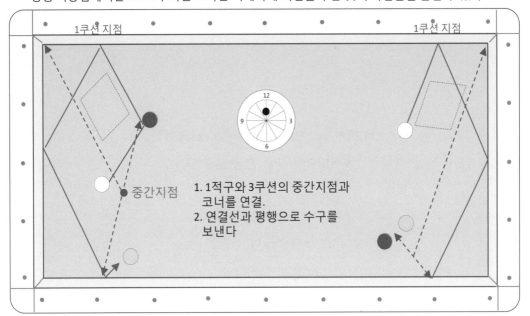

1쿠션 지점   1쿠션 지점

1. 1적구와 3쿠션의 중간지점과
   코너를 연결.
2. 연결선과 평행으로 수구를
   보낸다

중간지점

노잉글리시를 처음 배우기 시작하면 생각처럼 쉽게 되지는 않는다.
그 이유는 당점을 정 중앙에 맞추는 것이 생각보다 쉽지 않기 때문이다.
역회전 느낌이 들어가는 것 보다는 정회전 느낌으로 치우치는 당점이 조금은 득점 확률이 높다.

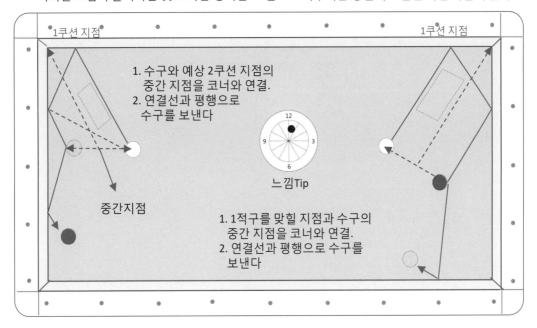

1쿠션 지점   1쿠션 지점

1. 수구와 예상 2쿠션 지점의
   중간 지점을 코너와 연결.
2. 연결선과 평행으로
   수구를 보낸다

느낌Tip

중간지점

1. 1적구를 맞힐 지점과 수구의
   중간 지점을 코너와 연결.
2. 연결선과 평행으로 수구를
   보낸다

노잉글리시 몇 가지 System을 좌측으로 쳐보고 우측으로 모양을 바꿔 쳐보면 자신의 주안시가
어느 쪽으로 치우쳐 있는지를 알아낼 수 있게 된다.

비껴치기는 정확한 회전력과 스트록이
동반되어야 하는 System이다.

특히 단, 장, 단으로 진행되는
비껴치기가 생각보다 어려운 이유는
스트록과 회전량의
조절 때문이다.

이 책에서 제시하는 몇 가지
중요한 기본 System을 익히면
득점률을 높이는데
많은 도움이 될 것이다.

비껴치기 System

- 비껴치기 기본도

- 비껴치기 System 빠른 계산법

- 비껴치기 단, 장, 단 기본도

- 비껴치기 Tip수 계산 방법

- 수구 수와 1쿠션 수가 같은 비껴치기 System

- 기울기로 계산하는 비껴치기 System

- 비껴치기 45°에서의 득점 방법

- 비껴치기 무회전 System

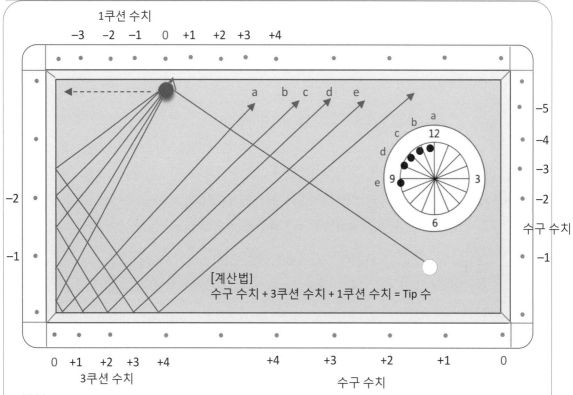

[해설]

코너 선상에 있는 수구로 2Point 선상에 있는 1적구를 비껴치기 하는 기본 도형이다.

1적구의 두께는 좌측 상단 점선처럼 1적구가 코너 단쿠션에 먼저 맞는다는 느낌으로 얇게 치는 것이 기준이다.
스트록만 일관성 있으면 수구와 목적구가 어디에 있든 상관없이 계산방식에 따라 정확하게 득점할 수 있는 System이다. (a b c d e는 연장선)

타법 : 1적구를 때려서 분리각으로 치지 않고 부드럽게 비껴 치는 것이 핵심이다.

계산법 : 수구와 1적구가 어느 위치에 있던 그 수치를 모두 더해 해당되는Tip을 주면 된다.
　　　　(수구 수 + 3쿠션 수 + 1쿠션 수 = Tip 수)

Tip : 1적구가 두껍게 맞는다면 커브 현상을 체크해 보아야 한다. 회전을 많이 주고 천천히 칠 경우 회전 준 방향으로 커브가 발생해 1적구가 두껍게 맞는 현상이 나타날 수 있다.

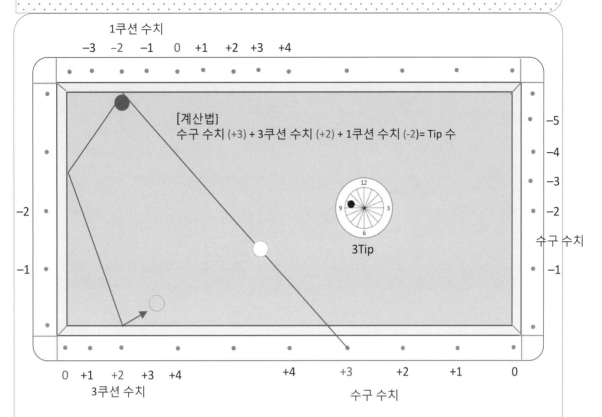

[계산법]
수구 수치 (+3) + 3쿠션 수치 (+2) + 1쿠션 수치 (-2) = Tip 수

[해설]

앞 페이지 도형과는 달리 1적구가 1Point 내려가 있고 반대로 2목적구는 1Point 올라와 있으며,
수구 위치는 3Point 내려와 있다. 마찬가지로 3개의 수치를 더한 숫자가 Tip수다
만일 수구가 우측 하단 코너 Line에서 있다면 무회전으로 쳐야 한다.
좌측 단쿠션에 부여된 −1과 −2는 2목적구가 그 지점에 있을 경우 계산하면 되는 수치이다.

도형처럼 장, 단, 장 비껴치기의 System 명칭은 Rising Sun System으로 전세계 당구인이 함께
이용하는 System이다. 마치 1적구가 해 뜨는 모습과 같아 일출 System이라 불린다.

타법 : 해당 당점을 주고 타격없는 스트록으로 1적구를 스치듯이 부드럽게 비껴 친다.

계산법 : 수구와 1적구가 어느 위치에 있던 그 수치를 모두 더해 해당되는Tip을 주면 된다.

　　　　　(수구 수 + 3쿠션 수 + 1쿠션 수 = Tip 수)

Tip : 당점은 12시에서 9시(3시)까지 1Tip당 45분 간격으로 4등분한 당점을 사용한다.

◆ 비껴치기 System 빠른 계산법

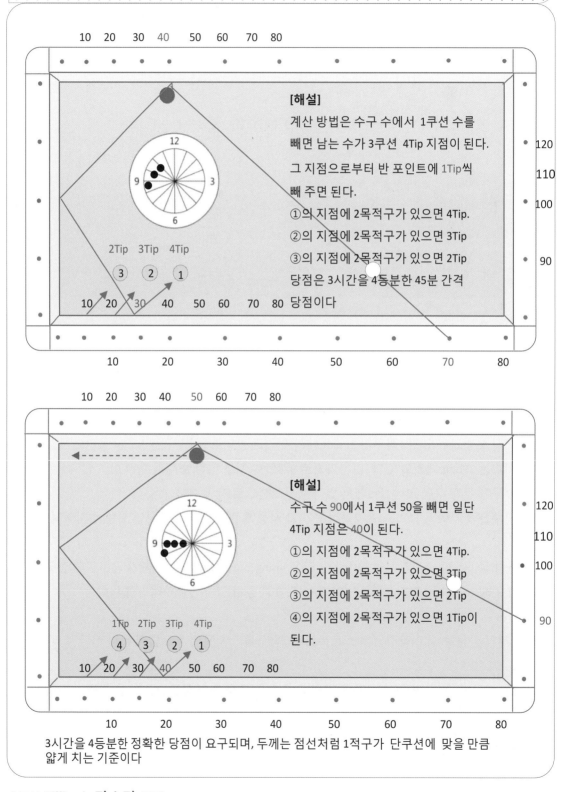

[해설]

계산 방법은 수구 수에서 1쿠션 수를
빼면 남는 수가 3쿠션 4Tip 지점이 된다.
그 지점으로부터 반 포인트에 1Tip씩
빼 주면 된다.

① 의 지점에 2목적구가 있으면 4Tip.
② 의 지점에 2목적구가 있으면 3Tip
③ 의 지점에 2목적구가 있으면 2Tip
당점은 3시간을 4등분한 45분 간격
당점이다

[해설]

수구 수 90에서 1쿠션 50을 빼면 일단
4Tip 지점은 40이 된다.

① 의 지점에 2목적구가 있으면 4Tip.
② 의 지점에 2목적구가 있으면 3Tip
③ 의 지점에 2목적구가 있으면 2Tip
④ 의 지점에 2목적구가 있으면 1Tip이
된다.

3시간을 4등분한 정확한 당점이 요구되며, 두께는 점선처럼 1적구가 단쿠션에 맞을 만큼
얇게 치는 기준이다

◆ 비껴치기 System 빠른 계산법

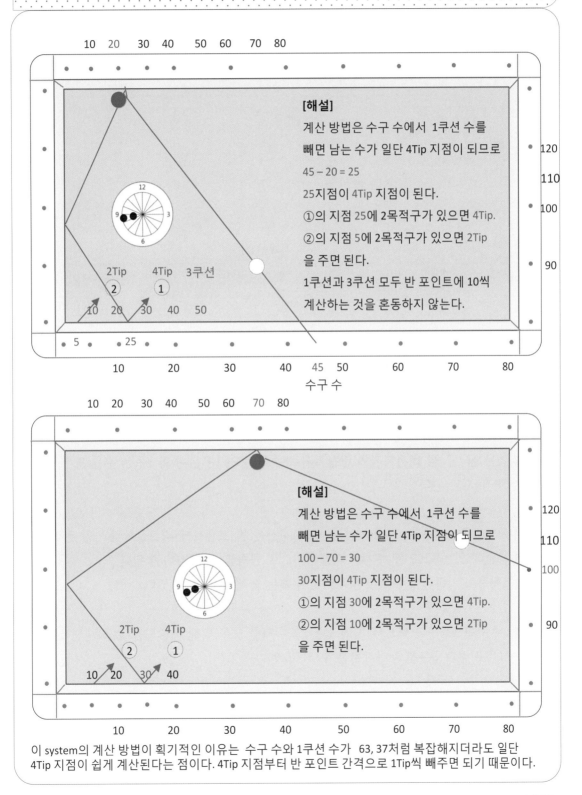

[해설]

계산 방법은 수구 수에서 1쿠션 수를
빼면 남는 수가 일단 4Tip 지점이 되므로

45 − 20 = 25

25지점이 4Tip 지점이 된다.

①의 지점 25에 2목적구가 있으면 4Tip.

②의 지점 5에 2목적구가 있으면 2Tip
을 주면 된다.

1쿠션과 3쿠션 모두 반 포인트에 10씩
계산하는 것을 혼동하지 않는다.

[해설]

계산 방법은 수구 수에서 1쿠션 수를
빼면 남는 수가 일단 4Tip 지점이 되므로

100 − 70 = 30

30지점이 4Tip 지점이 된다.

①의 지점 30에 2목적구가 있으면 4Tip.

②의 지점 10에 2목적구가 있으면 2Tip
을 주면 된다.

이 system의 계산 방법이 획기적인 이유는 수구 수와 1쿠션 수가 63, 37처럼 복잡해지더라도 일단
4Tip 지점이 쉽게 계산된다는 점이다. 4Tip 지점부터 반 포인트 간격으로 1Tip씩 빼주면 되기 때문이다.

231

◆ 비껴치기 단, 장, 단 기본도

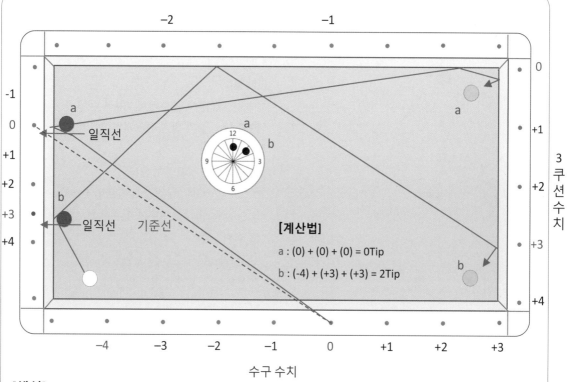

[해설]

위 도형은 단, 장, 단 비껴치기 System이다.

계산 방법은 장, 단, 장 비껴치기와 마찬가지로 수구 수와 1쿠션 수와 3쿠션 수를 모두
더한 수가 Tip수가 된다.

수구 수치와 3쿠션 수치는 1Point 간격이며, 1쿠션은 반 포인트 간격으로 1씩 가감 된다.
장쿠션 상단에 있는 –1과 –2 수치는 더블쿠션으로 공략할 때 계산하면 된다.
수구와 1적구의 기준선을 외워두면 나머지 수치는 쉽게 기억할 수 있다

계산법 : 수구와 1적구가 어느 위치에 있든 그 수치를 모두 더해 해당되는Tip을 주면 된다.
　　　　(수구 수 + 3쿠션 수 + 1쿠션 수 = Tip수)

타법 : 해당 당점을 주고 타격 없이 1적구를 일직선 두께로 맞히고 절대로 구르는 샷을
　　　　구사하면 된다. (1적구를 가볍게 부딪쳐 분리시키고 회전에 의해 기울기를 만든다)

Tip : 당점은 12시에서 9시(3시)까지 1Tip당 45분 간격으로 4등분한다.

◆ 비껴치기 Tip수 계산 방법

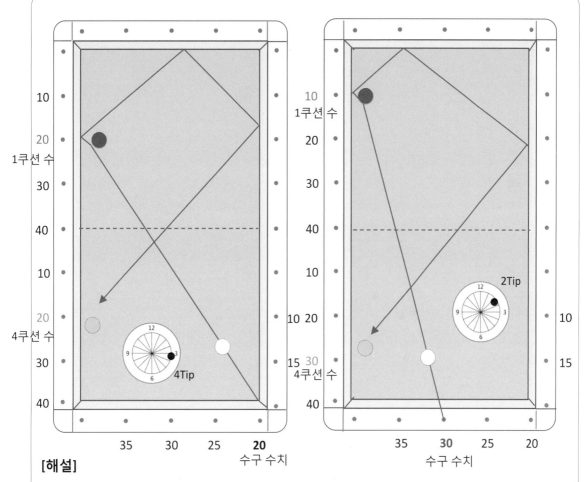

[해설]

위 도형은 비껴치기 형태의 뒤돌려치기에서 활용하는 System이다.

점선을 중심으로 1적구 수치는 상단 10 ~ 40 까지이며, 2적구 수치는 점선을 중심으로 하단 10 ~ 40까지 이다.

계산 방법은 1적구 수와 2적구 수를 더한 수에서 수구 수치를 뺀 다음, 그 수치에서 5로 나누면 Tip수가 된다.

A도형 : (20 + 20) − 20) ÷ 5 = 4Tip

B도형 : (10 + 30) − 30) ÷ 5 = 2Tip

타법 : 부드럽게 비껴 치는 타법

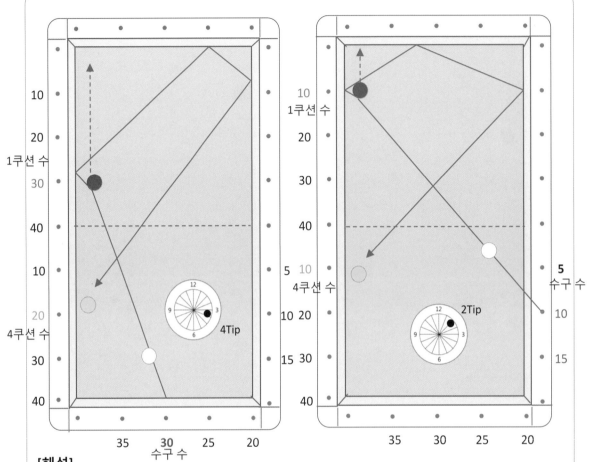

[해설]

위 도형은 비껴치기 형태의 뒤돌려치기에서 활용하는 System이다.

점선을 중심으로 1적구 수치는 상단 10 ~ 40 까지이며, 2적구 수치는 점선을 중심으로
하단 10 ~ 40까지 이다.

계산 방법은 마찬가지로 1적구 수와 2적구 수를 더한 수치에서 수구 수를 뺀 다음,
그 수치에서 5로 나누면 Tip수가 된다.

A도형 : (30 + 20) − 30) ÷ 5 = 4Tip

B도형 : (10 + 10) − 10) ÷ 5 = 2Tip

타법 : 부드럽게 비껴 치는 타법

1쿠션 지점을 변경하고 싶은 경우 0.5Point에 1Tip씩 가감하면 된다.

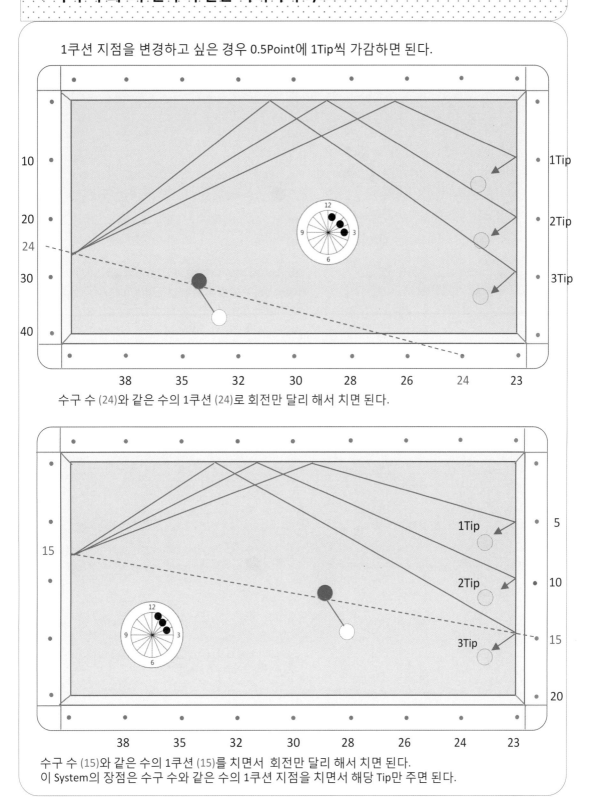

수구 수 (24)와 같은 수의 1쿠션 (24)로 회전만 달리 해서 치면 된다.

수구 수 (15)와 같은 수의 1쿠션 (15)를 치면서 회전만 달리 해서 치면 된다.
이 System의 장점은 수구 수와 같은 수의 1쿠션 지점을 치면서 해당 Tip만 주면 된다.

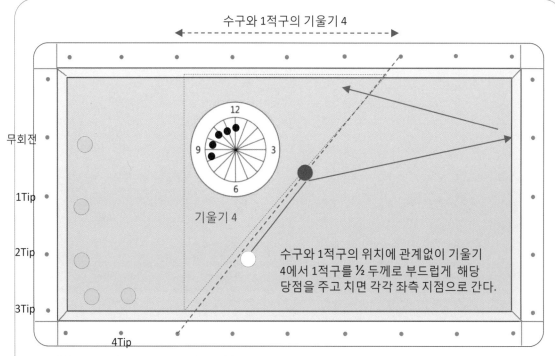

수구와 1적구의 기울기 4

무회전
1Tip
2Tip
3Tip
4Tip

기울기 4

수구와 1적구의 위치에 관계없이 기울기 4에서 1적구를 ½ 두께로 부드럽게 해당 당점을 주고 치면 각각 좌측 지점으로 간다.

기울기 4를 기준으로 스트록을 고정하면 다른 기울기에서도 똑같은 스트록을 적용하면 된다.

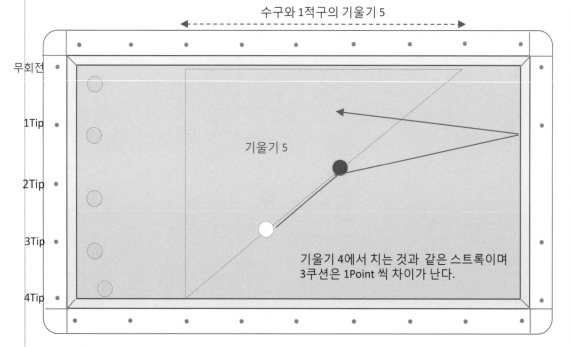

수구와 1적구의 기울기 5

무회전
1Tip
2Tip
3Tip
4Tip

기울기 5

기울기 4에서 치는 것과 같은 스트록이며 3쿠션은 1Point 씩 차이가 난다.

이 System의 장점은 1적구를 ½로 맞히는 것이 가장 큰 장점이며 0Tip 기준점에만 정확히 보낼 수 있는 스트록을 완성하면 활용 가치가 아주 높은 System이다.

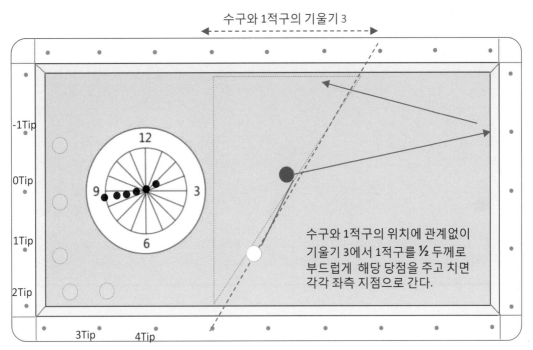

◆ 기울기로 계산하는 비껴치기 System

수구와 1적구의 기울기 3

-1Tip
0Tip
1Tip
2Tip
3Tip   4Tip

수구와 1적구의 위치에 관계없이
기울기 3에서 1적구를 ½ 두께로
부드럽게 해당 당점을 주고 치면
각각 좌측 지점으로 간다.

기울기 3에서는 곡구 현상을 막기 위해 약간의 하단 당점을 사용하는 것이 안전하다.

[해설]

위 도형은 수구와 1적구의 기울기를 이용해 득점하는 방법이며, 이 도형의 수구와 1적구의
기울기는 3이다.

이 System의 가장 큰 장점은 1적구를 ½ 두께로 맞히는 System으로 연습량에 따라 아주 유익한
System이 될 수 있다.

가장 유의해야 할 점은 기울기의 예각에 따른 곡구 현상이다.
1적구를 간명하게 부딪쳐 분리시켜 굴리는 스트록이 필요하며 많은 연습량을 통해 스트록만
터득한다면 분명 한 단계 업그레이드된 당구의 세계를 느끼게 될 것이다.

또한, 비껴치기는 스트록의 영향을 많이 받는 System이지만, 터득했을 때 게임 운영에 많은
도움이 된다.
또한, 비껴치기는 실수하더라도 디펜스를 아주 쉽게 할 수 있는 보상이 주어진다.

◆ 비껴치기 45°에서의 득점 방법

1적구와 수구의 위치가 기울기 45°를 유지 한다면 1적구의 위치가 변동되어도 상관없다.

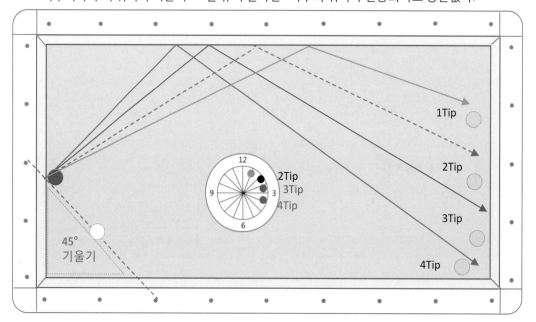

위 도형처럼 기울기 45°에서 1적구를 얇게 맞히고 결대로 부드럽게 굴리면 우측 Tip 수 표시 지점으로
수구가 진행된다. 45° 기울기에서의 한계각이므로 외워두면 선구가 가능한지를 판단할 수 있다.

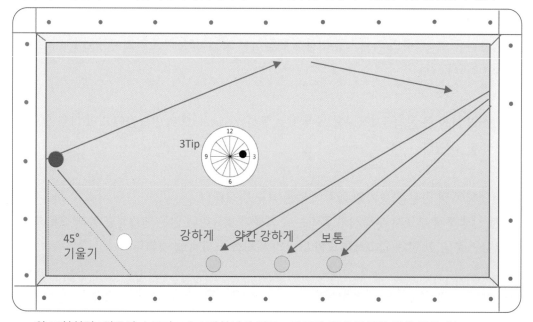

위 도형처럼 1적구와 수구가 45°로 배치되어 있고, 2적구가 길게 위치해 있을 경우에는
똑같이 3Tip주면서 밀어치는 강도로 수구의 움직임을 조절할 수도 있다.
큐를 길게 밀어 칠수록 수구는 길게 내려온다.

베르니 System을 이용한 무회전 비껴치기

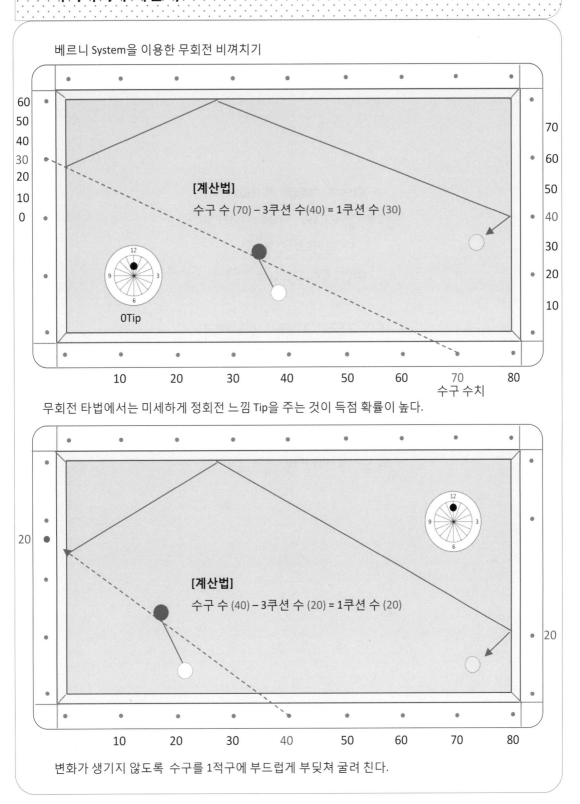

[계산법]
수구 수 (70) − 3쿠션 수(40) = 1쿠션 수 (30)

0Tip

수구 수치

무회전 타법에서는 미세하게 정회전 느낌 Tip을 주는 것이 득점 확률이 높다.

[계산법]
수구 수 (40) − 3쿠션 수 (20) = 1쿠션 수 (20)

변화가 생기지 않도록 수구를 1적구에 부드럽게 부딪쳐 굴려 친다.

다양한 형태로 전개되는

앞으로 걸어치기와 안으로 넘어치기는

다 득점으로 연결하기

위한 필수 System 이다.

특히 2점제 경기에서 승리하려면

다양한 걸어치기 형태에서

득점률을 높여야 한다.

걸어치기 System에서 가장 중요한 것은

1쿠션 기준점에 대해

확실하게 이해하는 것이 중요하다.

1뱅크 넣어치기 & 걸어치기

- 안으로 넣어치기 간단한 겨냥법
- 안으로 넣어치기 3쿠션 지점 계산법
- 안으로 넣어치기 기본도
- 안으로 넣어치기 길게 치는 요령과 짧게 치는 요령
- 안으로 넣어치기 특수 타법
- Plate System(되돌려치기)
- 미러(거울)법칙을 이용한 앞으로 걸어치기
- 앞으로 걸어치기 회전 System
- 앞으로 걸어치기(단, 장, 단)겨냥점과 당점

◆ 안으로 넣어치기 간단한 겨냥법

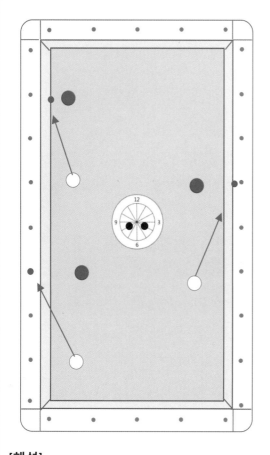

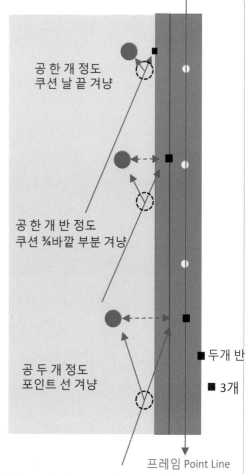

공 한 개 정도
쿠션 날 끝 겨냥

공 한 개 반 정도
쿠션 ¾바깥 부분 겨냥

공 두 개 정도
포인트 선 겨냥

■ 두개 반

■ 3개

프레임 Point Line

[해설]

안으로 넣어치기에서 1적구의 겨냥점을 찾는 방법을 알아 두면 쉽게 득점할 수 있다.

1. 공 한 개 정도 떨어져 있을 경우에는 1적구의 맞은편 쿠션 날 안쪽 끝■을 겨냥한다.
2. 공 한 개 반 정도 떨어져 있을 경우에는 쿠션 바깥 쪽 끝■을 겨냥한다.
3. 공 두개 정도 떨어져 있을 경우에는 프레임 Point Line ■을 겨냥한다.
4. 공 두개 반은 프레임 끝을, 공 세 개가 떨어져 있을 때는 프레임 바깥에서 공 반 개 뒤를 겨냥.

   2. 3번의 경우 수구를 얇게 걸어 칠 때는■부분의 안쪽을 겨냥하고 두껍게 겨냥할 경우에는
   ■ 부분의 바깥쪽을 겨냥하면 된다.

이 방법은 경기중에 실질적으로 가장 빠르고 쉽게 사용할 수 있는 방법이다.

안으로 넣어치기가 생각보다 쉽지 않은 이유는 쿠션 날과 당구대 바닥과 프레임 등이 한눈에 섞여 눈에 들어오기 때문이다. 따라서 1쿠션에 대한 집중력이 필요하다.

타법 : 중 하단 2Tip 주고 평범하게 굴려 넣는다.

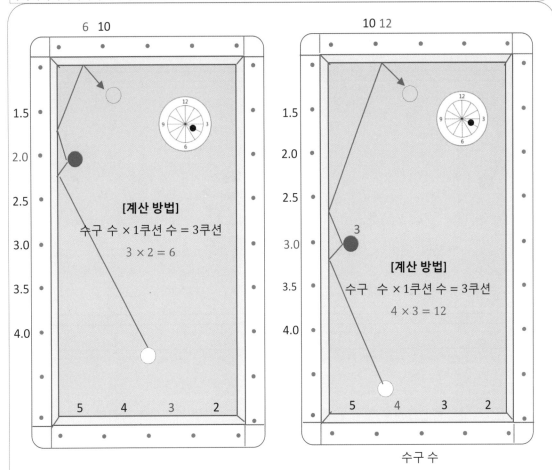

[계산 방법]

수구 수 × 1쿠션 수 = 3쿠션

3 × 2 = 6

[계산 방법]

수구 수 × 1쿠션 수 = 3쿠션

4 × 3 = 12

수구 수

[해설]

위 도형은 1적구가 쿠션에서 공 한 개 ~ 한 개 반 정도 떨어져 있다고 가정하고 평범한 스트록으로 쳤을 때 수구의 3쿠션 도착 지점을 알아내는 방법이다.

1쿠션 수치는 장쿠션 4Point 지점 (3.0지점)을 기준으로 1Point에 0.5씩 가감된다.

수구 수는 하단 단쿠션에 표시된 수치이다.

개인의 타법 성향에 따라 조금씩 다를 수 있지만 위 System을 참고로 자신만의 System을 만들어 가면 된다. 참고로 하단에 표시되어 있는 수구 수치를 스스로 조절하면 된다.

[계산 방법]

수구 수 × 1쿠션 수 = 3쿠션 수

타법 : 1.5Tip ~ 2Tip 주고 평범하게 굴려 넣는다.

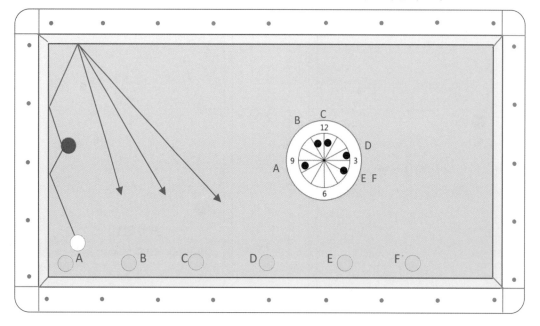

안으로 넣어치기는 당점의 상, 중, 하와 스트록 방법에 따라 진로가 크게 달라진다.

[해설]

위 도형은 1적구가 쿠션으로부터 공 한 개 남짓 떨어져 있는 것을 기준으로 득점하기 위한
타법과 회전량을 나타낸 것이다.

A. − 3Tip 주고 가장 깊숙한 지점을 끊김 없는 부드러운 샷으로 맞을 만큼 약하게 친다.

B. − 느낌 Tip만 주고 A와 마찬가지의 방법으로 스트록을 한다.

C. 무회전으로 A와 B 보다는 약간만 더 스트록에 힘을 실어준다.

D. 3시 방향 2Tip 주고 평범하게 표준 샷으로 밀어 넣는다. (자연 분리각으로 치면 된다)

E. 4시 방향 3Tip 주고 약간의 스냅(손목 사용)을 이용해 1쿠션에 탄력을 주면서 부딪친다.

F. 4시 방향 3Tip으로 당점을 더 내려 주고 스냅 샷으로 살짝 끌어치는 형태로 밀어 넣는다.

결과적으로 2적구가 예각으로 있을 경우에는 역회전을 주거나 무회전으로 치는 것이 중요하며
끊김 없는 부드러운 스트록을 구사해야 된다.
2적구가 둔각으로 위치해 있을 경우에는 1적구도 두껍게 걸고, 당점도 내리고, 회전도 많이
주면서 손목의 스냅을 사용해야 공을 끌어 칠 수 있다.

안으로 넣어치기는 당점의 상, 중, 하와 스트록에 따라 진로가 크게 달라진다.

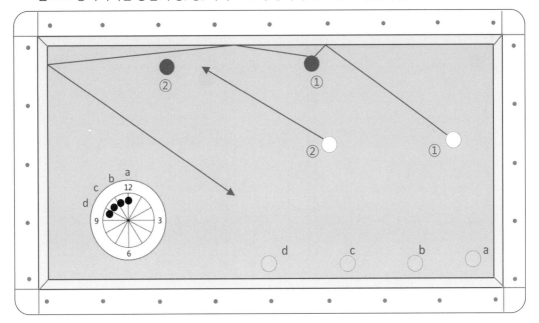

[해설]

위 도형은 1적구가 쿠션에서 한 개 보다 약간 더 떨어져 있고 수구가 약 30°~ 40°정도로 위치해 있을 경우 각각의 2목적구를 득점하기 위한 방법을 나타낸 도형이다.

a : 무회전으로 큐를 가볍게 잡고 최대한 깊숙히 부드럽고 천천히 길게 밀어 친다.

b : 느낌 Tip주고 a와 같은 스트록으로 친다.

c : 1Tip주고 약간 경쾌한 느낌으로 분리각 느낌으로 친다.

d : 3Tip 주고 약간의 스냅(손목)을 이용해 경쾌하게 1쿠션에 부딪쳐 넣어 친다.

만일 1적구와 수구가 각각 ②의 지점에 있다면 ①의 지점에 있을 때 보다 스트록의 강도를 약간 더 높여 주어야 한다.

[타법]

수구를 길게 만들어야 할 경우에는 1적구도 깊숙히 얇게 걸어야 하며,

스트록도 부드럽고 길게 천천히 밀어 쳐야 한다.

수구를 짧게 꺾어야 할 때는 손목의 스냅을 이용하고 1쿠션을 강하고 빠르게 반발 시킨다.

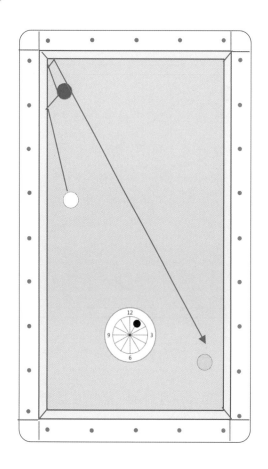
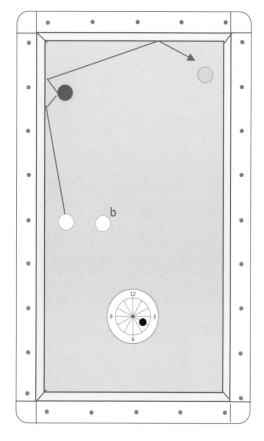

[해설]

위 도형처럼 1적구가 단쿠션 가까이 있으면서
공 한 개 보다 조금 더 떨어져 있을 경우,
상단 당점에 1Tip 주고 빠르고 강하게
밀어 치면 수구는 단쿠션에서 회전이 먹을
틈이 없이 바로 길게 솟아 올라 득점하게 된다.

[Point]

1적구를 얇게 걸어야 스피드가 유지되며
강한 스트록과 상단 당점을 반드시 사용
해야 최대한 길게 솟아 득점할 수 있다.

[해설]

짧게 안으로 넣어치기로 득점하는 장면이다.
짧게 끌어치기 위한 세가지 조건은 ~
1. 극 하단 당점을 사용한다.
2. 멕시멈 회전을 준다.
3. 임펙트와 동시에 빠르게 큐를 잡아준다.
 (Cut Shot)
(손목을 빠르게 사용하는 스냅 샷을 활용한다)

단, 수구가 b처럼 기울기가 있을 경우에는
득점 확률이 거의 희박하다.

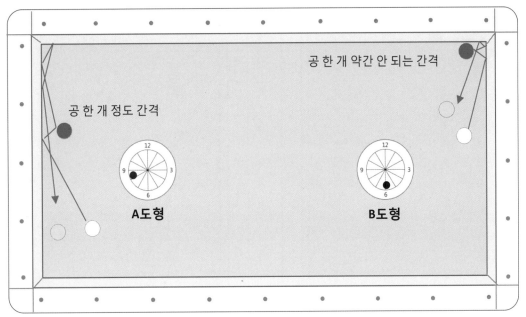

A도형의 득점 포인트는 생각보다 깊숙이 역회전 3Tip주고 큐 무게로만 끊김 없이 부드럽게 쳐야 한다.

B도형의 득점 포인트는 무회전 극 하단 당점으로 최대한 깊숙이 아주 빠르게 끌어치는 느낌으로 친다.

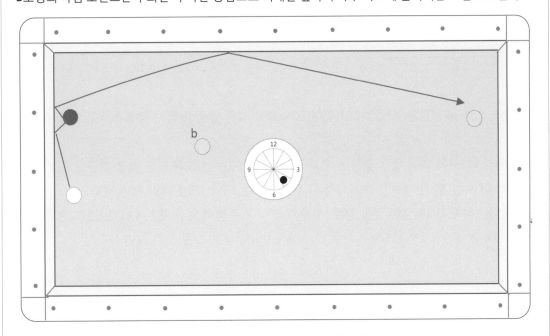

1쿠션을 부드럽게 끌어주는 느낌으로 큐를 천천히 아주 깊게 밀어 넣는다.
스트록이 빠르거나 끊기면 수구는 b가 있는 방향으로 향하게 된다.

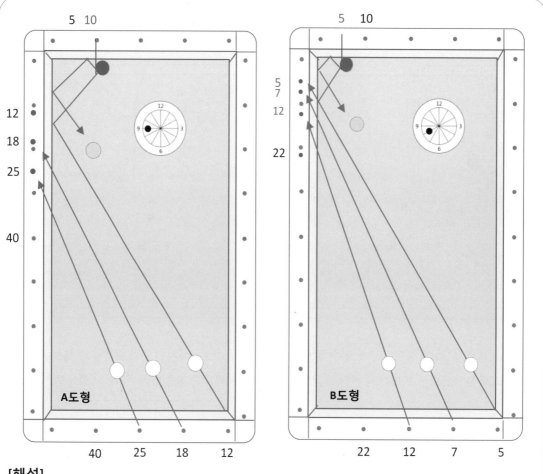

[해설]

위 도형의 System 명칭은 되돌려치기이며, Line별 수치만 알면 어렵지 않게 득점할 수 있다.

A도형처럼 1적구가 10에 있을 경우 우측 하단 코너에서 1쿠션 12를 치는 것을 기준으로,
하단 1Point 지점에서는 1쿠션 18을, 2Point 지점에서는 1쿠션 25를 각각 치면 된다.
B도형처럼 1적구가 5지점에 있을 경우, 수구가 코너 기준점에 있을 때는 1 : 1로 5를 치면 된다.
1Point Line에서는 7, 2Point Line에서는 12, 3Point Line에서는 22를 각각 치면 된다.
.

[타법]

도형처럼 당점을 주고 부드럽게 1쿠션에 굴려 분리각을 이용해 득점한다.
되돌려치기 System은 수구가 1적구를 부딪치면 생각보다 잘 꺾이므로 부드러운 샷이 요구된다.
1적구의 수치 계산은 공의 면 끝 계산하고 1쿠션은 프레임 포인트로 계산한다.

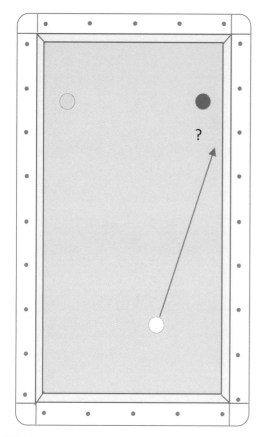 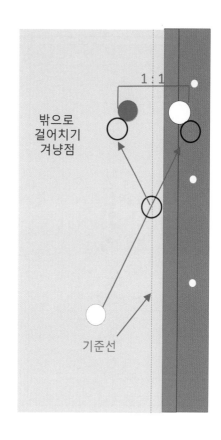

[해설]

위 도형은 앞으로 걸어치기에서 1쿠션 지점을 찾기 위한 방법을 나타낸 도형이다.

앞으로 걸어치기는 안으로 넣어치기 보다 정확도를 요구하기 때문에 많은 연습이 필요하다.

앞으로 걸어치기에서 가장 중요한 핵심은 대칭기준선을 정하는 것이다.

미러(거울)법칙을 활용하는 경우 쿠션 날로부터 공의 반지름 만큼 떨어진 지점을 대칭기준선

으로 삼아야 한다. (공의 반지름인 $30.75mm$ 만큼 공이 쿠션 날에 일찍 부딪치기 때문)

대칭기준선을 기준으로 1적구와 1 : 1 되는 지점에 이미지 볼을 만든 다음, 1적구를 맞혀야

할 지점의 대칭되는 이미지 볼 지점을 향해 부드럽게 굴려 치면 된다.

◆ 걸어치기에서 가장 중요한 것은 1쿠션에 대한 집중력이다.

   프레임과 쿠션 날과 쿠션이 한눈에 정확히 들어오지 않기 때문이다.

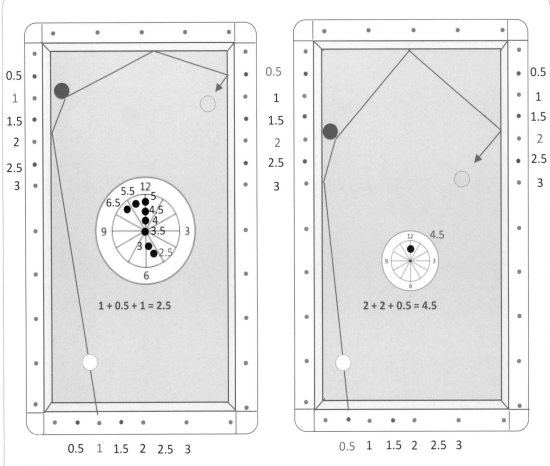

[해설]

위 도형은 1적구가 쿠션에 가까이 있을 경우 앞으로 걸어치기 기본 도형이다.

1쿠션, 3쿠션, 수구 포인트 모두 0.5 포인트 간격으로 되어있다.

유의할 점은 당점 수치가 높을 때와 당점 수치가 낮을 때 각각 다른 타법을 구사해야 한다.

[타법]

당점 수치가 낮을수록 하단 Tip에 약간의 스피드가 필요하며,

당점 수치가 높을수록 상단 Tip에 타격감 없는 부드러운 샷으로 천천히 굴려야 한다.

[계산법]

1쿠션 수치 + 3쿠션 수치 + 수구 수치 = 지정 Tip

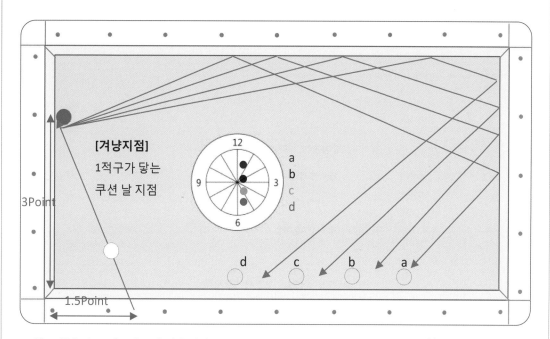

위 도형은 수구와 1적구의 기울기가 3Point : 1.5Point처럼 2 : 1 인 경우, 1적구를 ½두께로 해당 당점을 주고 걸어치기 하면 a,b,c,d 방향으로 각각 진행된다.

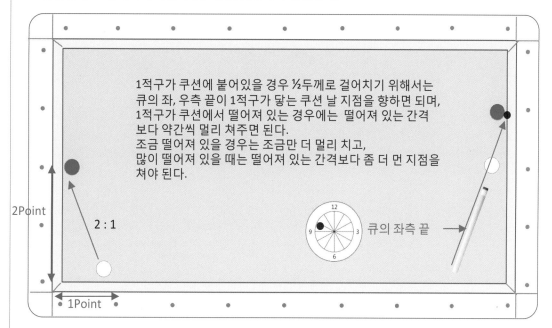

기울기가 2Point : 1Point 로 2 : 1인 경우 마찬가지 방식으로 걸어 치면 된다.

타법 : 경쾌하게 밀어치기.

게임중에 자주 등장하는
투 쿠션 넘어치기는
생각했던 것보다
득점에 실패하는 경우가 많다.

첫 번째 이유는 2쿠션 지점이
보기보다 쉽지 않기 때문이며,

두 번째 이유는 스트록 때문이다.
투 뱅크 넘어치기는
철저하게 굴려 쳐야 한다.

2뱅크 System

- 삼각법을 이용해 1쿠션 찾는 법

- 2뱅크 무회전 System

- 2뱅크 회전 System

- 1적구가 1Point 앞에 있을 때 치는 방법

- 시드 System(실전형)

- 2쿠션 걸어치기 System

- 평행 이동법

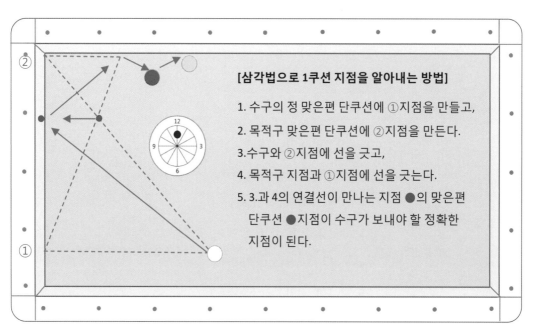

[삼각법으로 1쿠션 지점을 알아내는 방법]

1. 수구의 정 맞은편 단쿠션에 ①지점을 만들고,

2. 목적구 맞은편 단쿠션에 ②지점을 만든다.

3. 수구와 ②지점에 선을 긋고,

4. 목적구 지점과 ①지점에 선을 긋는다.

5. 3.과 4의 연결선이 만나는 지점 ●의 맞은편 단쿠션 ●지점이 수구가 보내야 할 정확한 지점이 된다.

삼각법을 이용해 1쿠션 지점을 찾는 방법은 당구에서 중요한 원리중의 하나이다.

이 방법을 익혀두면 경기중에 수시로 활용할 수 있다.

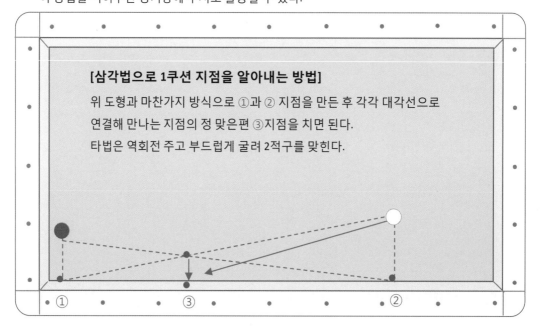

[삼각법으로 1쿠션 지점을 알아내는 방법]

위 도형과 마찬가지 방식으로 ①과 ② 지점을 만든 후 각각 대각선으로 연결해 만나는 지점의 정 맞은편 ③지점을 치면 된다.

타법은 역회전 주고 부드럽게 굴려 2적구를 맞힌다.

경기중에 시간을 오래 끌면 안되므로 평소 빠르게 계산할 수 있는 공식을 미리 익혀두어야 한다.

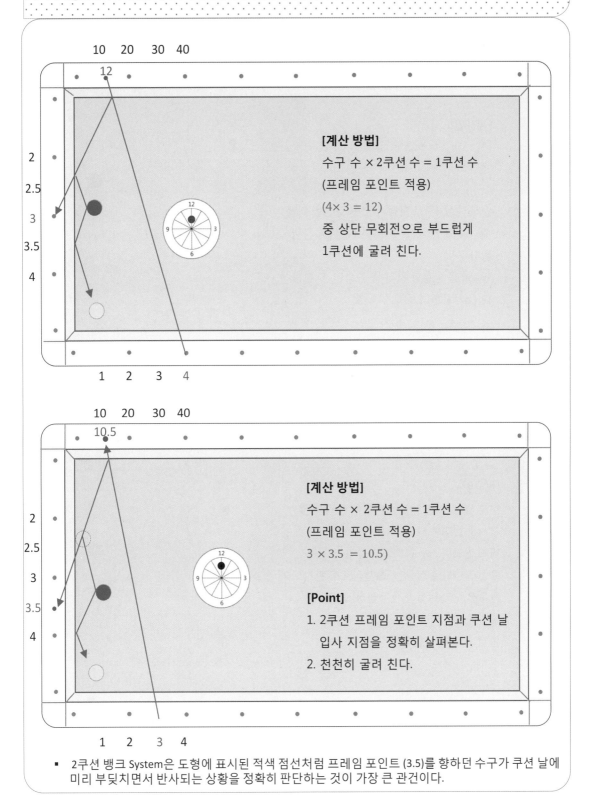

[계산 방법]

수구 수 × 2쿠션 수 = 1쿠션 수
(프레임 포인트 적용)

$(4 \times 3 = 12)$

중 상단 무회전으로 부드럽게
1쿠션에 굴려 친다.

[계산 방법]

수구 수 × 2쿠션 수 = 1쿠션 수
(프레임 포인트 적용)

$3 \times 3.5 = 10.5)$

[Point]

1. 2쿠션 프레임 포인트 지점과 쿠션 날
   입사 지점을 정확히 살펴본다.
2. 천천히 굴려 친다.

- 2쿠션 뱅크 System은 도형에 표시된 적색 점선처럼 프레임 포인트 (3.5)를 향하던 수구가 쿠션 날에
  미리 부딪치면서 반사되는 상황을 정확히 판단하는 것이 가장 큰 관건이다.

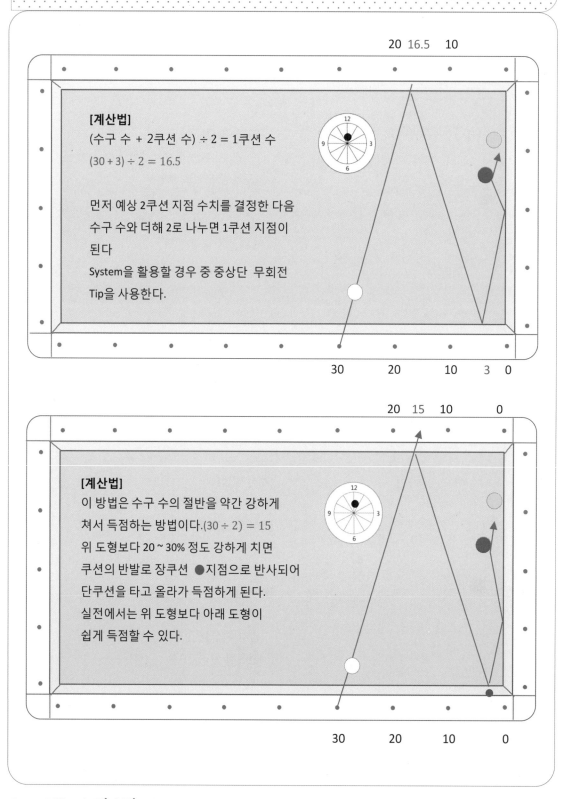

[계산법]
(수구 수 + 2쿠션 수) ÷ 2 = 1쿠션 수

$(30 + 3) ÷ 2 = 16.5$

먼저 예상 2쿠션 지점 수치를 결정한 다음
수구 수와 더해 2로 나누면 1쿠션 지점이
된다
System을 활용할 경우 중 중상단 무회전
Tip을 사용한다.

[계산법]
이 방법은 수구 수의 절반을 약간 강하게
쳐서 득점하는 방법이다.(30 ÷ 2) = 15
위 도형보다 20 ~ 30% 정도 강하게 치면
쿠션의 반발로 장쿠션 ●지점으로 반사되어
단쿠션을 타고 올라가 득점하게 된다.
실전에서는 위 도형보다 아래 도형이
쉽게 득점할 수 있다.

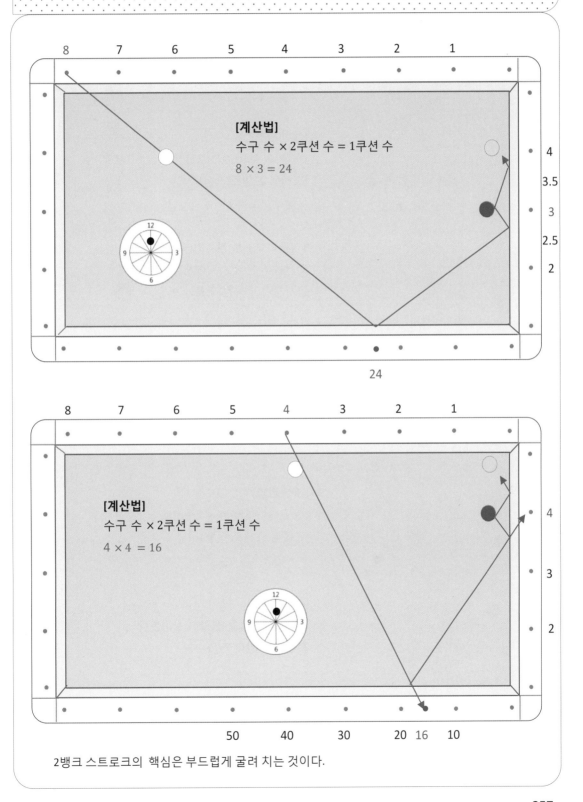

[계산법]
수구 수 × 2쿠션 수 = 1쿠션 수

$8 \times 3 = 24$

24

[계산법]
수구 수 × 2쿠션 수 = 1쿠션 수

$4 \times 4 = 16$

2뱅크 스트로크의 핵심은 부드럽게 굴려 치는 것이다.

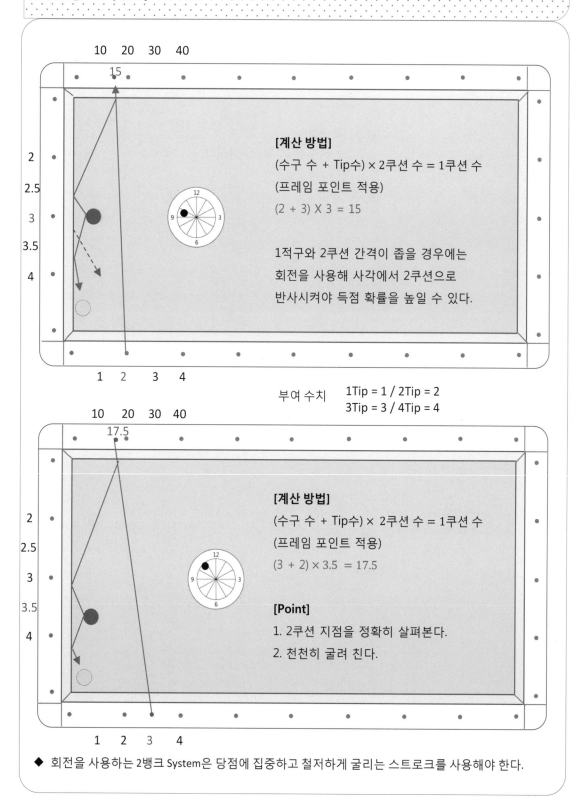

[계산 방법]

(수구 수 + Tip수) × 2쿠션 수 = 1쿠션 수

(프레임 포인트 적용)

(2 + 3) X 3 = 15

1적구와 2쿠션 간격이 좁을 경우에는
회전을 사용해 사각에서 2쿠션으로
반사시켜야 득점 확률을 높일 수 있다.

부여 수치   1Tip = 1 / 2Tip = 2
3Tip = 3 / 4Tip = 4

[계산 방법]

(수구 수 + Tip수) × 2쿠션 수 = 1쿠션 수

(프레임 포인트 적용)

(3 + 2) × 3.5 = 17.5

[Point]

1. 2쿠션 지점을 정확히 살펴본다.
2. 천천히 굴려 친다.

◆ 회전을 사용하는 2뱅크 System은 당점에 집중하고 철저하게 굴리는 스트로크를 사용해야 한다.

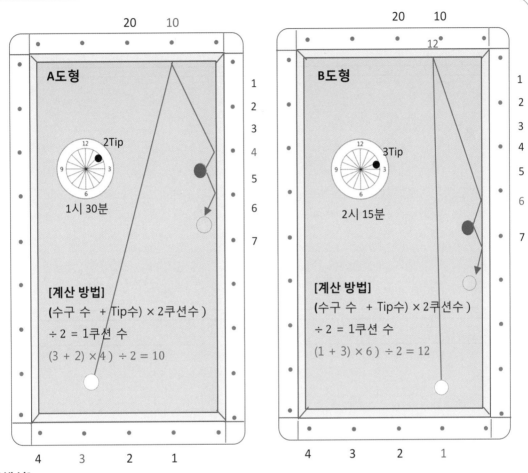

[해설]

위 도형은 목적구가 상단에 치우쳐 있고 1쿠션과의 간격이 좁아 무회전으로는 득점

가능성이 낮은 형태이다.

이 경우 회전을 주고 계산하는 방법이다.

계산 방법은 수구 수에 사용할 Tip수를 더한 다음 2쿠션 수치를 곱해 다시 2로 나누면

1쿠션 수가 된다.

A도형의 경우 2Tip을 선택했으므로 수구 수 3과 2Tip 값 2를 더하면 5가 된다.

2쿠션 수치가 4이므로 5 × 4 = 20이 된다. 20의 절반인 10을 치면 된다.

B도형의 경우 3Tip을 선택했으므로 수구 수 1과 3Tip 값 3을 더하면 4가 된다.

2쿠션 수치가 6이므로 4 × 6 = 24가 된다. 24의 절반인 12를 치면 된다.

(위 System의 2쿠션 수치는 레일 포인트를 사용한다)

타법 : 비틀어치거나 강하게 치지 말고 굴려 치는 타법이며, 정확한 당점에 집중한다.

◆ **1적구가 1Point 앞에 있을 때 치는 방법**

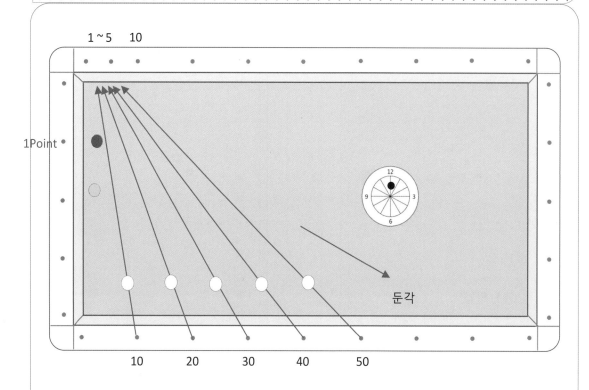

[해설]
위 도형은 2쿠션 넣어치기로 득점하는 장면이다.

도형처럼 1적구가 1Point(프레임 포인트 기준) 앞에 있을 경우 득점 방법을 나타낸 것이다.

수구가 10 부근에 있을 경우 1쿠션 1을 치면 된다.
수구가 20에 있을 경우 1쿠션 2를 치면 된다.
수구가 30에 있을 경우 3을 치면 된다.
수구가 40에 있을 경우 4를 치면 된다.
수구가 50에 있을 경우 5를 치면 된다.

이 이상 둔각으로 갈 경우에는 입사각도가 예민해지므로 시도하지 말아야 한다.

[타법]
모든 2뱅크 샷을 굴려 치는 스트록을 선택해야 한다.

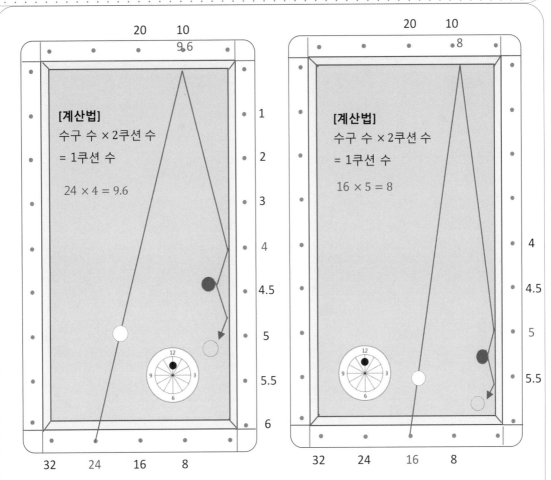

[해설]

위 도형은 과거 시드 System보다 좀 더 세밀하고 실전형으로 변형된 System이다.

시드 System에서는 수구Point를 10, 20, 30, 40으로 사용하였으나, 위 System은 수구 수치를 8, 16, 24, 32로 부여하면서, 2쿠션을 프레임 포인트가 아닌 레일 포인트를 사용한다.
2쿠션을 레일 포인트로 사용하므로 2쿠션 입사점을 보다 편리하게 개선하였다.

다만 곱하는 계산법이 다소 불편하나 System에 열의가 있는 동호인이라면 쉽게 극복하리라 생각된다.

[타법]

중 상단 무회전 당점으로 1쿠션을 부드럽게 부딪치며 굴려 주는 타법.

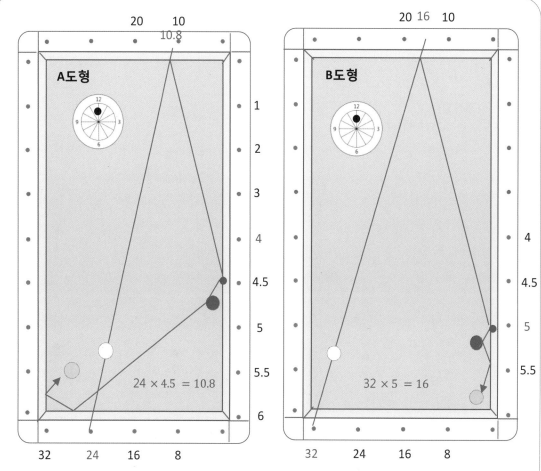

[해설]

A도형은 System을 이용해 앞으로 걸어치기 하는 장면이다.

뒤로 걸어치는 것과 계산법은 마찬가지이지만 스트록은 수구가 1적구를 맞힌 다음 밀고 내려올 수 있도록 부드럽게 구사해야 득점 확률을 높일 수 있다.

B도형의 경우는 수구와 목적구의 거리가 평균보다 길게 배치되어 있으므로 스트록을 너무 약하게 치면 퍼짐 현상이 생길 수 있으므로 2레일 정도의 스피드를 가해 주는 것이 이상적이다.

(2레일이라 함은 플러스 System에서 사용하는 정도의 스피드를 말한다)

[Point]

정확한 2쿠션 (레일 포인트) 지점 파악과 평소 곱하기 수치에 대한 암기 요령이 필요하다.

◆ 평행 이동법

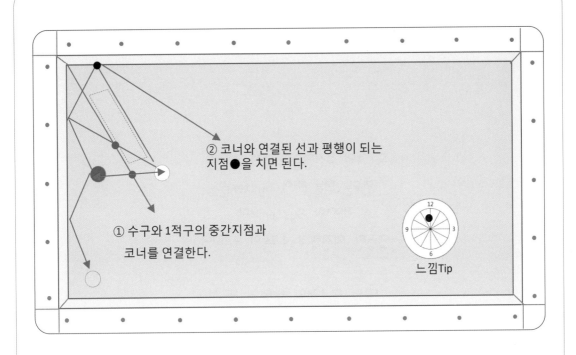

② 코너와 연결된 선과 평행이 되는
지점●을 치면 된다.

① 수구와 1적구의 중간지점과
코너를 연결한다.

느낌Tip

2쿠션 지점

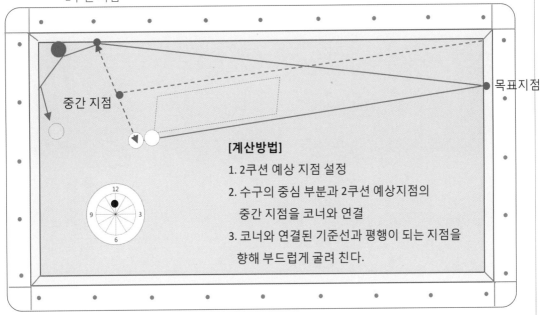

중간 지점

목표지점

[계산방법]

1. 2쿠션 예상 지점 설정
2. 수구의 중심 부분과 2쿠션 예상지점의
   중간 지점을 코너와 연결
3. 코너와 연결된 기준선과 평행이 되는 지점을
   향해 부드럽게 굴려 친다.

◆ 모든 노잉글리시 스트록에서는 100% 무회전 보다는 아주 미세하게 정회전 느낌 Tip을 주는 것이
   득점 확률이 높다.

두 개의 쿠션만을 이용해 3쿠션을
만드는 더블 레일 System은
어떠한 System보다
일정한 회전력과 스트록이 요구된다.

또한 당구대의 상태에 따라
가장 오차가 많이 생기는
System이므로
평소 꾸준한 연습이 필요하다.

더블레일 System

- 더블레일 단, 장, 단 System
- 더블레일 Ball First 단, 장, 단 System
- 더블레일 장, 단, 장 System
- 더블레일 Ball First 장, 단, 장 System
- 더블레일 투 바운딩 System

◆ 더블레일 단, 장, 단 System

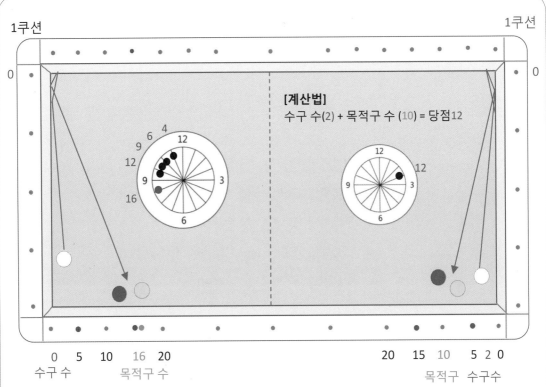

1쿠션   1쿠션

[계산법]
수구 수(2) + 목적구 수 (10) = 당점12

| 0 | 5 | 10 | 16 | 20 | | 20 | 15 | 10 | 5 | 2 | 0 |
수구 수   목적구 수   목적구 수구수

[해설]

위 좌측 도형은 수구와 목적구의 수치를 계산해 해당 당점을 선택하고 무조건 코너를 치는
System 이다.

당점의 근거는 최대 회전을 주고 코너를 쳤을 때 수구가 도착하는 평균 지점을 좌측 도형
처럼 16으로 기준한 것이며, 개인의 회전력 또는 쿠션 상태에 따라 약간의 차이 (15 ~ 18)는
있을 수 있다.

계산법은 수구 수와 목적구 수를 더해 해당되는 당점을 주면 된다.

[Point]

이 System을 활용할 경우 가장 중요한 것은 항상 일정한 스트록을 하는 것이다.

스트록 요령은 비틀어치기 없이 회전력만 살려 일정하게 스트록 해야 하며,

정확한 당점과 타격없는 부드러운 스트록이 요구된다.

만일 장, 단, 장 쿠션에서 이 System을 활용하려면 수구 수와 목적구 수를 1Point 를 5로,
2Point를 10으로 계산해 적용하면 된다.

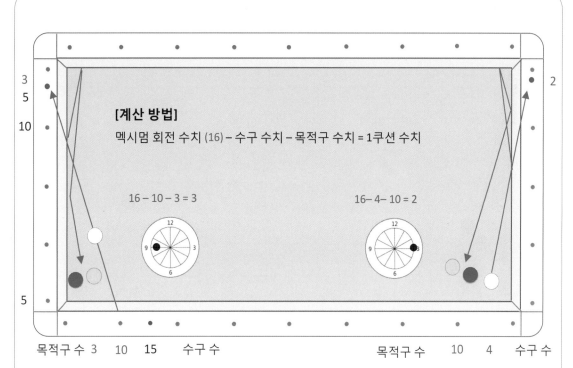

[계산 방법]

멕시멈 회전 수치 (16) − 수구 수치 − 목적구 수치 = 1쿠션 수치

16 − 10 − 3 = 3   16 − 4 − 10 = 2

목적구 수 3 10 15 수구 수   목적구 수 10 4 수구 수

위 도형은 자신의 멕시멈 역회전량을 16으로 계산한 것이다.
16의 근거는 아래 도형처럼 코너에서 멕시멈으로 코너를 쳤을 때 16으로 진행하고
수구 수 16에서 코너를 쳤을 때 코너로 되돌아오는 회전력을 말한다.

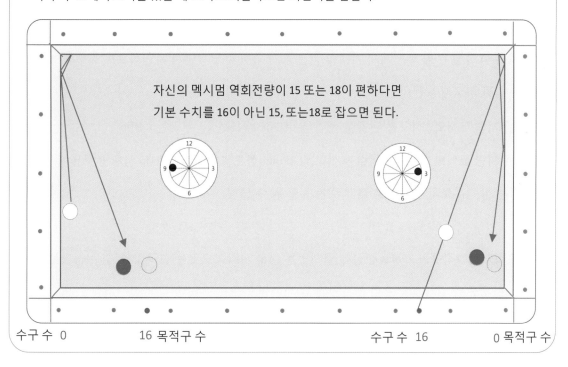

자신의 멕시멈 역회전량이 15 또는 18이 편하다면

기본 수치를 16이 아닌 15, 또는18로 잡으면 된다.

수구 수 0   16 목적구 수   수구 수 16   0 목적구 수

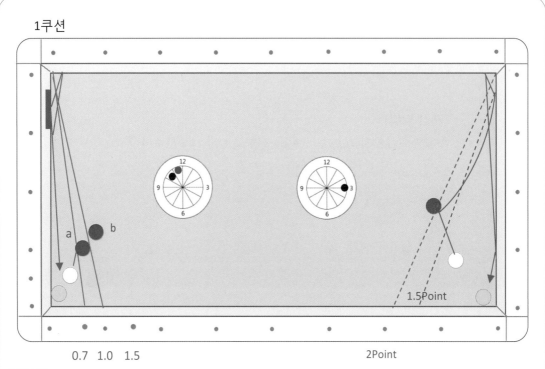

[해설]

위 도형은 1적구를 맞히고 득점을 시도하는 더블레일 장면이다.

이 공을 막상 접하게 되면 회전량을 얼마나 주어야 할지 망설이게 된다.

위 좌측 도형과 같은 공 배치에서 기억할 점은 공과 공이 부딪치면서 자연적으로 회전이 발생

한다는 점을 기억해야 한다.

a의 경우처럼 코너와 1적구를 연결한 선이 약 0.7Point 정도인 경우에는 0.5Tip.

b의 경우처럼 코너와 1적구를 연결한 선이 약 1Point 정도일 경우에는 1Tip 정도만 주면 된다.

빈쿠션을 칠 경우보다 회전량을 적게 주는 것을 알 수 있다.

우측 도형처럼 1적구가 2Point 선상에 걸쳐있는 경우 시각적으로는 선구할 수 없는 공으로

판단될 수 있으나, 3시 회전으로 부드럽게 밀어 치면 곡구를 그리며 적색 점선처럼 1.5Point

선상에서 치는 효과가 나타나 득점하게 된다.

◆ 더블레일 장, 단, 장 System

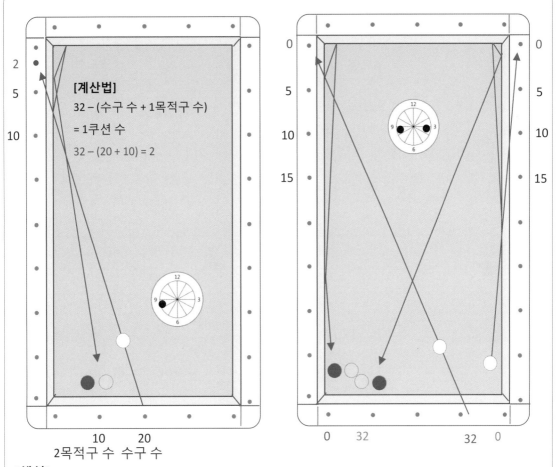

[계산법]

32 – (수구 수 + 1목적구 수)

= 1쿠션 수

32 – (20 + 10) = 2

10   20
2목적구 수 수구 수

0   32   32   0

[해설]

위 System은 멕시멈 회전을 32로 계산하고 운영하는 System이다.

32란 ? 우측의 도형처럼 32에서 좌측 상단 장쿠션 코너를 쳐서 0으로 내려오는 회전력과,

반대로 0에서 우측 상단 장쿠션 코너를 쳤을 때 3.2 Point 가 이동되는 수치임을 뜻한다.

32란 수치는 테이블의 상태 또는 치는 사람의 스트록과 회전력에 따라 35로 변할 수도 있고

30으로 변할 수도 있다.

32란 수치는 가장 무난한 평균적인 수치이며 중 하점자의 경우는 30으로 계산해도 된다.

당구대가 새롭게 세팅이 되었을 때는 더블레일 회전력이 급감 된다는 것을 기억해야 하며

심한 경우에는 20이란 수치 정도밖에 나오지 않는 경우도 있다.

타법 : 중하단 멕시멈 당점주고 큐의 무게을 이용한 부드럽고 끊김 없는 스트록이 중요하며,

　　　타구 이후에도 그립을 잡지 말아야 한다.

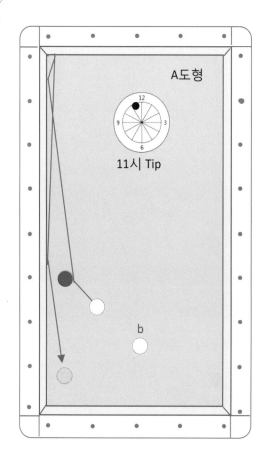

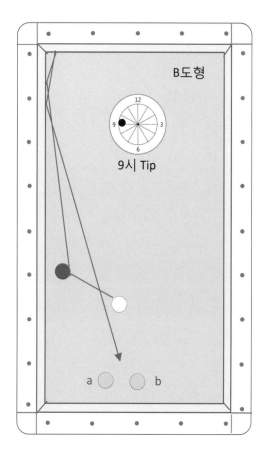

[해설

위 도형은 더블레일(일명 조단조)에서 회전량과 스트록 방법을 나타낸 도형이다.

A도형처럼 1적구와 2적구의 기울기가 완만할 경우

첫 번째는 Tip 조절이며,(11시 방향)

두 번째는 아주 일정한 속도로 느린 샷을 해야 된다.

순간적으로 스트록에 스피드가 붙으면 생각지 않던 회전이 발생하게 된다.

또 다른 방법은 회전을 3Tip 다 주고 강하게 쳐서 회전을 급감시켜 득점하는 방법도 있다.

B도형처럼 2적구의 기울기가 클 경우에는 당점이 9시 방향이 되어야 한다.

9시 ~ 8시 (3시 ~ 4시)가 회전 당점이기 때문이다.

아울러 끊김 없이 큐의 무게로만 부드럽게 치는 스트록이 필요하다.

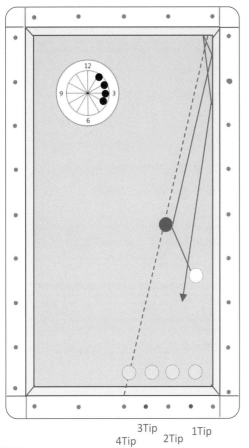

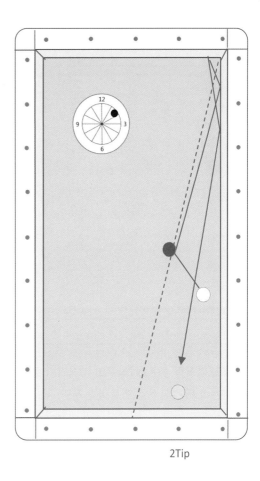

3Tip
4Tip 2Tip 1Tip

2Tip

[해설]

위 도형은 1적구가 우측 상단 코너와 하단 2Point 선상 Line 정도에 있는 것을 기준으로
더블레일 (일명 조단조) 회전량을 나타낸 도형이다.

이와 같은 형태에서는 다음 점들을 유의해야 한다.

1. 첫 번째는 빈쿠션으로 칠 경우보다 회전량을 적게 주어야 한다는 점을 기억한다.
   그 이유는 공과 공이 부딪치면 자연적으로 회전량이 늘어나기 때문이다.
2. 1쿠션 코너지점을 정확하게 겨냥한다. 당점에 집중하다 보면 두께를 놓치는 경우가 많다.
3. 1쿠션 지점을 향해 타격 없이 공을 부드럽게 굴려야 하며, 임펙트 이후에도 그립을
   끝까지 잡지 말아야 한다. 그립을 잡는 순간 회전량은 대부분 감소된다.

타격없는 샷 : 등속(같은 속도)으로 부드럽게 밀어치면서 임펙트 이후 그립을 잡지 않는다.

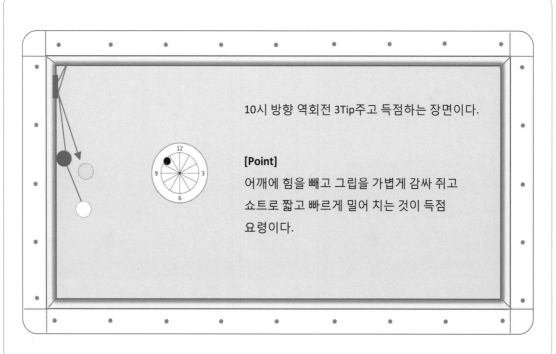

10시 방향 역회전 3Tip주고 득점하는 장면이다.

[Point]
어깨에 힘을 빼고 그립을 가볍게 감싸 쥐고
쇼트로 짧고 빠르게 밀어 치는 것이 득점
요령이다.

위 도형처럼 수구와 1적구의 비거리가 짧을 때는 길게 밀어치는 스트록 보다는 짧고 빠르게
치는 쇼트 샷이 득점 확률이 높지만,
아래 도형처럼 수구와 1적구의 비거리가 먼 경우에는 부드럽고 긴 스트록을 해야 된다.

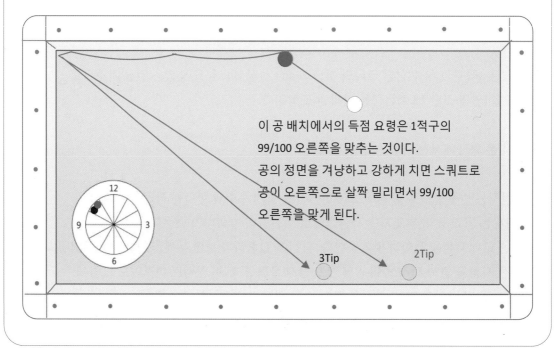

이 공 배치에서의 득점 요령은 1적구의
99/100 오른쪽을 맞추는 것이다.
공의 정면을 겨냥하고 강하게 치면 스쿼트로
공이 오른쪽으로 살짝 밀리면서 99/100
오른쪽을 맞게 된다.

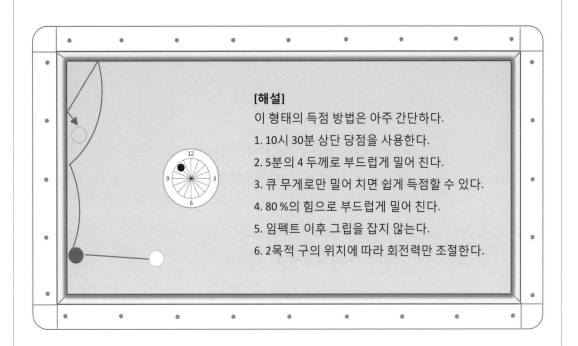

[해설]

이 형태의 득점 방법은 아주 간단하다.

1. 10시 30분 상단 당점을 사용한다.

2. 5분의 4 두께로 부드럽게 밀어 친다.

3. 큐 무게로만 밀어 치면 쉽게 득점할 수 있다.

4. 80 %의 힘으로 부드럽게 밀어 친다.

5. 임펙트 이후 그립을 잡지 않는다.

6. 2목적 구의 위치에 따라 회전력만 조절한다.

밀어치기 요령은 어깨에 힘을 빼고 그립을 부드럽게 감싸 쥐고 큐의 무게로 밀어 치는 것이다. 스트록에 끊김이 있으면 안 되며 부드럽고 길게 밀어 치는 것이 요령이다.

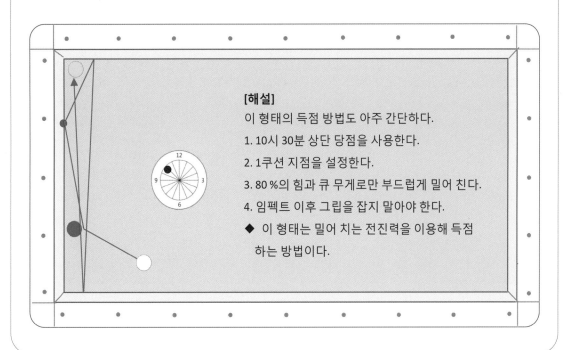

[해설]

이 형태의 득점 방법도 아주 간단하다.

1. 10시 30분 상단 당점을 사용한다.

2. 1쿠션 지점을 설정한다.

3. 80 %의 힘과 큐 무게로만 부드럽게 밀어 친다.

4. 임펙트 이후 그립을 잡지 말아야 한다.

◆ 이 형태는 밀어 치는 전진력을 이용해 득점 하는 방법이다.

상대방의 디펜스를 해결하기 위해서는
횡단 샷과 더블쿠션을 필히 익혀두어야 한다.

처음에는 비교적 어렵게 접근하지만
타법과 요령만 터득하면
의외로 에러마진이 큰 형태가
횡단 샷과 더블쿠션이다.

처음부터 System을 기준 삼아
익혀나가기를 권장한다.

횡단 샷과 더블쿠션

- 횡단 샷 기본 System
- 더블쿠션 대칭 원리
- No English 더블 System

- ½ Ball System
- 더블 System 계산 방법
- 단, 단, 장 더블 System

◆ 횡단 샷 기본 System

◆ 횡단 샷의 기본은 1적구를 얇게 겨냥한 다음 1쿠션을 빠르고 경쾌하게 밀어 치는 것이다.

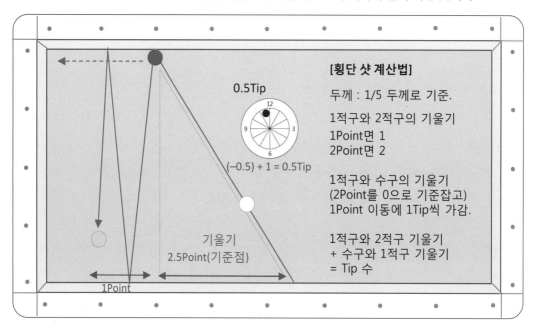

0.5Tip

(−0.5) + 1 = 0.5Tip

기울기
2.5Point(기준점)

1Point

[횡단 샷 계산법]

두께 : 1/5 두께로 기준.

1적구와 2적구의 기울기
1Point면 1
2Point면 2

1적구와 수구의 기울기
(2Point를 0으로 기준잡고)
1Point 이동에 1Tip씩 가감.

1적구와 2적구 기울기
+ 수구와 1적구 기울기
= Tip 수

◆ 횡단 샷에서 가장 이상적인 두께는 기울기 2Point에서 밀어 쳤을 때 수구가 일직선으로 반사되는 4분의 1에서 5분의 1 정도의 두께이다.

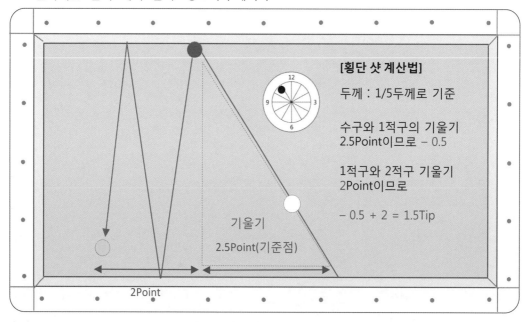

기울기
2.5Point(기준점)

2Point

[횡단 샷 계산법]

두께 : 1/5두께로 기준

수구와 1적구의 기울기
2.5Point이므로 − 0.5

1적구와 2적구 기울기
2Point이므로

− 0.5 + 2 = 1.5Tip

◆ 3단 샷은 1/5 두께로 얇게 치는 것이 바람직하며 가급적 1Tip 이상은 사용하지 않는 것이 요령이다.

◆ 횡단 샷 기본 System

횡단 샷의 기본은 1적구를 얇게 겨냥한 다음 쿠션을 부드럽게 부딪치는 느낌으로 친다.

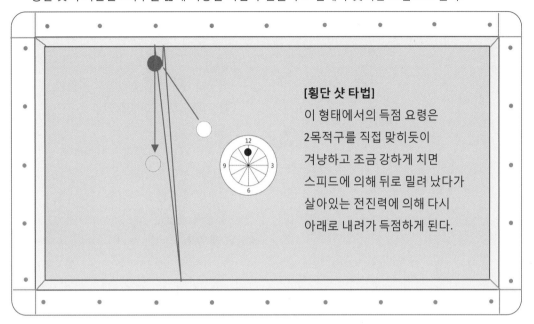

[횡단 샷 타법]
이 형태에서의 득점 요령은
2목적구를 직접 맞히듯이
겨냥하고 조금 강하게 치면
스피드에 의해 뒤로 밀려 났다가
살아있는 전진력에 의해 다시
아래로 내려가 득점하게 된다.

횡단 샷 연습 방법은 수구가 일직선으로 왕복하는 자신의 기울기를 먼저 고정해야 한다.
기울기 2에서 무회전으로 쳐서 일직선으로 수구가 왕복하는 두께면 적당하다.

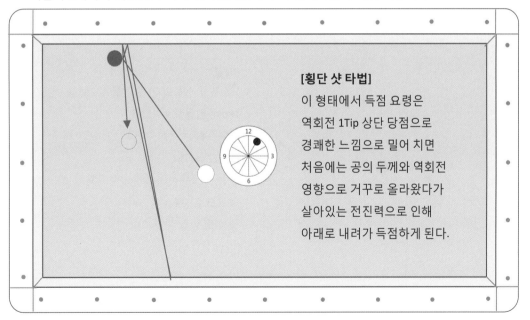

[횡단 샷 타법]
이 형태에서 득점 요령은
역회전 1Tip 상단 당점으로
경쾌한 느낌으로 밀어 치면
처음에는 공의 두께와 역회전
영향으로 거꾸로 올라왔다가
살아있는 전진력으로 인해
아래로 내려가 득점하게 된다.

횡단 샷은 임펙트와 동시에 그립을 잡으면 아래로 내려가지 못하고 왕복만 한다.
임펙트 이후 그립이 너무 느슨하거나 많이 밀어 치면 아래로 많이 내려간다.
위 사항들을 참고해 그립의 강도와 밀어주는 정도를 결정해야 한다.

◆ 횡단 샷 기본 System

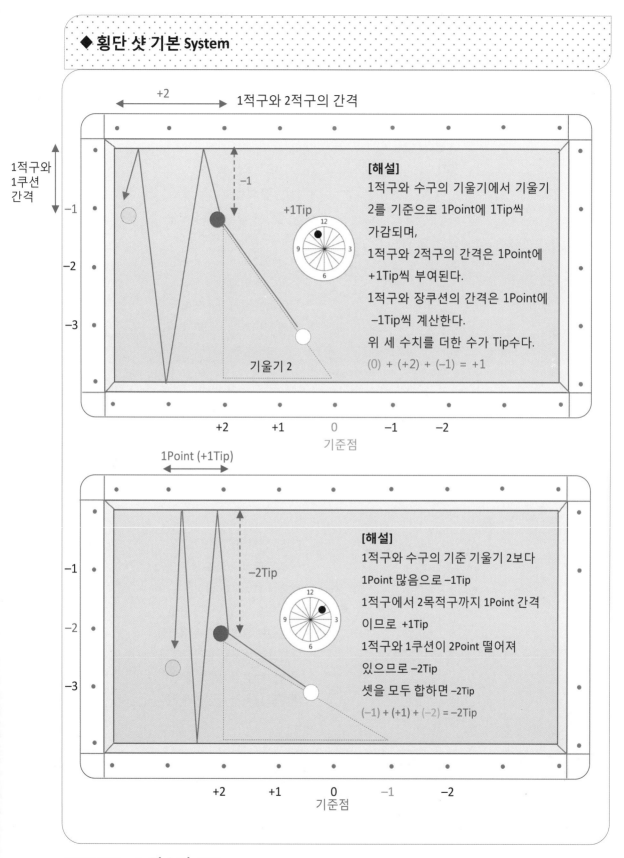

+2

1적구와 2적구의 간격

1적구와 1쿠션 간격

−1

−1

−2

−3

+1Tip

기울기 2

[해설]
1적구와 수구의 기울기에서 기울기 2를 기준으로 1Point에 1Tip씩 가감되며,

1적구와 2적구의 간격은 1Point에 +1Tip씩 부여된다.

1적구와 장쿠션의 간격은 1Point에 −1Tip씩 계산한다.

위 세 수치를 더한 수가 Tip수다.

(0) + (+2) + (−1) = +1

+2   +1   0   −1   −2
기준점

1Point (+1Tip)

−1

−2

−3

−2Tip

[해설]
1적구와 수구의 기준 기울기 2보다 1Point 많음으로 −1Tip

1적구에서 2목적구까지 1Point 간격 이므로 +1Tip

1적구와 1쿠션이 2Point 떨어져 있으므로 −2Tip

셋을 모두 합하면 −2Tip

(−1) + (+1) + (−2) = −2Tip

+2   +1   0   −1   −2
기준점

◆ 횡단 샷 기본 System

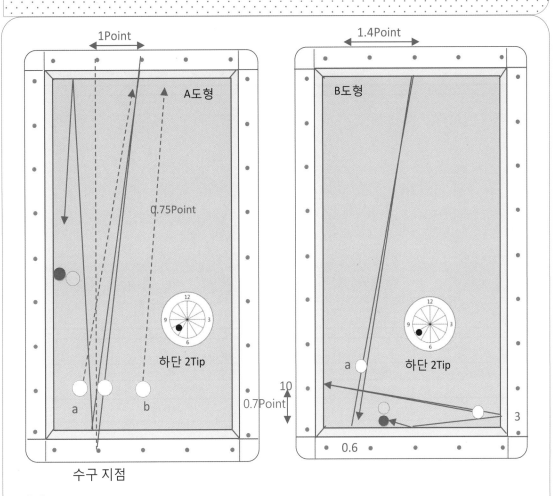

[해설]

위 A도형처럼 수구(원 포인트)지점에서 장축 좌측에 있는 목적구를 맞히려면 하단 7시 30분 2Tip 당점으로 1Point를 역으로 올려 치면 도형처럼 왕복 2.8Point가 이동되어 득점하게 된다.

만일 a지점에 있는 수구로 득점하려면 적색 점선처럼 역으로 1.5Point를 올려 쳐야 하며,

b지점에 있는 수구로 득점하려면 적색 점선처럼 0.75Point를 역으로 올려 치면 된다.

B도형 하단에 있는 형태는 수구 수 0.3Point지점에서 0.7Point를 역으로 올려 1쿠션 1Point지점 10을 치면 왕복 1.4Point가 이동되어 제자리로 돌아온다.(7×2 = 14)

B도형 a지점에서 1.4Point를 올려 치면 제자리로 돌아온다. 왕복 2.8Point가 이동된다.

[타법]

하단 2Tip주고 부드러운 롱 스트로크로 1쿠션을 부딪쳐 반사시킨다.

4Tip 회전 주고 얇게 치면 기울기만큼 대칭으로 이동된다.

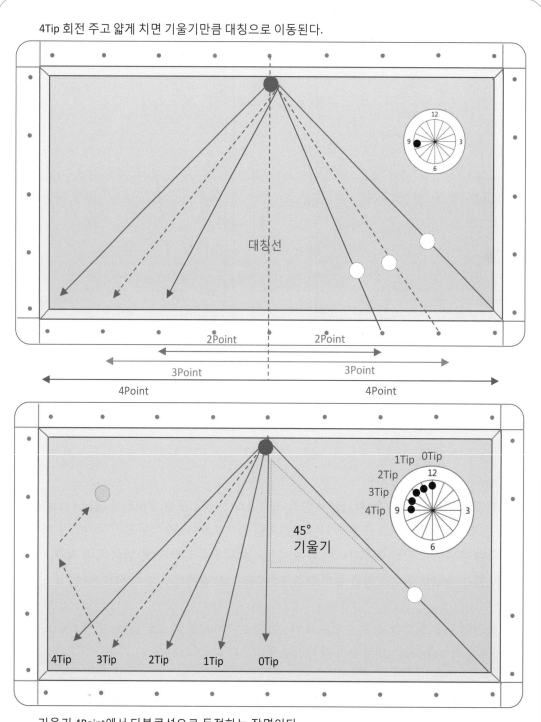

대칭선

2Point
2Point
3Point
3Point
4Point
4Point

45°
기울기

1Tip 0Tip
2Tip
3Tip
4Tip

4Tip 3Tip 2Tip 1Tip 0Tip

기울기 4Point에서 더블쿠션으로 득점하는 장면이다.
그림처럼 2목적구가 좌측 상단에 있다면 표시된 것처럼 3Tip을 주고 득점하면 된다.
타법 : 부드럽게 굴려 수구를 1적구와 분리시키는 타법을 사용한다.

기울기 3에서 ¼ 두께로 각각의 회전을 주고 치면 도표처럼 이동된다.

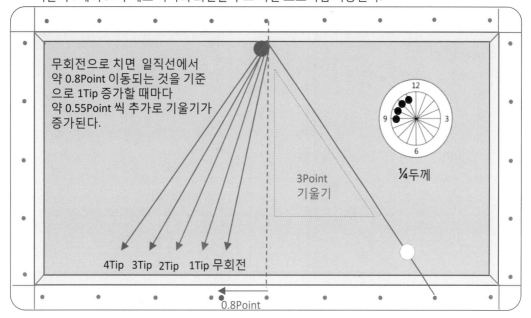

무회전으로 치면 일직선에서
약 0.8Point 이동되는 것을 기준
으로 1Tip 증가할 때마다
약 0.55Point 씩 추가로 기울기가
증가된다.

3Point
기울기

¼두께

4Tip 3Tip 2Tip 1Tip 무회전

0.8Point

기울기 3에서 멕시멈 회전 주고 얇게 치면 기울기 3만큼인 3Point가 내려간다.
더블쿠션으로 득점하기 위해서는 본 도형의 기울기와 Tip수를 이용해 득점하는 방법을
구상하면 보다 쉽게 득점할 수 있다.

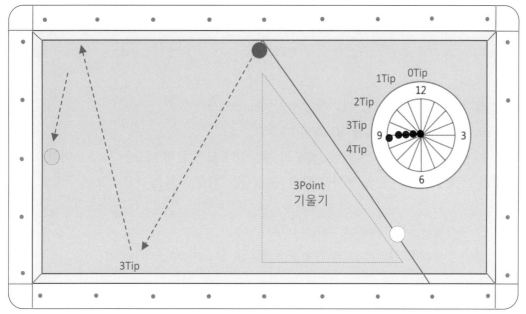

3Point
기울기

3Tip

기울기 3Point 에서 더블쿠션으로 득점하는 장면이다.
그림처럼 2목적구가 좌측에 있다면 표시된 것처럼 3Tip을 주고 득점하면 된다.
타법 : 타격없는 타법으로 1적구를 스치듯이 부드럽게 맞히면서 쿠션의 반발을 이용한다.

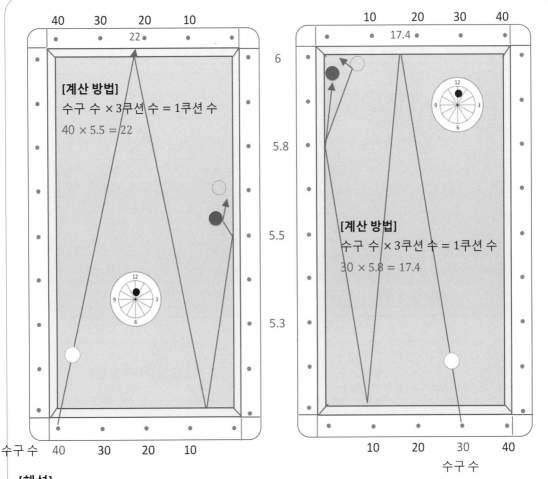

[계산 방법]
수구 수 × 3쿠션 수 = 1쿠션 수
$40 \times 5.5 = 22$

[계산 방법]
수구 수 × 3쿠션 수 = 1쿠션 수
$30 \times 5.8 = 17.4$

수구 수

[해설]

위 도형은 단, 단, 장으로 득점하는 더블쿠션 System이다.

수구 수와 1쿠션 수는 포인트별 10~40이며,

3쿠션 수치만 기억하면 1쿠션 2쿠션 별도의 계산없이 쉽게 답이 나오는 System이다.

테이블의 상태에 따라 약간의 오차는 있을 수 있지만, 작은 오차는 스트록으로 극복할 수 있다.

장, 장, 단 쿠션과는 3쿠션 수치가 약간 다르다

(중간지점을 기준으로 장, 장, 단 System은 6. 단, 단, 장 System은 5.5이다)

모든 노잉글리시 System이 마찬가지듯이 1쿠션을 부드럽게 밀어 쳐서 반사시킨다.

특히 우측 도형처럼 1,2적구가 배열되어 있을 경우 이 System이 가장 빅볼이 된다.

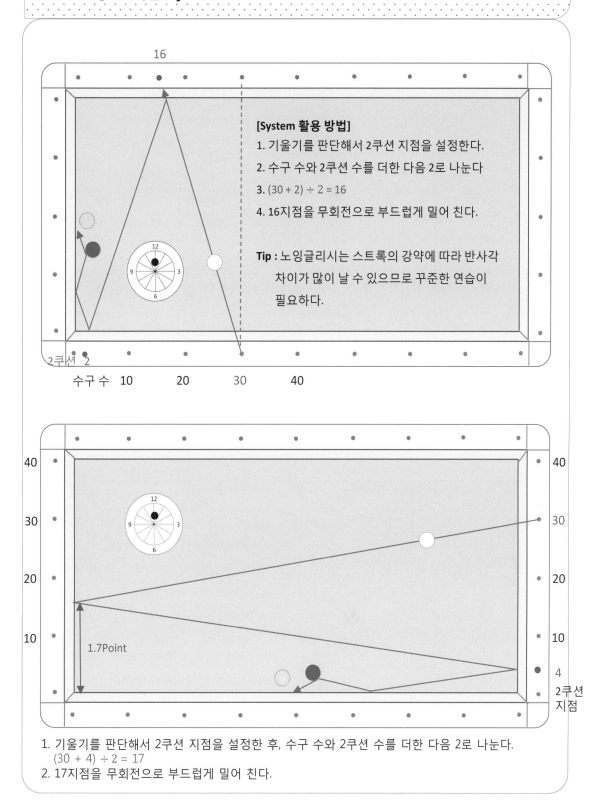

[System 활용 방법]

1. 기울기를 판단해서 2쿠션 지점을 설정한다.

2. 수구 수와 2쿠션 수를 더한 다음 2로 나눈다

3. (30 + 2) ÷ 2 = 16

4. 16지점을 무회전으로 부드럽게 밀어 친다.

Tip : 노잉글리시는 스트록의 강약에 따라 반사각
차이가 많이 날 수 있으므로 꾸준한 연습이
필요하다.

1. 기울기를 판단해서 2쿠션 지점을 설정한 후, 수구 수와 2쿠션 수를 더한 다음 2로 나눈다.
   (30 + 4) ÷ 2 = 17
2. 17지점을 무회전으로 부드럽게 밀어 친다.

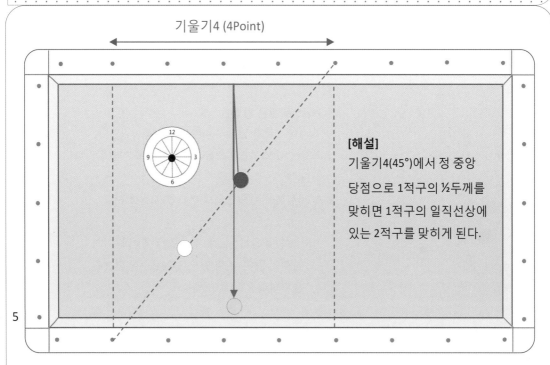

기울기4 (4Point)

[해설]
기울기4(45°)에서 정 중앙
당점으로 1적구의 ½두께를
맞히면 1적구의 일직선상에
있는 2적구를 맞히게 된다.

◆ 이 System의 원리는 기울기 4에서 1적구를 정 중앙 ½ 두께로 쳤을 때 1적구의 일직선상으로
반사되는 것을 기준으로 기울기 3에서 치면 1적구의 일직선상보다 1Point가 내려오며,
기울기 5에서 치면 1적구 지점 보다 거꾸로 1Point 올라가는 원리 이다.

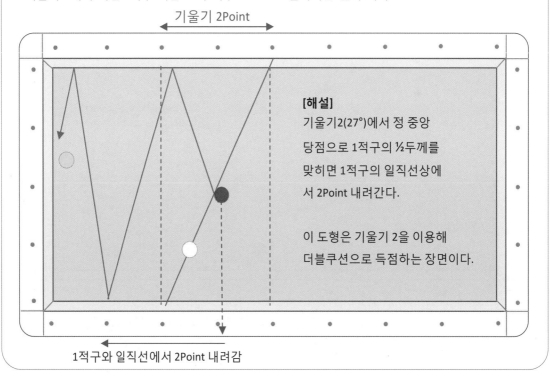

기울기 2Point

[해설]
기울기2(27°)에서 정 중앙
당점으로 1적구의 ½두께를
맞히면 1적구의 일직선상에
서 2Point 내려간다.

이 도형은 기울기 2을 이용해
더블쿠션으로 득점하는 장면이다.

1적구와 일직선에서 2Point 내려감

◆ 더블 System 계산 방법

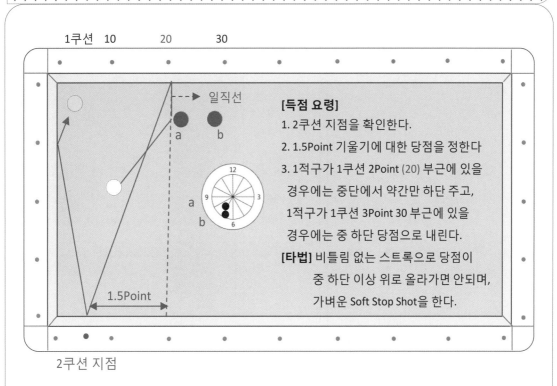

[득점 요령]

1. 2쿠션 지점을 확인한다.

2. 1.5Point 기울기에 대한 당점을 정한다

3. 1적구가 1쿠션 2Point (20) 부근에 있을
   경우에는 중단에서 약간만 하단 주고,
   1적구가 1쿠션 3Point 30 부근에 있을
   경우에는 중 하단 당점으로 내린다.

[타법] 비틀림 없는 스트록으로 당점이
중 하단 이상 위로 올라가면 안되며,
가벼운 Soft Stop Shot을 한다.

2쿠션 지점

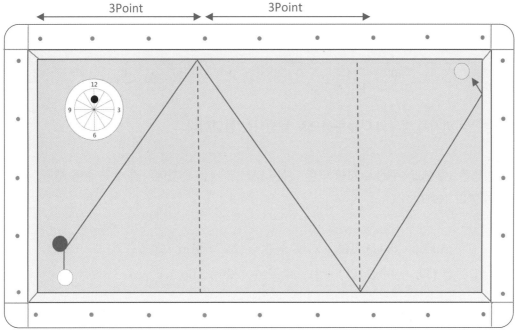

◆ 위 도형의 핵심은 타격감 없는 스트록이다. 기본 원리는 기울기 3Point로 공략하는 것인데
스트록을 길게 밀어주면 공이 퍼져 생각보다 길게 늘어질 수 있다.
간명하게 끊어 치는 스트록이 이 도형의 득점 요령이다.

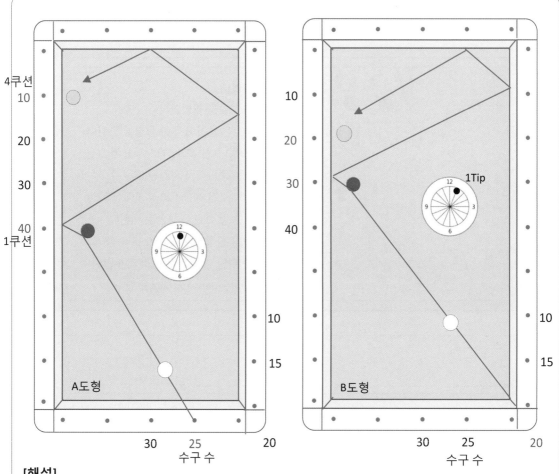

[해설]

위 도형은 비껴치기 형태의 더블쿠션으로 득점하는 장면이다.

계산 방법은 1쿠션과 4쿠션 수치를 더한 다음 다시 2로 나눈 숫자에다가 수구 수를 빼면
Tip수가 된다. (5차이가 1Tip)

A도형 : (1쿠션 (40) + 4쿠션 (10) ÷ 2) − 수구 수 (25) = 0Tip
B도형 : (1쿠션 (30) + 4쿠션 (20) ÷ 2) − 수구 수 (20) = 1Tip

[타법]

얇게 비껴치는 기준이며, 부드럽고 경쾌하게 스트록 한다.
각자 스트록의 차이가 있는 만큼 위 System을 기준으로 1Tip씩 가감하면 된다.

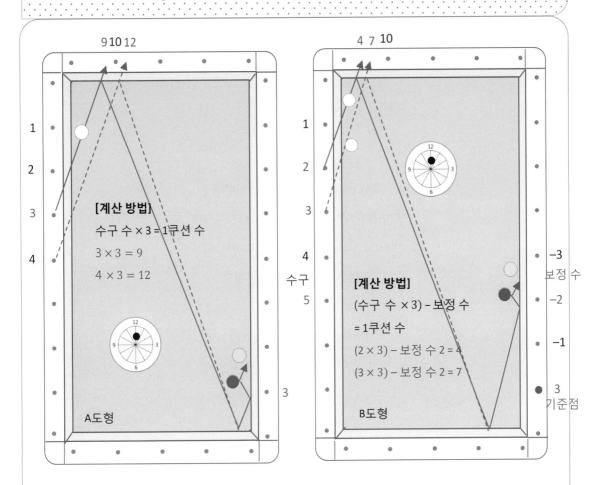

[계산 방법]

수구 수 × 3 = 1쿠션 수

3 × 3 = 9

4 × 3 = 12

A도형

[계산 방법]

(수구 수 × 3) - 보정 수

= 1쿠션 수

(2 × 3) - 보정 수 2 = 4

(3 × 3) - 보정 수 2 = 7

B도형

[해설]

위 도형은 단, 단, 장쿠션을 이용해 득점하는 System이다.

수구는 좌측 장쿠션 1, 2, 3, 4로 정하고, 우측 장쿠션 1Point지점에 3이라는 숫자를 부여해 기준점을 정한 다음, 수구 수와 3을 곱해 1쿠션을 치는 계산 방법을 사용하면 된다.

1쿠션과 2쿠션 모두 프레임 포인트를 사용한다.

B도형처럼 2목적구가 3, 4, 5 포인트로 올라가 있다면 수구 수와 3을 곱한 수에서 보정 수를 뺀 1쿠션을 치면 된다

만일 수구 수가 B도형에 표시된 것처럼 5에 있다면 수구 수에 3이 아닌 2.5를 곱해 1쿠션을 치면 된다.

[타법]

중 상단 무회전 당점을 사용하며, 수구와 1쿠션에 가까울 수록 부드럽게 굴려 쳐야 된다.

287

Reverse & System 이란?

첫 번째 쿠션은 역회전으로 시작하지만

두 번째 쿠션부터는 순회전으로 반전되면서

진행하는 System을 말한다.

Reverse & System은

타격 없이 길게 밀어 치는 타법과

Short로 1적구를 때리고 마는

타법이 있다.

리버스 & System

- 리버스 & 최대 코너각
- 리버스 & 기본 System
- 리버스 & System 계산 방법
- 리버스 & 연장 Line
- 역회전 System

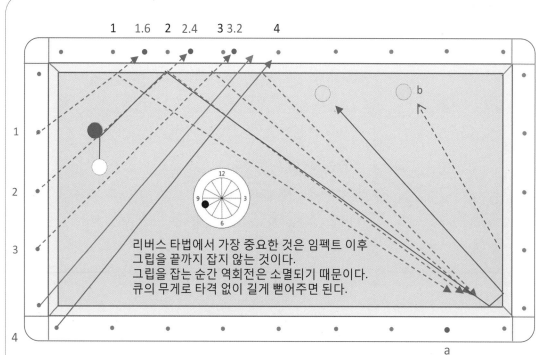

리버스 타법에서 가장 중요한 것은 임펙트 이후
그립을 끝까지 잡지 않는 것이다.
그립을 잡는 순간 역회전은 소멸되기 때문이다.
큐의 무게로 타격 없이 길게 뻗어주면 된다.

위 도형은 리버스 System 에서 코너(장쿠션)로 가는 최대 수치를 나타낸 도형이다.
8시 멕시멈 4Tip주고 타격감 없이 아주 부드럽게 1적구를 스치는 느낌으로 큐를 길게 밀어친다.
1 ~ 4Line 지점을 멕시멈 코너각으로 외우고, 2목적구가 b의 지점처럼 짧게 위치해 있다면
1쿠션을 ¼ Point 정도 얇게 맞추면 된다.

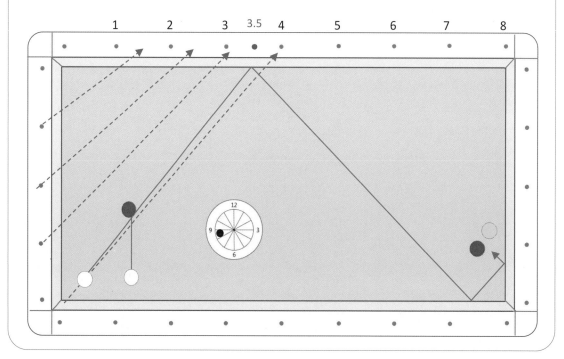

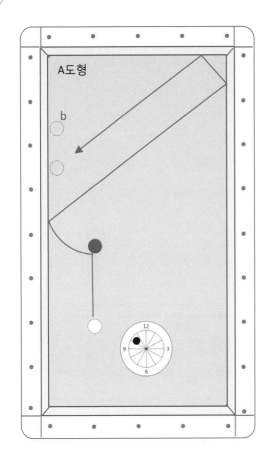

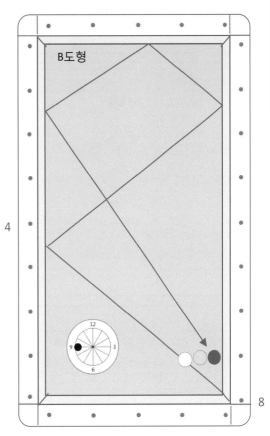

[해설]

위 도형들은 리버스로 득점하는 대표적인 장면이다.

A도형처럼 2목적구가 쿠션에 붙어 있는 경우에는 1적구를 리버스 &로 선구하는 것이 득점 확률을 높일 수 있다.

중 상단 Tip주고 ⅝두께로 밀어 치면 쉽게 득점할 수 있으며,

b처럼 2목적구가 위치해 있을 경우에는 같은 두께, 같은 타법에 당점만 낮춰주면 된다.

B도형은 리버스 &의 가장 기초가 되는 빈쿠션 돌리기 형태이다.

도형처럼 Five & Half System 으로는 1쿠션이 보이지 않을 경우 리버스 & System을 활용하면 쉽게 득점할 수 있다.

리버스 & System은 쿠션 상태에 따라 공의 구름 차이가 많이 발생하므로 리버스 샷을 선택해야 할지, 하지 말아야 할지를 판단할 줄 알아야 된다.

◆ 리버스 & 기본 System

리버스 & System의 스트록은 타격 없이 큐를 길게 밀어 쳐야 역회전이 반전되어도 회전력이 살아 남는다.

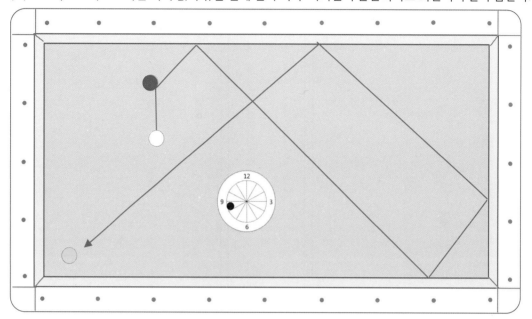

리버스 & 샷의 특징은 역회전을 끝까지 살려주는 것이므로 타격 없이 큐를 길게 뻗어주는 연습을 많이 해야 한다. 아울러 당점을 중단과 하단으로 주면서 관찰하고 스트록 또한 짧은 Shot 타법과 Long 타법을 구사하면서 스스로 감각을 익혀나가야 한다.

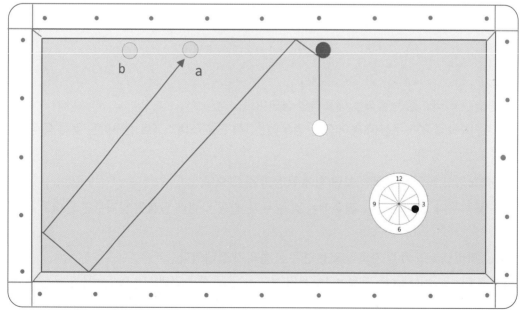

a : 짧고 간명한 쇼트 스트록을 하면 오히려 공을 길게 만들 수 있으며,
b : 큐를 깊게 넣으면 공의 진로는 짧게 만들어 진다.

◆ 리버스 & System 계산 방법

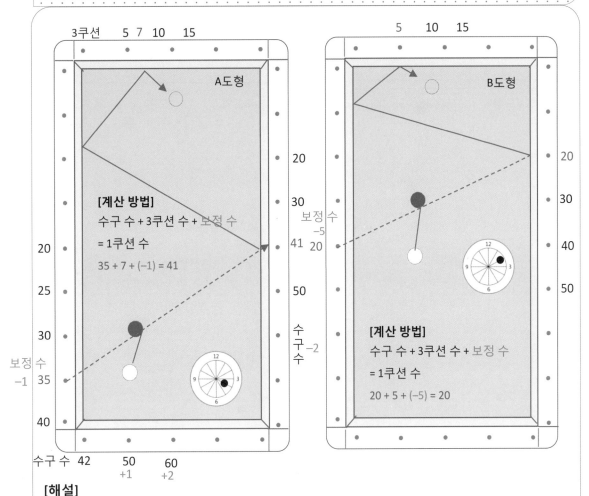

[해설]

위 도형은 1적구를 먼저 맞히고 리버스 & System을 이용해 더블쿠션으로 득점하는 장면이다.

System 수치는 빈쿠션으로 칠 때와 마찬가지이지만 공을 먼저 맞히고 치는 것을 감안하여
스트록과 보정에 좀더 주의를 기울여야 한다.

A도형처럼 입사각 반사각이 둔각일 경우에는 큰 어려움은 없지만,

B도형처럼 입사각 반사각이 예각일 경우에는 좀 더 부드러운 스트록이 요구된다.

연습을 통해 보정 수를 체크하고 당점도 중단과 하단으로 테스트 해봐야 한다.

[타법]

A도형의 경우는 비껴 치는 방식을 택해야 득점 확률이 높으며,

B도형은 1적구를 두껍게 눌러 치면서 발생되는 회전력으로 수구가 진행하도록 하면 된다.

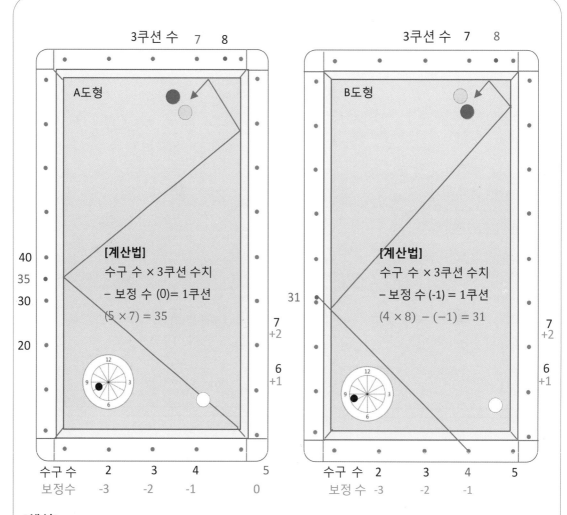

[해설]

위 도형은 빈쿠션 리버스 System이다.

이 System의 특징은 수구 수와 3쿠션 수를 정해 놓고 서로 곱하여 1쿠션 수를 찾아내는 방식이다.

각각의 수구 위치에 따라 보정 수를 별도로 계산해 주면 된다.

더블쿠션 또는 리버스 형태의 System은 쿠션의 상태에 따라 변화가 심하므로 충분한 연습량과 테스트가 필요하다.

(쿠션 상태에 따라 보정 수가 달라지며, 리버스 &가 잘 안 먹는 당구대에서는 시도하지 않는다)

[타법]

중단 또는 하단 당점으로 1쿠션을 향해 부드럽게 밀어 친다.

◆ 리버스 & System 계산 방법

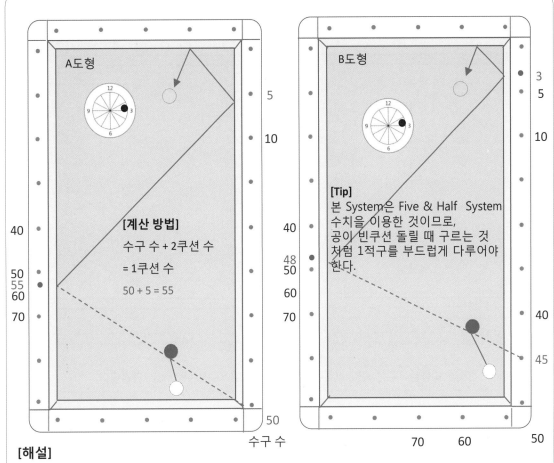

[계산 방법]

수구 수 + 2쿠션 수

= 1쿠션 수

50 + 5 = 55

[Tip]

본 System은 Five & Half System 수치을 이용한 것이므로, 공이 빈쿠션 돌릴 때 구르는 것 처럼 1적구를 부드럽게 다루어야 한다.

[해설]

위 도형은 리버스로 득점하는 장면이다.

수구 수치와 1쿠션 수치는 Five & Half System과 같으며, 2쿠션 수치는 1Point 지점이 10이 아닌 5로 계산한다.

득점 요령은 수구 수를 찾는 것이 첫 번째 관건이다.

가장 먼저 2쿠션 지점을 설정한 다음 가상의 수구 Line을 그려 본다.

A도형의 경우 2쿠션 5지점을 생각하고 수구 수 50에서 1쿠션 55를 연결해 보면 편한 두께로 공략할 수 있는 Line이라는 것을 알 수 있다.

B도형의 경우는 2쿠션 3을 설정한 다음 수구 수 45와 1쿠션 48을 연결해 보면 마찬가지로 편한 두께로 칠 수 있는 Line이라는 것을 알 수 있다.

Tip : 수구와 1적구가 가까이 있을 경우 생각보다 분리각이 커져 짧아지는 경우가 많으며 회전력 또한 감소될 수 있으므로 최대 회전력을 구사해야 한다.

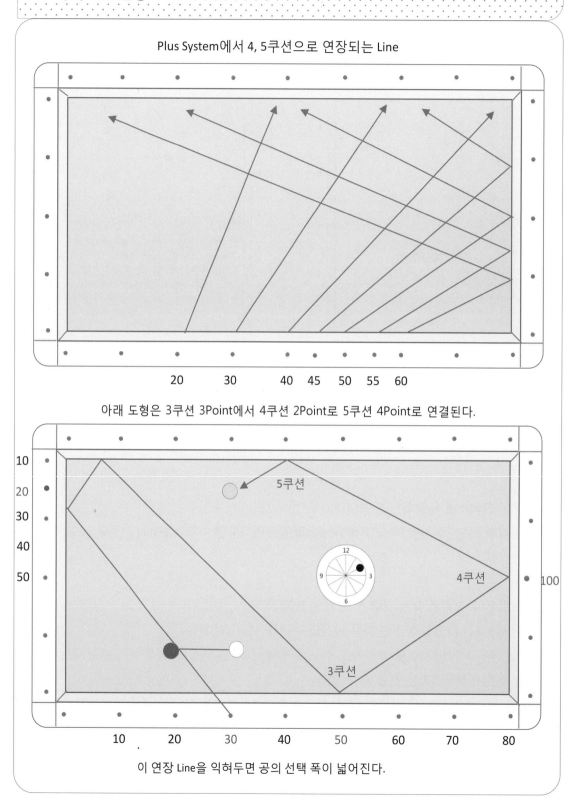

Plus System에서 4, 5쿠션으로 연장되는 Line

20   30   40 45 50 55 60

아래 도형은 3쿠션 3Point에서 4쿠션 2Point로 5쿠션 4Point로 연결된다.

10
20
30
40
50

5쿠션

12
9   3
6

4쿠션
100

3쿠션

10   20   30   40   50   60   70   80

이 연장 Line을 익혀두면 공의 선택 폭이 넓어진다.

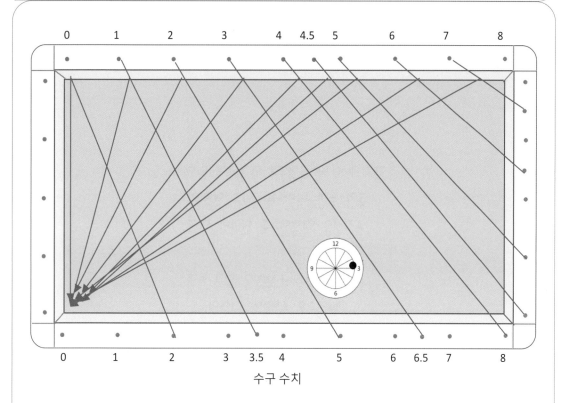

수구 수치

[해설]

각 수구 위치에서 3시 방향 3Tip 역회전 주고 도형대로 치면 각각 좌측 하단 코너로 간다.

역회전 반사각을 기본적으로 외우고 있으면 다양한 리버스 형태의 공을 칠 때 응용할 수 있다.

[Point]

수구 수 2에서 2Point 아래인 상단 0을 치면 일직선으로 내려와 하단 0으로 오는 것을 시작으로,

수구 수 8에서 맞은편 중간 지점인 4를 치면 좌측 하단 0으로 내려오는 것만 외워 두면 쉽게 기억할 수 있다.

수구 수 1.5포인트마다 1쿠션 1포인트씩 차이가 나는 것으로 외워두면 된다.

타법 : 역회전 3Tip 다 주고 부드럽게 1쿠션을 부딪쳐 반사시켜야 한다.

경기에서 다 득점으로 연결하기 위해서는
중간 중간 나타나는 난구 형태의
포지션을 해결할 수 있어야 한다,

난구 형태의 대부분을 알고 보면
기본적으로 스트록이 되어야
해결할 수 있는 것들이지만,

알고 보면 대부분은
큐의 무게로만 밀어 치는
포지션이 대부분이다.

난구 풀이

경기에서 다 득점으로 연결하기 위해서는
중간 중간 나타나는 난구 형태의
포지션을 해결할 수 있어야 한다,

난구 형태의 대부분을 알고 보면
기본적으로 스트록이 되어야
해결할 수 있는 것들이다.

해결 방법의 대부분은
큐의 무게로만 밀어 치는
포지션이 대부분이다.

[타법]
8시 하단 Tip주고
천천히 큐의 무게로만 밀어
치는 것이 핵심.

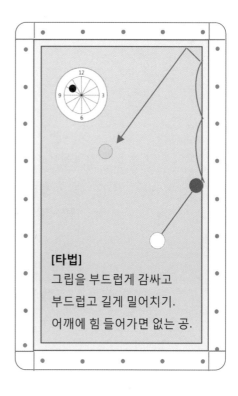

[타법]
그립을 부드럽게 감싸고
부드럽고 길게 밀어치기.
어깨에 힘 들어가면 없는 공.

역회전 느낌 Tip

[타법]
타격 없이 천천히 굴려치기
임펙트와 동시에 큐를 위로
살짝 올려주는 Up Shot.

[타법]
9시 Tip주고 큐 무게로만
부드럽고 길게 밀어치기.

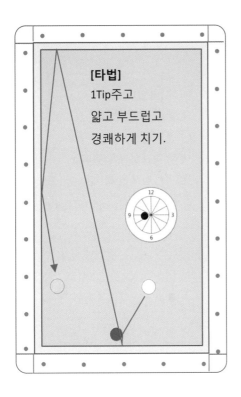

[타법]
1Tip주고
얇고 부드럽고
경쾌하게 치기.

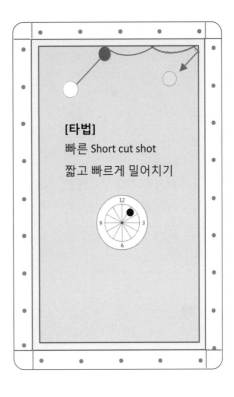

[타법]
빠른 Short cut shot
짧고 빠르게 밀어치기

[타법]
타격 없이 큐의 무게로
약간 빠르고 경쾌하게.
살짝 끊어 치는 느낌으로
상단 Tip은 금물

[타법]
멕시멈 역회전주고 부드럽게
눌러치기.
임펙트 후 그립을 잡지
말아야 역회전이 끝까지
살아 있어 득점 가능.

301

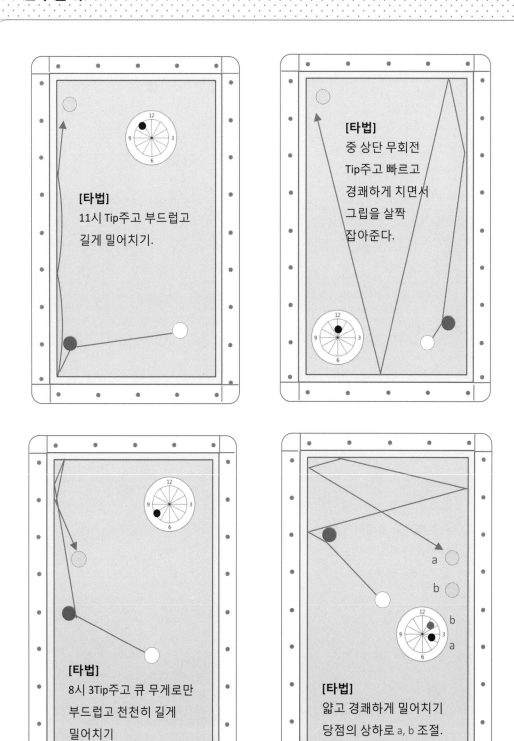

[타법]
11시 Tip주고 부드럽고
길게 밀어치기.

[타법]
중 상단 무회전
Tip주고 빠르고
경쾌하게 치면서
그립을 살짝
잡아준다.

[타법]
8시 3Tip주고 큐 무게로만
부드럽고 천천히 길게
밀어치기

[타법]
얇고 경쾌하게 밀어치기
당점의 상하로 a, b 조절.

[타법]
¾ 두께 2시 방향
상단 팁 주고 부드럽고
빠르게 밀어치기.
큐 무게로 치는 것이 핵심

[타법]
9/10 두께 11시 방향
상단 팁 주고 부드럽고
빠르게 밀어치기.
큐 무게로 치는 것이 핵심

[타법]
8시 방향 팁 주고 큐 무게로
부드럽게 밀어치기.
수구를 1쿠션에 천천히
보내는 느낌으로.

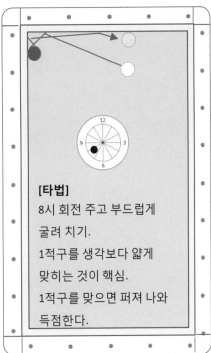

[타법]
8시 회전 주고 부드럽게
굴려 치기.
1적구를 생각보다 얇게
맞히는 것이 핵심.
1적구를 맞으면 퍼져 나와
득점한다.

멋진 당구 게임이 되려면

상대방의 멋진 Play에
공감을 표현해 주고

패배했을 때 깨끗하게
승복할 줄 알아야 한다.

당구의 규칙과 용어

- 당구대 밖으로 벗어난 공의 조치
- Frozen된 공에 대한 조치(붙은 공)
- 파울의 범위
- 중대와 대대의 차이점
- 올바른 당구 용어

◆ 당구대 밖으로 벗어난 공의 조치

* 적색공은 반대편 초구 지점 (Foot Spot)으로,
  자기 차례의 수구(큐 볼)는 시작선의 중간지점 (Headline Center Spot)으로 배치한다.

* 상대방의 수구는 당구대의 중간지점 (Center Spot) (내정된 지점이 다른 공에
  점유되어 있거나 가려져 있는 경우는 점유하고 있는 공이 가야 할 위치로 놓여진다)

* 공이 프레임에서 떨어지거나 프레임에 닿으면 공이 당구대에서 튀어나간 것으로
  간주한다.

* 심판은 "파울"을 선언하며 빠르게 그 공을 잡아야 한다.
  (당구대 안의 다른 공에 영향을 주지 않기 위함)

[붙은 공에 대한 조치]

* 큐 볼이 두 개의 공 중 하나 또는 두 개의 공과 붙은 경우
  심판에게 재배치 원칙에 따라 배치할 것을 요구하거나,
  붙지 않은 곳 쿠션 뒤 쪽을 향해 진행시킬 수 있다.
  (큐 볼이 쿠션에 붙은 경우는 쿠션을 향해서 진행시킬 수 없다)

* 최초 진행 방향이 붙어있는 공 쪽으로 진행하지 않는다는 조건하에 찍어치기를
  구사할 수 있다.

* 큐 볼의 지지라는 요건을 상실함에 의해 붙은 공이 저절로 움직인 경우는 파울이
  아니다.

◆ Frozen된 공에 대한 조치 (붙은 공)

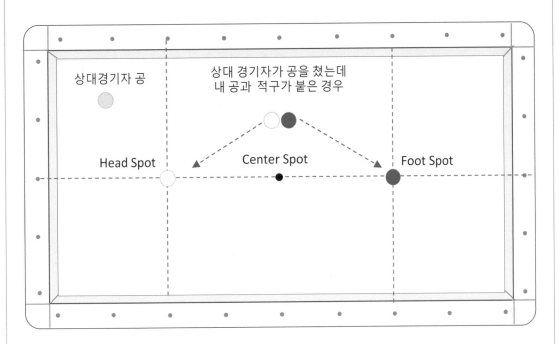

상대경기자 공

상대 경기자가 공을 쳤는데
내 공과 적구가 붙은 경우

Head Spot   Center Spot   Foot Spot

수구와 목적구가 붙은 경우에는 수구는 Head Spot으로 목적구는 Foot Spot으로 이동.
밖으로 튀어나간 공의 조치도 마찬가지로 수구는 Head Spot, 상대 공은 Center Spot,
적색 공은 Foot Spot으로 이동 배치한다.

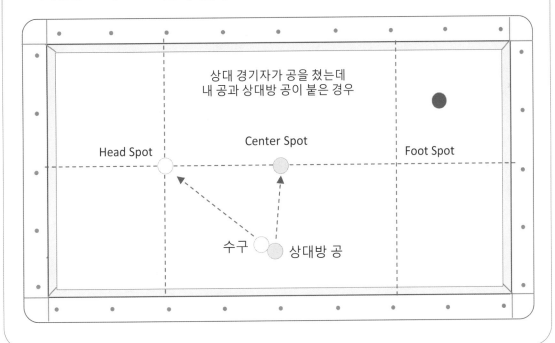

상대 경기자가 공을 쳤는데
내 공과 상대방 공이 붙은 경우

Head Spot   Center Spot   Foot Spot

수구   상대방 공

◆ 파울의 범위

1. 투 터치(Duble Hit)를 한 경우

   *큐 팁이 움직이는 공과 두 번 이상 닿은 경우

   *큐 볼이 다른 공과 충돌하는 순간에 큐 팁이 큐 볼과 닿은 경우

   *레일에 가까운 공을 치면서 큐 팁이 레일과 닿은 경우

2. 타구과정에서 하나 또는 다수의 공이 테이블 밖으로 벗어난 경우

3. 큐 팁이 아닌 다른 부분으로 공을 건드린 경우

   (큐 팁 외에 다른 물체로 공을 건드린 경우 (공은 원래 위치로 되돌려야 한다.)

4. 세 개의 공이 완전히 멈추기 전에 샷을 한 경우

5. 선수가 포인트에 초크 등을 놓거나 프레임 등에 표시 등을 한 경우

6. 선수가 심판에게 요구하지 않고 본인이 이물질을 제거하기 위해 공을 만졌을 때

7. 심판의 요구에도 불구하고 규정된 시간 내에 (40초) 타구하지 않은 경우

8. 타구 순간에 한발이 닿지 않은 경우

9. 선수가 타구를 제외한 직접, 간접적으로 공을 이동시킨 경우

   (파울이 고의적으로 범해진 경우 더 유리하다고 판단되면 모든 공을 최대한 원래
   위치에 가깝게 배치해 달라고 요구할 수 있다)

10. 쿠션과 붙어있다고 판단되는 큐 볼을 쿠션을 향해 진행시키는 경우

11. 이닝 중간이나 연속득점의 중간에 본인의 공이 아니라고 언급한 경우

12. 선수가 각 종목의 규정을 준수하지 않은 경우

오구(誤球) : 한번 정해진 수구(큐 볼)는 시합이 종료될 때까지 변경할 수 없다.
   상대의 큐 볼을 자신의 큐 볼로 착각하고 쳤을 경우는 샷의 성공여부에 관계
   없이 파울이다.
   대기 중인 플레이어는 착각을 일으킨 플레이어가 샷을 하기 전에 큐 볼을 정정
   해 줄 수 있으나, 심판은 샷이 끝난 후에만 지적이 가능하다.
   큐 볼이 바뀐 사실을 아무도 인지하지 못한 경우 이전까지의 득점은 유효하다.
   2득점을 했다고 가정할 때, 다음 샷을 구상하는 과정에서 지적이 들어오면 1점이
   인정되며, 다음 샷을 했거나 하는 도중에 지적이 들어오면 2점 모두 인정된다

중대	비교	대대
2,540mm X 1,270mm	크기	2,844.8mm X 1,422.4mm
약간 미흡	시스템 적용	적합
보통	반발력	중대의 70~80% 힘으로 쳐야 함
로그로 또는 아스트로	쿠션	아스트로
많음	에너지 손실	적음
일반적인 스트록 구사	스트록	타격감 없는 부드러운 샷 구사
키스 확률 높음	키스	당구대가 큰 만큼 빅 볼이 적음
대대 보다 약간 짧은 편임	시스템	정확한 국제 수준
안 먹힘	횡단샷, 더블쿠션	적합
타법이 단조로움	쿠션 활용도	타법으로 다양하게 활용
반발을 이용한 샷이 어려움	공의 선택	노 잉글리시, 3단, 리버스 등
당구대가 작아 현상이 적음	커브 & 스쿼트	당구대가 길어 현상이 크게 생김
많음	에러 마진	적음
하우스 큐 문제 없음	큐의 선택	개인 큐 권장
노 잉글리시, 시스템 적용 미흡	특징	모든 시스템 적용 적합

◆ 올바른 당구 용어

잘못된 용어	올바른 용어	잘못된 용어	올바른 용어
다이	당구대	하고 마우시	옆으로 돌리기
다마	당구공	우라 마우시	뒤로 돌리기
나사	당구지	레지 마우시	대회전 돌리기
오시	밀어치기	오 마우시	앞으로 돌리기
황 오시	세게 밀어치기	히가게	걸어치기
쫑	키스	짱끌라	빗겨치기
니꾸	투 터치	조단조	더블레일
시네리	회전	리보이스	리버스
히로 (시로)	흰색 / 파울	기레가시	비겨치기
갸구	역회전	맛세이	찍어치기
무당 / 무시	무회전	겜베이	복식
나미	얇게치기	가라쿠	빈쿠션치기
똥창	구석	후루쿠	재수, 요행
세리	모아치기	겐세이	견제, 수비
다데	세로치기	가야시	모아치기
빵구	구멍	도리끼리	한 큐에 끝낸다
가야시	모으다	시끼	끌어치기
바킹 / 빠킹	벌점 / 파울	히끼	끌어치기

3쿠션 **Billiards** 마스터 **310**

책을 마치면서

3쿠션 빌리아드 마스터를 구독해주신 독자님들께 진심으로 감사 드리며,
당구에서 핵심이 되는 요소들을 다시 한번 정리해 드리면서 글을 마치겠습니다.

1. 당구의 기본은 올바른 자세에서 시작됩니다.
   스텐스, 브리지, 그립을 다시 한번 점검해 보십시오.
   동영상을 찍어 직접 확인하고 느끼시면 쉽게 고쳐 나가실 수 있습니다.

2. 당구에서 가장 중요한 것은 브리지입니다. 브리지 역할을 정확하게 숙지하시고 수구가
   2쿠션을 지날 때까지 절대 바닥에서 브리지를 떼지 마십시오. 변화가 안 생기는 공을
   치기 위해서는 브리지를 얼만큼 견고하게 버텨주느냐에 달려있습니다.

3. 공의 ½두께를 완벽하게 마스터 하십시오.
   공은 ½보다 두꺼우면 예상치 않았던 스핀이 저절로 발생될 수 있으며, ½보다 얇으면
   공이 가벼워져서 예상치 않게 짧은 각이 형성될 수 있습니다. 따라서 특별한 경우가 아닌
   경우에는 ½두께로 공을 다루는 것이 가장 좋은 결과를 기대할 수 있습니다.

4. 타석에 들어설 때는 마음의 여유를 갖고 천천히 들어 서십시오. 득점을 위한 준비가
   되기 전에는 절대 엎드리지 마시고 엎드린 후에는 두께와 스트로크에만 집중하십시오.

5. 두께 겨냥법을 충분히 숙지하시고 스쿼트와 커브 현상을 체크하면서 자신의 두께를
   겨냥법을 완성해 나가십시오.

6. 대부분의 System 계산법은 아주 간단합니다. 수구 수 – 3쿠션 수 = 내가 쳐야 할
   1쿠션이 됩니다. 절대 복잡하게 생각하지 마시고 꾸준히 한 가지씩 배우십시오.

7. 당구의 기본기를 체계적으로 다지시고, 특히 연습 공을 치실 때는 안 되는 공이 90%
   이상 맞을 때까지 반복해서 연습하십시오.

8. 스트로크 최고의 기술은 큐 무게로 당점을 정확하게 찌르는 것입니다.
   큐 무게를 느끼면서 스트로크 하는 연습을 꾸준히 하십시오 .

9. 게임의 최종 목표는 이기는 것입니다. 공 한 개 한 개에 최선을 다하십시오.
   동호인 님들의 건승을 다시 한번 기원합니다 !

3쿠션 Billiards Master

3쿠션 Billiards 마스터

발행인 김석순
편저자 유효식
발행처 일신미디어
주 소 서울시 마포구 대흥로 6길 5-1 (4층 1호)
등 록 제 313-2007-000127호
전 화 02) 703-1270 (영업부)
F A X 02) 719-9722
ISBN 978-89-6590-027-6 03690

정가 26,000원

©ILSIN 016   022-1
www.ilsinbook.com